三民主義

增錄民生主義育樂兩篇補述

孫文 著

三民書局

二版序

本書第一部分是孫文先生於民國十三年在廣州發表的演講詞，依序是民族主義六講、民權主義六講，以及民生主義四講，合稱三民主義，是孫文先生對於建國的政治主張，影響深遠；第二部分是前總統蔣中正先生對於民生主義的補述，主題是孫文先生在前述講詞中未能述及的育與樂問題。

時移事往，三民主義從當年孫文先生簡單定義下的「救國主義」，隨著我國民主化的進展而有了立場各異、諸多面向的關照，編輯部遂有此次改版計畫，企盼相關理論研究者、一般民眾能有一校訂後的文本可資參照，開啟更多對話。

此次修訂，除了將漫漶的銅版鉛字改為清晰的電腦字體、糾正錯字，並將標點符號重新梳理，期望讀者能讀得舒適流暢。讀者先進若對本書有任何寶貴意見，亦請賜告編輯部，以利改進，是所至禱。

三民書局編輯部

民國一百零九年十月

自序

自建國方略之心理建設物質建設社會建設三書出版之後予乃從事於草作國家建設以完成此帙國家建設一書較前三書爲獨大內涵有民族主義民權主義民生主義五權憲法地方政府中央政府外交政策國防計畫八冊而民族主義一

冊已經脫稿民權主義民生主義二冊亦草就大部其他各冊於思想之綫索研究之門徑亦大略規畫就緒俟有餘暇便可執筆直書無待思索方擬全書告竣乃出而問世不期十一年六月十六陳炯明叛變砲擊觀音山竟將數年心血所成之各種草稿並備參考之西籍數百種悉被燬去殊

可痛恨茲值國民黨改組同志決心從事攻
心之奮鬥亟需三民主義之奧義五權憲
法之要旨為宣傳之資故於每星期演講
一次由黃昌穀君筆記之由鄒魯君讀校
之今民族主義適已講完特先印單行本
以餉同志惟此次演講既無暇晷以預備又
無書籍為參考只於登壇之後隨意發言

較之前稿遺忘實多雖於付梓之先復加
刪補然於本題之精義與敘論之條理及印
證之事實都覺遠不如前尚望同志讀者本
此基礎觸類引伸匡補闕遺更正條理使成
為一完善之書以作宣傳之課本則其造福於
吾民族吾國家誠未可限量也民國十三年三
月三十日孫文序於廣州大本營

目次

第六講 恢復中國民族主義的方法

民權主義

第一講 民權主義概論

第四講 歐美民權的發展和趨勢

第五講 「權」和「能」分立的政治

民生主義

第四講 穿衣問題

蔣總統手著 民生主義育樂兩篇補述

民族主義

第一講　民族主義概論

一、什麼是主義？什麼是三民主義？

諸君：今天來同大家講三民主義。什麼是三民主義呢？用最簡單的定義說，三民主義就是救國主義。什麼是主義呢？主義就是一種思想，一種信仰，和一種力量。大凡人類對於一件事，研究當中的道理，最先發生思想，思想貫通了以後，便起信仰，有了信仰，就生出力量。所以主義是先由思想再到信仰，次由信仰生出力量，然後完全成立。何以說三民主義就是救國主義呢？因為三民主義是促進中國之國際地位平等、政治地位平等，和經濟地位平等，使中國永久適存於世界，所以說三民主義就是救國主義。三民主義既是救國主義，試問我們今日的中國是不是應該要救呢？如果是認定應該要救的，那麼便應該信仰三民主義。信仰三民主義便能發生出極大勢力，這種極大勢力，便可以救中國。

二、什麼是民族主義？

今天先講民族主義。這次中國國民黨改組，所用救國方法，是注重宣傳，要對國人做普遍的宣傳，最重要的是演明主義。中國近十餘年來，有思想的人對於三民主義都聽慣了，但是要透徹了解他，許多人還做不到；所以今天先把民族主義來同大家詳細的講一講。什麼是民族主義呢？按中國歷史上社會習慣諸情形來講，我可以用一句簡單話說，民族主義就是國族主義。中國人最崇拜的是家族主義和宗族主義，所以中國只有家族主義和宗族主義，沒有國族主義。外國旁觀的人說中國人是一片散沙，這個原因是在什麼地方呢？就是因為一般人民只有家族主義和宗族主義，沒有國族主義。中國人對於家族和宗族的團結力，非常強大，往往因為保護宗族起見，寧肯犧牲身家性命，像廣東兩姓械鬥，兩族的人，無論犧牲多少生命財產，總是不肯罷休。這都是因為宗族觀念太深的緣故，因為這種主義深入人心，所以便能替他犧牲。至於說到對於國家，從沒有一次具極大精神去犧牲的，所以中國人的團結力，只能及於宗族而止，還沒有擴張到國族範圍。

三、民族和國家的分別

我說民族主義就是國族主義，在中國是適當的，在外國便不適當。外國人說民族和國家便有分別，英文中民族的名詞是「哪遜」；「哪遜」這一個字有兩種解釋：一是民族，一是國家。這一個字雖然有兩個意思，但是他的解釋非常清楚，不容易混亂。在中國文中，一個字有兩種解釋的很多，即如社會兩個字，就有兩個用法：一個是指一般人群而言，一個是指一種有組織之團體而言。本來民族與國家之相互的關係很多，不容易分開；但是當中實在有一定界限，我們必須分開什麼是國家，什麼是民族。我說民族就是國族，何以在中國是適當，在外國便不適當呢？因為中國自秦漢而後，都是一個民族造成一個國家；外國有一個民族造成幾個國家的，有在一個國家之內有幾個民族的。像英國是現在世界上頂強的國家，他們國內的民族是用白人為本位，結合棕人、黑人等民族，才成「大不列顛帝國」；所以在英國說民族就是國族，這一句話便不適當。再像香港，是英國的領土，其中的民族，有幾十萬人是中國的漢人參加在內；如果說香港的英國國族就是民族，便不適當。又像印度，現在也是英國的領土，說到英國國族起來，當中便有三萬萬五千萬印度人；如果說印度的英國國族，就是民族，也是不適當。大家都知道英國的基本民族是「盎格魯撒克遜」人；但是「盎格魯撒克遜」人，不只英國有這種民族，就是美國也有很多「盎格魯撒克遜」人，所以在外國便不能說民族就是國族。但民族和國家是有一定界限的。

我們要把他們來分別清楚有什麼方法呢？最適當的方法，是民族和國家在根本上是用什麼力造成的。簡單的分別，民族是由於天然力造成的，國家是用武力造成的。用中國的政治歷史來證明，中國人說：「王道是順乎自然」，換一句話說：「自然力便是王道」，用王道造成的團體，便是民族。武力就是霸道，用霸道造成的團體，便是國家。像造成香港的原因，並不是幾十萬香港人歡迎英國人而成的，是英國人用武力割據得來的；因為從前中國和英國打仗，中國打敗了，把香港人民和土地，割歸到英國，久而久之，才造成現在的香港。又像英國造成今日的印度，經過的情形，也是同香港一樣。英國現在的領土擴張到全世界，所以英國有一句俗語說：「英國無日落」；換一句話說就是：「每日晝夜日光所照之地，都有英國領土」。譬如我們在東半球的人，由日出算起，最先照到紐西蘭、澳洲、香港、新加坡，西斜照到錫蘭、印度，再西到阿顛馬兒打，更西便照到本國；再輪到西半球，便有加拿大，而循環到香港、新加坡；故每日夜二十四點鐘，日光所照之時，必有英國領土。像英國這樣大的領土，沒有一處不是用霸道造成的。自古及今，造成國家沒有不是用霸道的。至於造成民族，便不相同，完全是由於自然，毫不能加以勉強。像香港的幾十萬中國人，團結成一個民族，是自然而然的，無論英國用什麼霸道，都是不能改變的。所以一個團體，由於王道自然力結合而成的是民族，由於霸道人為力結合而成的便是國家，這是國家和民族的分別。

四、民族的構成因素

再講民族的起源。世界人類，本是一種動物，但和普通飛禽走獸不同。人為萬物之靈，人類的分別，第一級是人種，有白色、黑色、紅色、黃色、棕色五種之分；更由種細分，便有許多族。像亞洲的民族，著名的有蒙古族、馬來族、日本族、滿族、漢族。造成這種種民族的原因，概括的說是自然力，分析起來便很複雜，當中最大的力是「血統」：中國人黃色的原因，是由於根源黃色血統而成。祖先是什麼血統，便永遠遺傳成一族的人民，所以血統的力是很大的。次大的力是「生活」：謀生的方法不同，所結成的民族也不同，像蒙古人逐水草而居，以游牧為生活，什麼地方有水草，便游牧到什麼地方，移居到什麼地方。由這種遷居的習慣，也可結合成一個民族。蒙古之所以能夠忽然強盛，就本於此。當蒙古族最強盛的時候，元朝的兵力，西邊征服中央亞細亞、阿拉伯，及歐洲之一部分；東邊統一中國，幾幾乎征服日本，統一歐亞。其他民族最強盛的像漢族，當漢唐武力最大的時候，西邊才到裏海。像羅馬民族武力最大的時候，東邊才到黑海；從來沒有哪一個民族的武力能夠及乎歐亞兩洲，像元朝的蒙古民族那樣強盛的。蒙古民族之所以能夠那樣強盛的原因，是由於他們人民的生活是游牧，平日的習慣便有行路不怕遠的長處。第三大的力是「語言」：如果外來民族得了我們的語言，便容易被我們感化，久而久之，遂同化成一個民族；再反過來，若是我們知道外國語言，也容易被外國人同化。如果人民的血統相同，語言也同，那麼同化的效力，便更容易；所以語言也是世界上造成民族很大的力。第四個力是「宗教」：大凡人類奉拜相同的神，或信仰相同的祖宗，也可結合成一個民族。宗教在造成民族的力量中也很雄大，像阿拉伯和猶太兩國，已經亡了許久，但是阿拉伯人和猶太人，至今還是存在；他們國家雖亡，而民族之所以能夠存在的道理，就是因為各有各的宗教。大家都知道現在的猶太人，散在各國的極多，世界上極有名的學問家像馬克思，像愛因斯坦，都是猶太人。再像現在英美各國的資本勢力，也是被猶太人操縱，猶太民族的天質是很聰明的，加以宗教之信仰，故雖流離遷徙於各國，猶能維持其民族於永久。阿拉伯人所以能夠存在的道理，也是因為他們有穆罕默德的宗教。其他信仰佛教極深的民族像印度，國家雖然亡到英國，種族還是永遠不能消滅。第五個力是「風俗習慣」：如果人種中有一種特別相同的風俗習慣，久而久之，也可自行結合成一個民族。我們研究許多不相同的人種，所以能結合成種種相同民族的道理，自然不能不歸功於血統、生活、語言、宗教，和風俗習慣這五種力。這五種力是天然進化而成的，不是用武力征服得來的，所以用這五種力和武力比較，便可以分別民族和國家。

五、中國民族的構成和現在的處境

我們鑑於古今民族生存的道理，要救中國，想中國民族永遠存在，必要提倡民族主義。要提倡民族主義，必要先把這種主義完全了解，然後才能發揚光大，去救國家。就中國的民族說，總數是四萬萬人，當中參雜的不過是幾百萬蒙古人，百多萬滿洲人，幾百萬西藏人，百幾十萬回教之突厥人，外來的總數不過一千萬餘人。所以就大多數說，四萬萬中國人，可以說完全是漢人，同一血統生活，同一言語文字，同一宗教信仰，同一風俗習慣，完全是一個民族。我們這種民族，處於現在世界上，是什麼地位呢？用世界上各民族的人數比較起來，我們人數最多，民族最大，文明教化有四千多年，也應該和歐美各國並駕齊驅。但是中國的人，只有家族和宗族的團體，沒有民族的精神，所以雖有四萬萬人結合成一個中國，實在是一片散沙，弄到今日是世界上最貧弱的國家，處國際中最低下的地位。「人為刀俎，我為魚肉」，我們的地位在此時最為危險。如果再不留心提倡民族主義，結合四萬萬人成一個堅固的民族，中國便有亡國滅種之憂！我們要挽救這種危亡，便要提倡民族主義，用民族精神來救國。

六、近百年來英國人口增加三倍

我們要提倡民族主義來挽救中國危亡，便先要知道我們民族的危險是在什麼地方；要知道這種危險的情形，最好是拿中國人和列強的人民比較，那便更容易清楚。歐戰以前，世界上號稱列強的有七八國：最大的有英國，最強的有德國、奧國、俄國，最富的有美國，新起的有日本和意大利。歐戰以後，倒了三國，現在所剩的頭等強國，只有英國、美國、法國、日本和意大利。英國、法國、俄國、美國，都是以民族主義立國。英國發達，所用民族的本位，是「盎格魯撒克遜」人，所用地方的本位，是英格蘭和威爾斯，人數只有三千八百萬，可以叫做純粹英國的民族。這種民族，在現在世界上是最強盛的民族，所造成的國家，是世界上最強盛的國家。推到百年以前，人數只有一千二百萬，現在才有三千八百萬，在此百年之內，便加多三倍。

七、近百年來日本人口增加三倍

我們東方有個島國，可以說是東方的英國，這個國家就是日本。日本國也是一個民族造成的，他們的民族，叫做「大和」民族。自開國到現在，沒有受過外力的吞併，雖然以元朝蒙古的強盛，還沒有征服過他，他們現在的人口，除了高麗、臺灣以外，是五千六百萬。百年以前人口的確數很難稽考，但以近來人口增加率之比例計算，當係增加三倍；故百年以前的日本人口，約計在二千萬上下。這種大和民族的精神，至今還沒有喪失。所以乘歐化東漸，在歐風美雨中，利用科學新法，發展國家，維新五十年，便造成現在亞洲最強盛的國家，和歐美各國並駕齊驅，歐美人不敢輕視。我們中國的人口，比哪一國都要多，至今被人輕視的原故，就是一則有民族主義，一則無民族主義。日本在未維新之前，國勢也是很衰微，所有的領土，不過四川一省大，所有的人口，不及四川一省多，也受過外國壓制的恥辱；因為他們有民族主義的精神，所以便能發奮為雄，當中經過不及五十年，便由衰微的國家，變成強盛的國家。我們要中國強盛，日本便是一個好模範。

用亞洲人和歐洲人比較，從前以為世界上有聰明才智的只有白人，無論什麼事都被白人壟斷；我們亞洲人因為一時無法可以得到他們的長處，怎樣把國家變成富強，所以對於要國家富強的思想，不但是中國人失望，就是亞洲各民族的人都失望。到近來忽然興起了一個日本，變成世界上頭等富強的國家；因為日本能夠富強，故亞洲各國便生出無窮的希望，覺得日本從前的國勢，也是和現在的安南緬甸一樣，現在的安南緬甸便比不上日本。因為日本人能學歐洲，所以維新之後，便趕上了歐洲。當歐戰停止之後，列強在凡爾賽討論世界和平，日本的國際地位，列在五大強國之一；提起關於亞洲的事情，列強都是聽日本主持，惟日本馬首是瞻。由此便可知白人能做的事，日本人也可以做；世界上的人種，雖然有顏色不同，但是講到聰明才智，便不能說有什麼分別。亞洲今日因為有了一個強盛的日本，故世界上的白種人，不但是不敢輕視日本人，並且不敢輕視亞洲人；所以日本強盛之後，不但是大和民族可以享頭等民族的尊榮，就是其他亞洲人，也可抬高國際的地位。從前以為歐洲人能夠做的事，我們不能夠做，現在日本人能夠學歐洲，便知我們能夠學日本，我們可以學到像日本，也可知將來可以學到像歐洲。

八、近百年來俄國人口增加四倍

俄國在歐戰的時候，發生革命，打破帝制，現在成了一個新國家，是社會主義的國家，和從前大不相同。他們的民族叫做「斯拉夫」，百年以前的人口是四千萬，現在有一萬萬六千萬，比從前加多四倍，國力也比從前加大四倍。近百年以來，俄國是世界上頂強的國家，不但是亞洲的日本中國怕他侵入，就是歐洲的英國、德國，也怕他侵入。他們在帝國時代，專持侵略政策，想擴張領土；現在俄國的疆土，占歐洲一半，占亞洲也到一半，領土跨占歐亞兩洲，他們這樣大的領土，都是從侵略歐亞兩洲而來。當日俄之戰時，各國人都怕俄國侵略中國的領土；他們所以怕俄國侵占中國的原故，是恐怕中國被俄國侵占之後，又再去侵略世界各國，各國都要被俄國侵占。俄國人本有併吞世界的志氣，所以世界各國便想法來抵制，英日聯盟，就是為抵制這項政策。日俄戰後，日本把俄國趕出高麗南滿以外，遂推翻俄國侵略世界的政策，保持東亞的領土，世界上便生出一個大變化。自歐戰以後，俄國人自己推翻帝國主義，把帝國主義的國家變成新社會主義的國家，世界上又生出一個更大的變化。這種變化，成功不過六年，他們在這六年之中，改組內部，把從前用武力的舊政策，改成用和平的新政策。這種新政策，不但是沒有侵略各國的野心，並且抑強扶弱，主持公道，於是世界各國又來怕俄國。現在各國怕俄國的心理，比從前還要厲害，因為那種和平新政策，不但是打破俄國的帝國主義，並且是打破世界的帝國主義；不但是打破世界的帝國主義，並且打破世界的資本主義。因為現在各國表面上的政權，雖由政府作主，但是實在由資本家從中把持；俄國的新政策要打破這種把持，故世界上的資本家便大恐慌。所以世界上從此便生出一個很大的變動，因為這個大變動，此後世界上潮流也隨之改變。就歐洲戰爭的歷史說：從前常發生國際戰爭，最近的歐戰，是德、奧、土、布諸同盟國，對英、法、俄、日、意、美諸協商國，兩方戰爭，經過四年的大戰，始筋疲力盡，雙方停止。經過這次大戰之後，世界上先知先覺的人，逆料將來歐洲沒有燒點可以引起別種國際戰爭；所不能免的或者是一場人種的戰爭，像黃人和白人戰爭之例。但自俄國新變動發生之後，就我個人觀察已往的大勢，逆料將來的潮流，國際間再次大戰是免不了的；但是那種戰爭，不是起於不同種之間，是起於同種之間，白種與白種分開來戰，黃種同黃種分開來戰。那種戰爭是階級戰爭，是被壓迫者和橫暴者的戰爭，是公理和強權的戰爭。俄國革命以後，斯拉夫民族生出了什麼思想呢？他們主張抑強扶弱，壓富濟貧，是專為世界上伸張公道打不平的。這種思想宣傳到歐洲，各種弱小民族都很歡迎。現在最歡迎的是土耳其：土耳其在歐戰之前，最貧最弱，不能振作，歐洲人都叫他做近東病夫，應該要消滅。到了歐戰，加入德國方面，被協商國打敗了，各國更想把他瓜分，土耳其幾乎不能自存；後來俄國出來打不平，助他趕走希臘人，修改一切不平等的條約，到了現在，土耳其雖然不能成世界上的頭等強國，但是已經成了歐洲的二三等國。這是靠什麼力量呢？是全靠俄國人的幫助。由此推論出來，將來的趨勢，一定是無論哪一個民族或哪一個國家，只要是被壓迫的或受委曲的，必聯合一致，去抵抗強權。哪些國家是被壓迫的呢？當歐戰前，英國法國要打破德意志的帝國主義，俄國也加入他們一方面，後來不知道犧牲了多少生命財產，中途還要回師，宣布革命。這是什麼原故呢？是因為俄國人受壓迫太甚，所以要去革命，實行他們的社會主義，反抗強權。當時歐洲列強都反對這種主義，所以共同出兵去打他，幸而俄國有斯拉夫民族的精神，故終能打破列強，至今列強對於俄國，武力上不能反對，便不承認他是國家，以為消極的抵制(現在英國已正式承認俄國)。歐洲各國,何以反對俄國的新主義呢?因為歐洲各國人是主張侵略,有強權,無公理;俄國的新主義,是主張以公理撲滅強權的;因為這種主張,和列強相反,所以列強至今還想消滅他。俄國在沒有革命之前,也主張有強權無公理,是一個很頑固的國家,現在便反對這項主張;各國因為俄國反對這項主張,便一齊出兵去打俄國,因為這個原故,所以說以後戰爭是強權和公理的戰爭。今日德國是歐洲受壓迫的國家,亞洲除日本以外,所有的弱小民族,都是被強暴的壓制,受種種痛苦。他們同病相憐,將來一定要聯合起來,去抵抗強暴的國家。那些被壓迫的國家聯合,一定去和那些強暴的國家,拼命一戰。推到全世界,將來白人主張公理的,黃人主張公理的,一定是聯合起來;白人主張強權的,和黃人主張強權的,也一定是聯合起來;有了這兩種大聯合,便免不了一場國際大戰,這便是世界將來戰爭之趨勢。

九、近百年來德國人口增加二倍半

德國在一百年前,人口有二千四百萬,經過歐戰之後,雖然減少了許多,但現在還有六千萬。在這一百年內,增加了兩倍半。他們的人民叫做「條頓」民族,這種民族和英國人相近,是很聰明的,所以他們的國家便很強盛。經過歐戰以後,武力失敗,自然要主張公理,不能主張強權。

十、近百年來美國人口增加十倍

美國人口,在一百年前,不過九百萬,現在有一萬萬以上。他們的增加率極大,在這一百年之內,加多十倍。他們這些增加的人口,多半是由歐洲移民而來,不是在本國生育的,歐洲各國的人民,因為近幾十年來歐洲地狹人稠,在本國沒有生活,所以便搬到美國去謀生活,因為這個原故,美國人口便增加得非常快。各國人口的增加多是由於生育,美國人口的增加多是由於容納,美國人的種族,比哪一國都要複雜,各洲各國的移民都有。到了美國之後，就鎔化起來，所謂合一爐而治之，自成一種民族。這種民族既不是原來的英國人、法國人、德國人，又不是意大利人，和其他南歐洲人，另外是一種新民族，可以叫做「美利堅」民族。美國因為有獨立的民族主義，所以便成世界上獨立的國家。

十一、近百年來法國人口增加四分之一

法國人是「拉丁」民族，拉丁民族散在歐洲的國家有西班牙、葡萄牙、意大利，移到美洲的國家有墨西哥、比魯、智利、哥崙比亞、巴西、阿根廷，和其他美洲諸小國。因為南美洲諸國的民族都是拉丁人，所以美國人都把他們叫做「拉丁美利堅」。法國人口增加很慢，在百年之前有三千萬，現在有三千九百萬，一百年內不過增加四分之一。

十二、各國人口增加的原因和對我國的影響

我們現在把世界人口的增加率，拿來比較一比較：近百年之內，在美國增加十倍，英國增加三倍，日本也是三倍，俄國是四倍，德國是兩倍半，法國是四分之一。這百年之內，人口增加許多的原故，是由於科學昌明，醫學發達，衛生的設備，一年比一年完全，所以減少死亡，增加生育。他們人口有了這樣增加的迅速，和中國有什麼關係呢？用各國人口的增加數，和中國的人口來比較，我覺得毛骨聳然！譬如美國人口百年前不過九百萬，現在便有一萬萬多，再過一百年，仍然照舊增加，當有十萬萬多。中國時常自誇，說我們人口多，不容易被人消滅。在元朝入主中國以後，蒙古民族不但不能消滅中國人，反被中國人同化，中國不但不亡，並且吸收蒙古人。滿洲人征服中國，統治二百六十多年，滿洲民族也沒有消滅中國人，反為漢族所同化，變成漢人，像現在許多滿人都加漢姓。因為這個原故，許多學者便以為縱讓日本人或白人來征服中國，中國

人只有吸收日本人或白種人的，中國人可以安心罷；殊不知百年之後，美國人口可加到十萬萬，多過我們人口兩倍半。從前滿洲人不能征服中國民族，是因為他們只有一百幾十萬人，和中國的人口比較起來，數目太少，當然被中國人所吸收；如果美國人來征服中國，那麼百年之後，十個美國人中只參雜四個中國人，中國便要被美國人所同化。

諸君知道中國四萬萬人，是什麼時候調查得來的呢？是滿清乾隆時候調查得來的。乾隆以後，沒有調查，自乾隆到現在，將及二百年，還是四萬萬人；百年之前是四萬萬，百年之後當然也是四萬萬。

十三、馬爾薩斯的人口論

法國因為人口太少，獎勵生育，如果一個人生三子的便有獎，生四五子的便有大獎，如果生雙胎的更格外有獎；男子到了三十歲不娶，和女子到了二十歲不嫁的，便有罰；這是法國獎勵生育的方法。至於法國人口並不減少，不過他們的增加率，沒有別國那一樣大罷了。而且法國是以農業立國，國家富庶，人民家給戶足，每日都講究快樂。百年前有一個英國學者，叫做馬爾薩斯，他因為憂慮世界上的人口太多，能供給的物產有限，主張減少人口，曾創立一種學說，謂：「人口增加是幾何級數，物產增加是算術級數」。法國人因為講究快樂，剛合他們的心理，便極歡迎馬氏的學說，主張男子不負家累，女子不要生育；他們所用減少人口的方法，不但是用這種種自然方法，並且用許多人為的方法。法國在百年以前的人口，比各國都要多，因為馬爾薩斯的學說，宣傳到法國之後，很被人歡迎，人民都實行減少人口，所以弄到今日受人少的痛苦，都是因為中了馬爾薩斯學說的毒。中國現在的新青年，也有被馬爾薩斯學說所染，主張減少人口的；殊不知法國已經知道了減少人口的痛苦，現在施行新政策，是提倡增加人口，保存民族，想法國的民族和世界上的民族，永久並存。

我們的人口到今日究竟有多少呢？增加的人數，雖然不及英國日本，但自乾隆時算起，至少也應該有五萬萬。從前有一位美國公使，叫做樂克里耳（W. W. Rockhill: Inquiry into the population of China, Washington, 1904），到中國各處調查，說中國的人數最多不過三萬萬。我們的人口到底有多少呢？在乾隆的時候，已經有四萬萬，若照美國公使的調查則已減少四分之一；就說現在還有四萬萬，以此類推，則百年之後，恐怕仍是四萬萬。

日本人口，現在約有了六千萬，百年之後，應該有二萬萬四千萬。因為在本國不能生活，所以現在便向各國訴冤，說島國人口太多，不能不向外發展。向東走到美國，加利佛尼亞省便閉門不納；向南走到澳洲，英國人說：「澳洲是白色人的澳洲，別色人種不許侵入」；日本人因為到處被人拒絕，所以便向各國說情，說日本人無路可走，所以不能不經營滿洲高麗。各國也明白日本人的意思，便容納他們的要求，以為日本殖民到中國，於他們本國沒有關係。

十四、若中國人口不增加在百年後的危機

一百年之後，全世界人口一定要增加好幾倍。像德國、法國因為經過此次大戰之後，死亡太多，想恢復戰前狀態，獎勵人口生育，一定要增加兩三倍。就現在全世界的土地與人口比較，已經有了人滿之患。像這次歐洲大戰，便有人說是「打太陽」的地位，因為歐洲列強多半近於寒帶，所以起戰爭的原故，都是由於互爭赤道和溫帶的土地，可以說是要爭太陽之光。中國是全世界氣候最溫和的地方，物產頂豐富的地方，各國人所以一時不能來吞併的原因，是由他們的人口和中國的人口比較，還是太少。到一百年之後，如果我們的人口不增加，他們的人口增加到很多，他們便用多數來征服少數，一定要併吞中國。到了那個時候，中國不但是失去主權，要亡國，中國人並且要被他們民族所同化，還要滅種。像從前蒙古滿洲征服中國，是用少數

征服多數，想利用多數的中國人，做他們的奴隸；如果列強將來征服中國，是用多數征服少數，他們便不要我們做奴隸，我們中國人到那個時候，連奴隸也做不成了！

第二講　中國民族的危機

一、民族滅亡的原因——天然淘汰

自古以來，民族之所以興亡，是由於人口增減的原因很多，此為天然淘汰 (The Law of Natural Selection)。人類因為遇到了天然淘汰力，不能抵抗，所以古時有很多的民族，和很有名的民族，在現在人類中，都已經絕跡了。我們中國的民族也很古，從有稽考以來的歷史講，已經有了四千多年；故推究我們的民族，自開始至今，至少必有五六千年。當中受過了許多天然力的影響，遺傳到今日，天不但不來消滅我們，並且還要令我們繁盛，生長了四萬萬人，和世界的民族比較，我們還是最多最大的民族；是我們民族所受的天惠，比較別種民族獨厚，故經過天時人事，種種變更，自有歷史四千多年以來，只有文明進步，不見民族衰微，代代相傳，到了今天，還是世界上最優秀的民族。所以一般樂觀的人，以為中國民族，從前不知經過了多少災害，至今都沒有滅亡，以後無論經過若何災害，是決不至滅亡的。這種論調，這種希望，依我看來，是不對的。因為就天然淘汰力說，我們民族，或者可以生存。但是世界中的進化力，不止一種天然力，是天然力和人為力湊合而成。人為的力量，可以巧奪天工，所謂人事勝天。這種人為的力，最大的有兩種：一種是政治力，一種是經濟力；這兩種力關係於民族興亡，比較天然力還要大。我們中華民族處在今日世界潮流之中，不但是受這兩種力的壓迫，並且深中這兩種力的禍害了。

二、中國民族的危機——三種壓力

中國幾千年以來，遭受過了政治力的壓迫，以至於完全亡國，已經有了兩次：一次是元朝，一次是清朝。但是這兩次亡國，都是亡於少數民族，不是亡於多數民族。那些少數民族，總被我們多數民族所同化，所以中國在政治主權上，雖然亡過了兩次，但是民族還沒有受過大損失。至於現在列強民族的情形，便和從前大不相同，一百年以來，列強人口增加到很多，上次已經比較過了，像英國、俄國的人口，增加三、四倍，美國增加十倍。照已往一百年內的增加，推測以後一百年的增加，我們民族在一百年以後，無論所受的天惠怎麼深厚，就很難和列強的民族並存於世界。比如美國的人口，百年前不過九百萬，現在便有一萬萬以上，再過一百年，就有十萬萬以上；英德俄日的人口，都是要增加好幾倍；由此推測，到百年之後，我們的人口便變成了少數，列強人口便變成了多數，到那時候中國民族，縱然沒有政治力和經濟力的壓迫，單以天然進化力來推論，中國人口便可以滅亡。況且在一百年以後，我們不但是要受天然力的淘汰，並且要受政治力和經濟力的壓迫，此兩種力比較天然力，還要快而且烈，天然力雖然很慢，也可以消滅很大的民族，在百年前有一個先例可以用來證明的，是南北美洲的紅番民族。美洲在二三百年前，完全為紅番之地，他們的人數很多，到處皆有；但從白人搬到了美洲之後，紅番人口就逐漸減少，傳到現在，幾乎盡被消滅；由此便可見天然淘汰力，也可以消滅很大的民族。

政治力和經濟力比較天然淘汰力還要更快，更容易消滅較大的民族。此後中國民族如果單受天然力的淘汰，還可以支持一百年，如果兼受了政治力和經濟力的壓迫，就很難渡過十年，故在這十年之內，就是中國民族的生死關頭。如果在這十年以內，有方法可以解脫政治力和經濟力的壓迫，我們民族還可以和列強的民族並存；如果政治力和經濟力的壓迫，我們沒有方法去解脫，我們的民族，便要被列強的民族所消滅，縱使不至於全數滅亡，也要被天然力慢慢去淘汰；故此後中國的民族，同時受天然力、政治力和經濟力的三種壓迫，便見得中國民族的生存地位是非常危險。

三、中國所受列強政治力的壓迫——失地

中國受歐美政治力的壓迫，將及百年，百年以前，滿人據有我們的國家，仍是很強盛的。當時英國滅了印度，不敢來滅中國，還恐中國去干涉印度。但是這百年以來，中國便失去許多領土，由最近推到從前，我們最近失去的領土是威海衛、旅順、大連、青島、九龍、廣州灣。歐戰以來，列強想把最近的領土送回；像最先送回的有青島，最近將要送回的有威海衛，但這不過是中國很小的地方。從前列強的心理，以為中國永遠不能振作，自己不能再管自己，所以把中國沿海的地方像大連、威海衛、九龍等處來占領，做一個根據地，以便瓜分中國。後來中國起了革命，列強知道中國還可以有為，所以才打消瓜分中國的念頭。當列強想瓜分中國的時候，一般中國反革命的人，說革命足以召瓜分；不知後來革命的結果不但不召列強瓜分，反打消列強要瓜分中國的念頭。再推到前一點的失地是高麗、臺灣、澎湖，這些地方，是因為日清之戰，才分割到日本。中國因為日清一戰，才引出列強要瓜分中國的論調 (Slicing China)。中國更前一點的失地是緬甸、安南，安南之失，中國當時還稍有抵抗，鎮南關一戰，中國還獲勝仗，後來因被法國恐嚇，中國才和法國講和，情願把安南讓與法國。但是剛在講和之前幾天，中國的軍隊正在鎮南關諒山大勝，法國幾乎全軍覆沒；後來中國還是求和，法國人便以為很奇怪。嘗有法國人對中國人說：「中國人做事，真是不可思議，就各國的慣例，凡是戰勝之國，一定要表示戰勝的尊榮，一定要戰敗的國割地賠償；你們中國戰勝之日，反要割地求和，送安南到法國，定種種苛虐條件，這真是歷史上戰勝求和的先例。」中國之所以開這個先例的原因，是由於滿清政府太糊塗。安南和緬甸本來都是中國的領土，自安南割去以後，同時英國占據緬甸，中國更不敢過問了，

又更拿前一點的失地說，就是黑龍江烏蘇里。又再推到前一點的失地，是伊犁流域霍罕和黑龍江以北諸地，就是前日俄國遠東政府所在的地方，中國都拱手送去外人，並不敢問。此外更有琉球、暹羅、蒲魯尼、蘇綠、爪哇、錫蘭、尼泊爾、布丹等那些小國，從前都是來中國朝貢過的。

故中國在最強盛時代，領土是很大的，北至黑龍江以北，南至喜馬拉雅山以南，東至東海以東，西至葱嶺以西，都是中國的領土。尼泊爾到了民國元年，還到四川來進貢，元年以後，以西藏道路不通，便不再來了。像這樣講來，中國在最強盛時候，政治力量也威震四鄰，亞洲西南各國，無不以稱藩朝貢為榮。那時歐洲的帝國主義，還沒有侵入亞洲，當時亞洲之中，配講帝國主義的只是中國，所以那些弱小國家，都怕中國，怕中國用政治力去壓迫。至今亞洲各弱小民族，對於中國，還是不大放心。這回我們中國國民黨在廣州開大會，蒙古派得有代表來，是看我們南方政府對外的主張，是否仍舊用帝國主義；他們代表到了之後，看見我們大會中所定的政綱，是扶持弱小民族，毫無帝國主義的意思，他們便很贊成，主張大家聯絡起來，成一個東方的大國。像這項要贊成我們主張的情形，不但是蒙古如此，就是其他弱小民族，都是一樣。現在歐洲列強，正用帝國主義和經濟力量來壓迫中國，所以中國的領土便逐漸縮小，就是十八行省以內，也失去了許多地方。

四、中國所受列強經濟力的壓迫——次殖民地

自中國革命以後，列強見得用政治力瓜分中國是很不容易的。以為從前滿洲征服過了中國，我們也曉得革命，如果列強還再用政治力來征服中國，中國將來一定是要反抗，對於他們是很不利的；所以他們現在稍緩其政治力來征服我們，便改用經濟力來壓迫我們。他們以為不用政治力來瓜分中國，各國便可以免衝突；但是他們在中國的衝突雖然是免了，可是在歐洲的衝突到底還免不了，故由巴爾幹半島問題，便生出了歐洲

大戰，他們自己受了許多損失，許多強國像德國、奧國都倒下來了。但是他們的帝國主義，現在還沒有改革，英國、法國、意大利，仍舊用帝國主義繼續進行；美國也拋棄了「門羅主義」，去參加列強，一致行動。經過了歐戰以後，他們在歐洲或者把帝國主義一時停止進行，但是對於中國，像前幾日各國派二十多隻兵艦到廣州來示威，還是用帝國主義的力量，來進行他們經濟的力量。經濟力的壓迫，比較帝國主義，就是政治力的壓迫，還要厲害。政治力的壓迫，是容易看得見的，好比此次列強用二十多隻兵船來示威，廣州人民便立時覺得痛癢，大家生出公憤，就是全國人民也起公憤，故政治力的壓迫，是容易覺得有痛癢的；但是受經濟力的壓迫，普通都不容易生感覺。像中國已經受過了列強幾十年經濟力的壓迫，大家至今還不大覺得痛癢，弄到中國各地都變成了列強的殖民地，全國人民至今還只知道是列強的半殖民地。

這半殖民地的名詞，是自己安慰自己，其實中國所受過了列強經濟力的壓迫，不只是半殖民地，比較全殖民地還要厲害。比方高麗是日本的殖民地，安南是法國的殖民地，高麗人做日本的奴隸，安南人做法國的奴隸，我們動以亡國奴三字譏誚高麗人安南人，我們只知道他們的地位，還不知道我們自己所處的地位，實在比不上高麗人安南人。由剛才所說的概括名詞，中國是半殖民地。但是中國究竟是哪一國的殖民地呢？是對於已經締結了條約之各國的殖民地，凡是和中國有條約的國家，都是中國人的主人；所以中國不只做一國的殖民地，是做各國的殖民地，我們不只做一國的奴隸，是做各國的奴隸。比較起來，是做一國的奴隸好些呢？還是做各國的奴隸好些呢？如果做一國的奴隸，遇到了水旱天災，做主人的國家，就要撥款賑濟，他們撥款賑濟，以為這是自己做主人的義務，分內所當為的，做奴隸的人民，也視為這是主人應該要救濟的。但是中國北方前幾年受了天災，各國不視為應該要盡的義務，撥款來賑濟，只有在中國內地的各國人，來提倡捐助賑濟災民；中國人看見了，便說是各國很大的慈善，不是他們的義務，和主人的國家對於奴隸的人民，便差得很遠；由此便可見中國還比不上安南高麗。所以做一國的奴隸，比較做各國的奴隸的地位是高得多，講到利益來又是大得多，故叫中國做半殖民地，是很不對的；依我定一個名詞，應該叫做「次殖民地」，這個次字，是由於化學名詞中得來的，如次亞燐便是藥品中有屬燐質而低一等的名為亞燐，更低一等者名為次亞燐；又如各部官制，總長之下低一級的，就叫作次長一樣。中國人從前只知道是半殖民地，便以為很恥辱，殊不知實在的地位，還要低過高麗安南，故我們不能說是半殖民地，應該叫做次殖民地。

五、受經濟力壓迫之一——海關

此次廣東和外國爭關餘，關稅餘款本該是我們的，為什麼要爭呢？因為中國的海關，被各國拿去了。我們從前並不知道有海關，總是閉關自守，後來英國到中國來叩關，要和中國通商，中國便閉關拒絕，英國用帝國主義和經濟力量聯合起來，把中國的關打開，破了中國的門戶。當時英國軍隊已經占了廣州，後來見廣州站不住，就不要廣州，去要香港，並且又要賠款；中國在那個時候，沒有許多現錢來做賠款，就把海關押到英國，讓他們去收稅。當時滿清政府計算，以為要很長久的時間，才可以還清，不料英國人得了海關，自己收稅，不到數年，便把要求的賠款還清了。清朝皇帝才知道清朝的官吏很腐敗，從前經理徵收關稅，有中飽的大毛病，所以就把全國海關，都交給英國人管理，稅務司也盡派英國人去充當。後來各國因為都有商務的關係，便和英國人爭管海關的權利，英國人於是退讓，依各國商務之大小為用人之比例，所以弄到現在，全國海關，都在外人的手內。中國同外國每立一回條約，就多一回損失，條約中的權利總是不平等，故海關稅則，都是由外國規定，中國不能自由更改。中國的關稅，中國人不能自收自用，所以我們便要爭。

現在各國對於外來經濟力的壓迫，又是怎樣對待呢？各國平時對於外國經濟力的侵入，都是用海關作武器，來保護本國經濟事業的發展，好比在海口上防止外來軍隊的侵入，便要築砲臺一樣，所以保護稅法就是用關稅去抵制外貨，本國的工業才可以發達。像美國自白人滅了紅番以後，和歐洲各國通商，當時美國是農業國，歐洲各國多是工業國，以農業國和工業國通商，自然是工業國占勝利，故美國就創出保護稅法，來保護本國的工商業。保護稅法的用意，是將別國的入口貨，特別加以重稅；如進口貨物值一百元的，海關便抽稅一百元或八十元，各國通例都是五、六十元。抽這樣重的稅，便可以令別國貨物的價貴，在本國不能銷行。本國貨物無稅，因之價平，便可以暢銷。

我們中國現在是怎麼樣的情形呢？中國沒有和外國通商以前，人民所用的貨物，都是自己用手工製造。古人說男耕女織，便可見農業和紡織工業，是中國所固有的。後來外國貨物進口，因為海關稅輕，所以外來的洋布價賤，本地的土布價貴，一般人民便愛穿洋布，不穿土布，因之土布工業就被洋布消滅了。本國的手工工業便從此失敗，人民無職無業，便變成了許多游民，這就是外國經濟力壓迫的情形。現在中國雖然仍有手工織布，但是原料還要用洋紗，近來漸有用本國棉花和外國機器來紡紗織布的；像上海有很多大紗廠，大布廠，用這些布廠紗廠，本來逐漸可以抵制洋貨。但是因為海關還在外國人手中，他們對於我們的土布，還要抽重稅，不但海關要抽重稅，進到內地各處還要抽厘金，所以中國不獨沒有保護稅法，並且是加重土貨的稅去保護洋貨。當歐戰時，各國不能製造貨物輸入中國，所以上海的紗廠布廠，一時是很發達，由此所得的利益便極大，對本分利，資本家便極多。但歐戰以後，各國貨物，充斥中國，上海的紗廠布廠，從前所謂賺錢的，至今都變成虧本了，土貨都被洋貨打敗了，中國稅關不特不來保護自己，並且要去保護外人，好比自己挖了戰壕，自己不但不能去打敵人，並且反被敵人用來打自己，所以政治力的壓迫，是有形的，是愚蠢的人也容易看見的，經濟力的壓迫是無形的，一般人都不容易看見，自己並且還要加重力量來壓迫自己。所以中國自通商以後，出入口貨物之比較，有江河日下之勢，前十年調查中國出入口貨物，相差不過二萬萬元，近來檢查海關報告表，一九二一年進口貨超過出口貨是五萬萬元，比較十年前已加多兩倍半，若照此推算，十年後也加多兩倍半，那麼進口貨超過出口貨便要到十二萬萬五千萬。換一句話說，就是十年之後，中國單就貿易一項，每一年要進貢到外國的錢是十二萬萬五千萬元。你們看這個漏卮是大不大呢？

六、受經濟力壓迫之二——銀行

經濟力的壓迫，除了海關稅影響到入超以外，還有外國銀行。現在中國人的心理，對於本國銀行都不信用，對於外國銀行便非常信用；好比此刻在我們廣東的外國銀行，便極有信用，中國銀行毫無信用。從前我們廣東省立銀行，發出紙幣，尚可通用，此刻那種紙幣毫不能用，我們現在只用現銀。從前中國紙幣的信用，不及外國紙幣，現在中國的現銀仍不及外國銀行的紙幣。現在外國銀行的紙幣，銷行於廣東的總數，當有幾千萬，一般人民都情願收藏外國紙幣，不情願收藏中國現銀：推之上海天津漢口各通商口岸，都是一樣。推究此中原因，就是因為中了外國經濟壓迫的毒。我們平常都以為外國人很有錢，不知道他們都是用紙錢來換我們的貨物，他們本來沒有許多錢，好像是我們送到他們的一樣。外國人現在所有的錢，不過印出幾千萬紙，我們信用他，他們便有了幾千萬錢。那些外國銀行的紙幣，每印一元，只費幾文錢，印成了的紙，他的價值便稱是一元或十元或一百元，所以外國人不過是用最少之本錢去印幾千萬元的紙，用那幾千萬元的紙，便來換我們幾千萬塊錢的貨物。諸君試想這種損失是大不大呢？為什麼他們能夠多印紙，我們不能夠照樣去印呢？因為普通人都中了外國經濟壓迫的毒，只信用外國，不信用自己，所以我們所印的紙便不能通行。

外國紙幣之外，還有匯兌。我們中國人在各通商口岸匯兌錢，也是信用外國銀行，把中國的錢都交外國銀行去匯兌。外國銀行代中國人匯兌，除匯兌錢的時候賺千分之五的匯水以外，並強賺兩地的錢價；在交錢的時候，又賺當地銀元合銀兩的折扣；像這樣錢價折扣的損失，在匯錢和交錢的兩處地方，總算起來，必須過百分之二三。像由廣東外國銀行匯一萬塊錢到上海，外國銀行除了賺五十元匯水以外，另外由毫銀算成上海規銀的錢價，他們必定把廣東毫銀的價格算低，把上海規元銀的價格抬高，由他們自由計算，最少必要賺

一、二百元；到了上海交錢的時候，他們不交規元銀，只肯交大洋錢，他們用規元銀折成大洋錢，必壓低銀兩的市價抬高洋錢的市價，至少又要賺一、二百元；故上海廣州兩地之間，匯兌一萬塊錢，每次至少要損失二、三百元，所以用一萬塊錢在上海廣州兩地之間，匯來匯去，最多不過三十餘次便完全化為烏有。人民所以要受這些損失的原因，就是因為中了外國經濟壓迫的毒。

外國銀行在中國的勢力，除了發行紙幣和匯兌以外，還有存款。中國人有了錢，要存到銀行內。不問中國銀行的資本是大是小，每年利息是多是少，只要知道是中國人辦的，便怕不安全，便不敢去存款。不問外國銀行是有信用沒有信用，他們所給的利息是多是少，只要聽到說是外國人辦的，有了洋招牌，便吃了定心丸，覺得極安全，有錢便送進去，就是利息極少，也是很滿意。最奇怪的辛亥武昌起義以後，一般滿清皇室和滿清官僚，怕革命黨到了，要把他們的財產充公；於是把所有的金銀財寶，都存到各處外國銀行，就是沒有利息，只要外國人收存，便心滿意足，甚至像清兵和革命軍在武漢打仗打敗了的那幾日，北京東交民巷的外國銀行，所收滿人寄存的金銀財寶，不計其數，至弄到北京所有的外國銀行都有錢滿之患，無餘地可以再存。於是後來存款的，外國銀行對於存款人，不但不出息錢，反要向存款人取租錢，存款人只要外國銀行收存款，說到租錢，外國銀行要若干便給若干。當時調查全國的外國銀行，所收中國人的存款，總計有一、二十萬萬。從此以後，中國人雖然取回了若干，但是十幾年以來，一般軍閥官僚，像馮國璋、王占元、李純、曹錕，到處搜括，所發的橫財，每人動輒是幾千萬；他們因為想那些橫財很安全，供子子孫孫萬世之用，也是存入外國銀行；所以至今外國銀行所收中國人存款的總數，和辛亥年的總數，還是沒有什麼大加減。外國銀行收了這一、二十萬萬存款，每年付到存款人的利息是很少的，最多不過四、五厘；外國銀行有了這一、二十萬萬錢，又轉借到中國小商家，每年收到借款人的利息是很多的，最少也有七、八厘，甚至一分以上。因此外國銀行，只任經理之勞，專用中國人的資本來賺中國人的利息，每年總要在數千萬。這是中國人因為要存款到外國銀行，無形中所受的損失。普通人要把錢存到外國銀行內的心理，以為中國銀行不安全，外國銀行很安全，把現款存進去，不怕他們倒閉。試問現在的中法銀行停止營業，把中國人的存款沒有歸還，中法銀行是不是外國銀行呢？外國銀行的存款是不是安全呢？外國銀行既是不安全，為什麼我們中國人還是甘心情願，要把中國的錢存到外國銀行，每年要損失這樣大的利息呢？推究這個原因，也是中了外國經濟壓迫的毒。外國銀行一項，在中國所獲之利，統計紙票匯兌存款三種算之，當在一萬萬元左右。

七、受經濟力壓迫之三——運費

外國銀行之外，還有運費。中國貨物運去外國，固然是要靠洋船，就是運往漢口、長沙、廣州各內地，也是靠洋船的多。日本的航業，近來固然是很發達，但是日本最先的時候，只有一個日本郵船會社，後來才有東洋汽船會社、大阪商船會社、日清汽船公司，航行於中國內地，航行於全世界。日本航業之所以那樣發達，是因為他們政府有津貼來補助，又用政治力去特別維持。在中國看起來，國家去津貼商船，有什麼利益呢？不知日本是要和各國的經濟勢力相競爭，所以在水上交通一方面，也和各國締結條約，訂出運貨的運費，每噸有一定的價錢。比方由歐洲運貨到亞洲，是先到上海，再到長崎、橫濱。由歐洲運上海，比較由歐洲到長崎、橫濱的路程，是近得多的。但是由歐洲運貨到長崎、橫濱，每噸的運費，各船公司定得很平；至於由歐洲運貨到上海的運費，中國無航業與他們抵抗，各船公司定得很貴；故由歐洲運貨到長崎、橫濱，比較由歐洲到上海，每噸的運費，還要便宜；因此歐洲貨物，在日本出賣的市價，還要比在上海的平。反過來如果中國貨物由上海運去歐洲，也是比由長崎、橫濱運去歐洲，所費的運費貴得多。若是中國有值一萬萬塊錢的貨物運往歐洲，中國因為運費的原故，就要加多一千萬，照此計算，就是一萬萬元中要損失一千萬。中國出入口貨物的價值每年已至十餘萬萬以上，此十餘萬萬中，所受的損失，也當不在一萬萬元以下了。

八、受經濟力壓迫之四——賦稅、地租、地價

此外還有租界與割地的賦稅、地租、地價三項，數目亦實在不少。譬如香港、臺灣、上海、天津、大連、漢口那些租界及割地內的中國人，每年納到外國人的賦稅，至少要在二萬萬元以上。像從前臺灣納到日本的稅，每年只有二千萬，現在加到一萬萬；香港從前納到英國人的稅，每年只有幾百萬，現在加到三千萬；以後當然照此比例，更行增加。其他地租一項，有歸中國人收的，有歸外國人收的。各得幾何，沒有切實的調查，不得而知；然總以歸外國人所收的為多，那是不待問了，這種地租的數目，總比地稅要大十倍。至於地價更是年年增加。外國人既掌握經濟之權，自然是多財善賈，把租界內的地皮，平買貴賣，故此專就賦稅地租和地價三種款項，中國人所受的損失，每年也當有四、五萬萬以上。

九、受經濟力壓迫之五——特權營業

又外國人在中國境內的團體和個人營業，持其不平等條約之特權，來侵奪我們利權的事業，更難以數計。單就南滿鐵路一個公司說，每年所賺的純利，已達五千餘萬元，其他各國人之種種營業，用統計推測，當在一萬萬元以上。

十、受經濟力壓迫之六——投機事業

更有一樁損失，就是投機事業，租界以內的外國人，每利用中國人的貪婪弱點，日日有小投機，數年有一次大投機，盡量激發中國人的賭性熱狂；如樹膠的投機，馬克的投機，每次結果，總是中國人受虧累，這種虧累，至少都有數千萬元；而天天的小投機事業，積少成多，便不知道是有多少數目了。像這樣的損失，

每年亦當有數千萬元。

至於戰敗的賠款，甲午賠於日本的是二萬萬五千萬兩，庚子賠於各國的是九萬萬兩，這是屬於政治上武力壓迫的範圍，當不能與經濟壓迫相提並論，而且是一時的，不是永久的，可以說還是小事了。其他還有藩屬的損失，僑民的損失，更不知道有幾何了。像這樣看來，這種經濟的壓迫，真是厲害得很了。

把以上所講的損失，統共算起來：第一、由於洋貨的侵入，每年有五萬萬元；第二、由於外國銀行的紙幣侵入市場，匯兌的扣折，存款的轉借等項，或要到一萬萬元；第三、進出口貨物的運費總要自幾千萬至一萬萬元；第四、租界與割地中的賦稅、地租和地價三項，總在四、五萬萬元；第五、特權營業有一萬萬元；第六、投機事業和其他種種剝奪，當在幾千萬元以上，可說這六項的經濟壓迫，令我們中國所受的損失，總共不下十二萬萬元。這每年十二萬萬元的大損失，如果不想方法挽救，以後只有年年加多，斷沒有自然減少的理由；所以今日中國受外國的經濟壓迫，已經到了民窮財盡的地位，是要趕快設法去挽救。若長此不救，必至因為受這種經濟壓迫，弄到國亡種滅而後已！

當中國從前強盛時代，都是要列邦年年進貢，歲歲來朝。列邦的貢品，每年的價值大約不過是百數十萬元，我們便以為非常的榮耀。到了宋朝，中國衰弱的時候，反要向金人進貢，而納於金人的貢品，每年大約也不過百數十萬元，我們便以為是奇恥大辱。我們現在要進貢到外國，每年有十二萬萬元，一年有十二萬萬，十年就有一百二十萬萬，這種經濟力的壓迫，這樣大的進貢，是大家夢想不到的，是不容易看見的，所以大家不覺得是大恥辱。如果我們沒有這樣大的進貢，每年有十二萬萬的一宗大進款，那麼我們應該做多少事業呢？我們的社會要如何進步呢？因為有了這種經濟力的壓迫，每年要受這樣大的損失，故中國的社會事業都不能發達，普通人民的生機也是沒有了。專就這一種壓迫講，比用幾百萬兵來殺我們還要厲害得多。況且外國背後更拿帝國主義來促進他們的經濟壓迫，中國人民的生機焉得不日蹙，游民焉得不日多，國勢焉得不日衰呢！

中國近來一百年以內，已經受了人口問題的壓迫。中國人口總是不加多，外國人口總是日日加多；現在又受政治力和經濟力一齊來壓迫，我們是同時在受這三種力的壓迫，如果再沒有辦法，無論中國領土是怎麼樣大，人口是怎麼樣多，百年之後，一定是要亡國滅種的！我們四萬萬人的地位是不能萬古長存的，試看美洲的紅番，從前到處皆有，現在便要全數滅亡。所以我們曉得政治的壓迫是很厲害，還要曉得經濟的壓迫是更厲害，不能說我們有四萬萬人，就不容易被人消滅，因為中國幾千年以來，從沒有受過這三個力量一齊來壓迫的，故為中國民族的前途設想，就應該要設一個什麼方法，去打消這三個壓迫力量。

第三講　中國民族主義思想消失的原因

一、喪失民族主義思想的原委

民族主義這個東西，是國家圖發達和種族圖生存的寶貝。中國到今日已經失去了這個寶貝。為什麼中國失去了這個寶貝呢？我在今天所講的大意，就是把中國為什麼失去了民族主義的原故來推求，並且研究我們中國的民族主義是否真正失去了。

依我的觀察，中國的民族主義是已經失去了，這是很明白的，並且不止失去了一天，已經失去了幾百年。試看我們革命以前，所有反對革命很厲害的言論，都是反對民族主義的。再推想到幾百年前，中國的民族思想，完全沒有了。在這幾百年中，中國的書籍裡頭，簡直是看不出民族主義來，只看見對於滿洲的歌功頌德，什麼深仁厚澤，什麼食毛踐土，從沒有人敢說滿洲人是什麼東西的。近年革命思想發生了之後，還有許多自命為中國學士文人的，天天來替滿洲人說話。譬如從前在東京辦《民報》時代，我們提倡民族主義，那時候駁我們民族主義的人，便說滿洲種族入主中華，我們不算是亡國，因為滿洲人受過了明朝龍虎將軍的封號。滿洲來推翻明朝，不過是歷代朝廷相傳的接替，可說是易朝，不是亡國。然則從前做過中國稅務司的英國人赫德（Hart），他也曾經受過了中國戶部尚書的官銜，比如赫德來滅中國，做中國的皇帝，我們可不可以說中國不是亡國呢？這些人不獨是用口頭去擁護滿洲人，還要結合一個團體叫做保皇黨，專保護大清皇帝，來消滅漢人之民族思想的。所有保皇黨的人，都不是滿洲人，完全是漢人；歡迎保皇黨的人，多是海外華僑。後來看到了革命思想過於盛行，那些華僑才漸漸變更宗旨，來贊成革命。

二、興起民族思想者

華僑在海外的會黨極多，有洪門三合會，即致公堂，他們原來的宗旨，本是反清復明，抱有種族主義的，因為保皇主義流行到海外以後，他們就歸化保皇黨，專想保護大清皇室的安全。故由有種族主義的會黨，反變成了去保護滿洲皇帝，把這一件事看來，便可證明中國的民族主義是完全亡了。我們講到會黨，便要知道會黨的起源，會黨在滿清康熙時候最盛。自順治打破了明朝，入主中國，明朝的忠臣義士，在各處起來抵抗，到了康熙初年，還有抵抗的。所以中國在那個時候，還沒有完全被滿洲人征服。康熙末年以後，明朝遺民，逐漸消滅，當中一派是富有民族思想的人，覺得大事去矣，再沒有能力可以和滿洲人抵抗，就觀察社會情形，想出方法來結合會黨。他們的眼光是很遠大的，思想是很透徹的，觀察社會情形也是很清楚的。他們剛才結合成種種會黨的時候，康熙就開博學鴻詞科，把明朝有智識學問的人，幾乎都網羅到滿洲政府之下了。那些有民族思想的人，知道了不能專靠文人去維持民族主義，便對於下流社會和江湖上無家可歸的人，收羅起來，結成團體，把民族主義放到那種團體內去生存。這種團體的份子，因為是社會上最低下的人，他們的行動很鄙陋，便令人看不起。又用文人所不講的言語，去宣傳他們的主義，便令人不大注意。所以那些明朝遺老實在是有真知灼見。至於他們所以要這樣保存民族主義的意思，好比在太平時候，富人的寶貝，自然要藏在很貴重的鐵箱裡頭；到了遇著強盜入內的時候，主人恐怕強盜先要開貴重的鐵箱，當然要把寶貝藏在令人不注意的地方，如果遇到極危急的時候，或者要投入極汙穢之中，也未可知。當時明朝遺老，想保存中國的寶貝，便不得不把他藏在很鄙陋的下流社會中。所以滿洲政府二百多年以來，無論是怎樣專制，因為是有這些會黨口頭的遺傳，還可以保存中國的民族主義，當日洪門會中，要反清復明，為什麼不把他們的主義保存在智識階級裡頭呢？為什麼不做文章來流傳，如太史公所謂「藏之名山傳之其人」呢？因為當時明朝的遺老看見滿洲開博學鴻詞科，一時有智識有學問的人差不多都被收羅去了，便知道那些有智識階級的人是靠不住，不能藏之名山傳之其人，所以要在下流社會中收藏起來，便去結合那些會黨。在會黨裡頭，他們的結納是很容易很便利的，他們結合起來，在滿洲政府專制之下，保存民族主義，不是拿文字來傳，是拿口頭來傳的。所以我們今天要把會黨源源本本講起來，很為困難，因為他們只有口頭傳下來的片段故事。就是當時有文字傳下來，到了乾隆時候也被消毀完了。當康熙雍正時候，明朝遺民排滿之風還是很盛。所以康熙雍正時候便出了多少書，如《大義覺迷錄》等，說漢人不應該反對滿洲人來做皇帝。他們所持的理由，是說舜是東夷之人，文王是西夷之人，滿洲人雖是夷狄之人，還可以來做中國的皇帝；由此便可見康熙雍正還自認為滿洲人，還忠厚一點。到了乾隆時代，連滿漢兩個字都不准人提起了，把史書都要改過，凡是當中關於宋元歷史的關係和明清歷史的關係，都通通刪去，所有關於記載滿洲、匈奴、韃靼的書，一概定為禁書，通通把他消滅，不准人家收藏，不准人看。因為當時違禁的書，興過了好幾回文字獄之後，中國的民族思想，保存在文字裡頭的，便完全消滅了。到了清朝中葉以後，會黨中有民族思想的，只有洪門會黨。

三、中國民族思想消滅的原因之一——會黨被利用

當洪秀全起義之時，洪門會黨多來響應，民族主義就復興起來了，大家須注意洪門不是由洪秀全而得此稱，當是由朱洪武或由朱洪祝（康熙時有人奉朱洪祝起義）而得此稱謂，或未可定。洪秀全失敗了以後，民族主義更流傳到軍隊，流傳到游民。那時的軍隊如湘軍淮軍，多屬會黨，即如今日青幫紅幫等名目，也是由軍隊流傳而來。明朝遺老宣傳民族主義到下流社會裡頭，但是下流社會的智識太幼稚，不知道自己來利用這種主義，反為敵人所利用；比方在洪秀全時代，反清復明的思想已經傳到了軍隊裡頭，但因洪門子弟不能利用他們，故他們仍然是清兵。

又有一段故事，也可以引來證明，當時左宗棠帶兵去征新疆，由漢口起程到西安，帶了許多湘軍淮軍，經過長江。那時會黨散在珠江流域的，叫做三合會，散在長江的，叫做哥老會，哥老會的頭目，叫做大龍頭，有一位大龍頭在長江下游犯了法，逃到漢口。那時清朝的驛站通消息固然是很快，但是哥老會的碼頭通消息更快，左宗棠在途上有一天忽然看見他的軍隊自己移動集中起來，排起十幾里的長隊，便覺得非常詫異；不久接到一件兩江總督的文書，說有一個著名的匪首，由漢口逃往西安，請他拿辦。左宗棠當時無從拿辦，只算是官樣文章，把這件事擱起來。後來看見他的軍隊移動得更厲害，排的隊伍更長，個個兵士都說去歡迎大龍頭，他還是莫名其妙。後來知道了兵士所要去歡迎的大龍頭，就是兩江總督要他拿辦的匪首，他便慌起來了。當時問他的幕客某人說：「什麼是哥老會呢？哥老會的大龍頭，和這個匪首有什麼關係呢？」幕客便說：「我們軍中自兵士以至將官，都是哥老會，那位要拿辦的大龍頭，就是我們軍中哥老會的首領。」左宗棠說：「如果是這樣，我們的軍隊怎樣可以維持呢？」幕客說：「如果要維持這些軍隊，便要請大帥也去做大龍頭，大帥如果不肯做大龍頭，我們便不能去新疆。」左宗棠想不到別的方法，又要利用那些軍隊，所以便贊成幕客的主張，也去開山堂，做起大龍頭來，把那些會黨都收為部下。由此便可見左宗棠後來能夠平定新疆，並不是利用清朝的威風，還是利用明朝遺老的主義。中國的民族主義自清初以來，保存了很久。從左宗棠做了大龍頭之後，他知道其中的詳情，就把碼頭破壞了，會黨的各機關都被消滅了。所以到我們革命的時候，便無機關可用，這個洪門會黨都被人利用了。所以中國的民族主義，真是老早亡了。

四、中國民族思想消滅的原因之二——被異族征服

中國的民族主義既亡，今日就把這個亡了的原因拿來說一說。此中原因是很多的，尤其是被異族征服的原因為最大。凡是一種民族征服別種民族，自然不准別種民族有獨立的思想。好比高麗被日本征服了，日本現在就要改變高麗人的民族思想，所以高麗學校裡的教科書，凡是關於民族思想的話都要刪去。由此三十年後，高麗的兒童，便不知有高麗了，便不知自己是高麗人了。從前滿洲對待我們也是一樣，所以民族主義滅亡的頭一個原因，就是我們被異族征服。征服的民族，要把被征服民族的所有寶貝，都要完全消滅。滿洲人知道這個道理，從前用過了很好的手段，康熙時候興過了好幾次文字獄，但是康熙還不如乾隆狡猾，要把漢人的民族思想完全消滅。康熙說他是天生來做中國皇帝的，勸人不可逆天。到了乾隆，便更狡猾，就把滿漢的界限完全消滅，所以自乾隆以後，智識階級的人多半不知有民族思想，只有傳到下流社會。但是下流社會雖然知道要「殺韃子」，只知道當然，不知道所以然。所以中國民族思想，便消滅了幾百年。這種消滅是由於滿洲人所用的方法好。

五、中國民族思想消滅的原因之三——世界主義的影響

中國民族主義之所以消滅，本來是因為亡國，因為被外國人征服。但是世界上民族之被人征服的，不只中國人，猶太人也是亡國。猶太人在耶穌未生之前，已經被人征服了，及耶穌傳教的時候，他的門徒當他是革命，把耶穌當做革命的首領，所以當時稱他為猶太人之王。耶穌門徒的父母，曾有人對耶穌說：「若是我

主成功，我的大兒子便坐在主的左邊，二兒子便坐在主的右邊。」儼然以中國所謂左右丞相來相比擬，所以猶太人亡了國之後，耶穌的門徒以為耶穌是革命。當時耶穌傳教，或者是含有政治革命也未可知，但是他的十二位門徒中，就有一個以為耶穌的政治革命是已經失敗了，就去賣他的老師。不知耶穌的革命，是宗教革命，所以稱其國為天國。故自耶穌以後，猶太的國家雖然滅亡，猶太的民族至今還是存在。又像印度也是亡國，但是他們的民族思想，就不像中國的民族思想一樣，一被外國的武力壓服了，民族思想便隨之消滅。再像波蘭從前也亡國過一百多年，但是波蘭的民族思想永遠存在，所以到歐戰之後，他們就把舊國家恢復起來，至今成了歐洲的二三等國。像這樣講來，中國和猶太印度波蘭比較，都是一樣的亡國，何以外國亡國，民族主義不至於亡，為什麼中國經過了兩度亡國，民族思想就滅亡了呢？這是很奇怪的，研究當中的道理是很有趣味的，中國在沒有亡國以前，是很文明的民族，很強盛的國家，所以常自稱為堂堂大國，聲名文物之邦，其他各國都是蠻夷。以為中國是居世界之中，所以叫自己的國家做中國，自稱大一統，所謂「天無二日，民無二王」；所謂「萬國衣冠拜冕旒」，這都是由於中國在沒有亡國以前，已漸由民族主義，而進於世界主義。所以歷代政府總是用帝國主義去征服別種民族。像漢朝的張博望班定遠，滅過了三十多國，好像英國東印度公司的經理卡來呼，把印度的幾十個國都收服了一樣。中國幾千年以來總是實行平天下的主義，把亞洲的各小國完全征服了；但是中國征服別國，不是像現在的歐洲，專用野蠻手段去壓迫人，而多是用和平手段去感化人，所謂王道，常用王道去收服各弱小民族。由此推尋，便可以得到我們民族思想之所以滅亡的道理出來。從什麼方面知道別的種族如猶太亡國有了二千年，他們的民族主義還是存在，我們中國亡國只有三百多年，就把民族主義完全滅亡了呢？考察此中原因，好像考察人受了病一樣。一個人不論是受了什麼病，不是先天不足，就是在未受病之前，身體早起了不健康的原因。中國在沒有亡國以前，已經有了受病的根源，所以一遇到被人征服，民族思想就消滅了。這種大病的根源，就是在中國幾千年以來，都是帝國主義的國家。如現在的英國，和沒有革命以前的俄國，都是世界上頂強盛的國家。到了現在，英國的帝國主義還是很發達，我們中國從前的帝國主義，或者還要駕乎英國之上。

英俄兩國現在生出了一個新思想。這個思想是有智識的學者提倡出來的，這是什麼思想呢？是反對民族主義的思想。這種思想說民族主義是狹隘的，不是寬大的，簡直的說，就是世界主義。現在的英國和以前的俄國、德國，及中國現在提倡新文化的新青年，都贊成這種主義，反對民族主義。我常聽見許多新青年說：「中國國民黨的三民主義，不合現在世界的新潮流，現在世界上最新最好的主義是世界主義」。究竟世界主義是好是不好呢？如果這個主義是好的，為什麼中國一經亡國，民族主義就要消滅呢？世界主義，就是中國二千多年以前所講的天下主義，我們現在研究這個主義，要知道他到底是好不好呢？照理論上講，不能說他是不好。從前中國智識階級的人，因為有了世界主義的思想，所以滿清入關，全國就亡了。康熙就是講世界主義的人，他說舜是東夷之人也，文王是西夷之人也，東西夷狄之人，都可以來中國做皇帝，就是中國不分夷狄華夏，不分夷狄華夏，就是世界主義。大凡一種思想，不能說他是好不好，只看他是合我們用不合我們用，如果合我們用便是好，不合我們用，便是不好，合乎全世界的用途便是好，不合乎全世界的用途便是不好。世界上的國家，拿帝國主義把人征服了，要想保全他的特殊地位，做全世界的主人翁，便要提倡世界主義，要全世界都服從。中國從前也想做全世界的主人翁，總想站在萬國之上，故主張世界主義。因為普通社會有了這種主義，故滿清入關便無人抵抗，以致亡國。當滿清入關的時候，人數是很少的，總數不過十萬人，拿十萬人怎麼能夠征服四萬萬人呢？因為那個時候，中國大多數人很提倡世界主義，不講民族主義，無論什麼人來中國做皇帝，都是歡迎的，所以史可法雖然想反對滿人，但是贊成他的人數太少，還是不能抵抗滿人；因為全國的人都歡迎滿人，所以滿人便得做中國的安穩皇帝。當那個時候，漢人不但是歡迎滿人，並且要投入旗下，歸化於滿人，所以有所謂漢軍旗。

六、民族主義的必要——世界主義不能代替

現在世界上頂強盛的國家，是英國、美國。世界上不只一個強國，有幾個強國，所謂列強。但是列強的思想性質，至今還沒有改變。將來英國、美國或者能夠打破列強成為獨強，到了那個時候，中國或者要被英國征服，中國的民族變成英國的民族，我們是好是不好呢？如果中國人入英國籍或美國籍，幫助英國或美國來打破中國，便說我們是服從世界主義，試問我們自己的良心是安不安呢？如果我們自問良心不安，便是因為有了民族主義，民族主義能夠令我們的良心不安，所以民族主義，就是人類圖生存的寶貝。好比讀書的人，是拿什麼東西來謀生呢？是拿手中的筆來謀生的，筆是讀書人謀生的工具；民族主義，便是人類圖生存的工具。如果民族主義不能存在，到了世界主義發達之後，我們就不能生存，就要被人淘汰。中國古書說竄三苗於三危，漢人把他們驅逐到雲南貴州的邊境，現在幾幾乎要滅種，不能生存。說到這些三苗，也是中國當日原有的土民。我們中國民族的將來情形，恐怕也要像三苗一樣了。

七、民族主義才是世界主義的基礎

講到中國民族的來源，有人說百姓民族是由西北方搬進來的，過葱嶺到天山，經新疆以至於黃河流域。照中國文化的發祥地說，這種議論，似乎是很有理由的。如果中國文化不是從外國傳來，是由本國發生的，那末照天然的原則來說，中國文化應該發源於珠江流域，不應該發源於黃河流域。因為珠江流域是氣候溫和，物產豐富，人民很容易謀生，是應該發生文明的。但是考究歷史，古時候的堯舜禹湯文武，都不是生在珠江流域，都是生在西北。珠江流域在漢朝還是蠻夷，所以中國文化是由西北方來的，是由外國來的。中國人說人民是百姓，外國人說西方古時有一種百姓民族，後來遷移到中國把中國原來的苗子民族或消滅或同化，才

成為中國今日的民族。

照進化論中的天然公理說，適者生存，不適者滅亡，優者勝劣者敗，我們的民族到底是優者呢？或是劣者呢？是適者呢？或是不適者呢？如果說到我們的民族要滅亡、要失敗，大家自然不願意，要本族能夠生存能夠勝利，那才願意，這是人類的天然思想。現在我們民族處於很為難的地位，將來一定要滅亡，所以滅亡的原故，就是由於外國人口增加，和政治經濟三個力量一齊來壓迫。我們現在所受政治力經濟力兩種壓迫已達到了極點，惟我們現在的民族還大，所受外國人口增加的壓迫，還不容易感覺，要到百年之後，才能感覺。我們現在有這樣大的民族，可惜失去了民族思想。因為失去了民族思想，所以外國的政治力和經濟力，才能打破我們，如果民族思想沒有失去，外國的政治力和經濟力是一定打不破我們的。

但是我們何以失去了民族主義呢？要考究起來，是很難明白，我可以用一件故事來比喻，這個比喻或者是不倫不類，和我們所講的道理毫不相關，不過借來也可以說明這個原因。這件故事是我在香港所眼見過的：「從前有一個苦力，天天在輪船碼頭，拿一枝竹槓和兩條繩子，去替旅客挑東西。每日挑東西，就是那個苦力謀生的方法。後來他積成了十多塊錢，當時呂宋彩票盛行，他就拿所積蓄的錢，買了一張呂宋彩票。那個苦力因為無家可歸，所有的東西都沒有地方收藏，所以他買得的彩票也沒有地方收藏。他謀生的工具，只是一枝竹槓和兩條繩子，他到什麼地方，那枝竹槓和兩條繩子，便帶到什麼地方。所以他就把所買的彩票，收藏在竹槓內。因為彩票藏在竹槓之內，不能隨時拿出來看，所以他把彩票的號數，死死記在心頭。時時刻刻都念著。到了開彩的那一日，他便到彩票店內去對號數，一見號單，知道是自己中了頭彩，可以發十萬元的財，他就喜到上天，幾幾乎要發起狂來，以為從此便可不用竹槓和繩子做苦力了，可以永久做大富翁了。由於這番歡喜，便把手中的竹槓和繩子一齊投入海中了。」

用這個比喻說，呂宋彩票好比是世界主義，是可以發財的；竹槓好比是民族主義，是一個謀生的工具；

中了頭彩的時候，好比是中國帝國主義極強盛的時代，進至世界主義的時代。我們的祖宗，以為中國是世界上的強國，所謂天無二日民無二王，萬國衣冠拜冕旒，世界從此長太平矣。以後只要講世界主義，全世界的人都來進貢，從此不必要民族主義，所以不要竹槓，要把他投入海中。到了為滿洲人所滅的時候，不但世界上的大主人翁做不成，連自己的小家產都保守不穩了，百姓的民族思想一齊消滅了，這好比是竹槓投入了海內一樣。所以滿清帶兵入關，吳三桂便作嚮導。史可法雖然想提倡民族主義擁戴福王，在南京圖恢復，滿洲的多爾袞便對史可法說：「我們的江山，不是得之於大明，是得之於闖賊。」他的意思以為明朝的江山，是明朝自己人失去了的，好比苦力自己丟了竹槓一樣。近來講新文化的學生，也提倡世界主義，以為民族主義不合世界潮流，這個論調，如果是發自英國、美國，或發自我們的祖宗，那是很適當的；但是發自現代的中國人，這就不適當了。德國從前不受壓迫，他們不講民族主義，只講世界主義。我看今日的德國，恐怕不講世界主義，要來講一講民族主義罷！我們的祖宗，如果不把竹槓丟了，我們還可以得回那個頭彩，但是他們把竹槓丟得太早了，不知道發財的彩票，還收藏在裡面，所以一受外國的政治力和經濟力來壓迫，以後又遭天然的淘汰，我們便有亡國滅種之憂了。

此後我們中國人，如果有方法，恢復民族主義，再找得一枝竹槓，那麼就是外國的政治力和經濟力，無論怎麼樣來壓迫，我們民族就是在千萬年之後，決不至於滅亡。至於講到天然淘汰，我們民族更是可以長存。因為天生了我們四萬萬人，能夠保存到今日，是天從前不想亡中國。將來如果中國亡了，罪惡是在我們自己，我們就是將來世界上的罪人。天既付託重任於中國人，如果中國人不自愛，是謂逆天。所以中國到這個地位，我們是有責任可負的。現在天既不要淘汰我們，是天要發展世界的進化，如果中國將來亡了，一定是列強要亡中國，那便是列強阻止世界的進化。昨天有一位俄國人說：「列寧為什麼受到世界列強的攻擊呢？因為他敢說一句話，他說：『世界上有兩種人：一種是十二萬萬五千萬人，一種是二萬萬五千萬人，這十二萬萬五千萬人，是受那二萬萬五千萬人的壓迫』。」那些壓迫人的人，是逆天行道，不是順天行道。我們去抵抗強權，才是順天行道。我們要能夠抵抗強權，就要我們四萬萬人和十二萬萬五千萬人聯合起來。我們要能夠聯合十二萬萬五千萬人，就要提倡民族主義，自己先聯合起來。推己及人，再把各弱小民族都聯合起來，共同去打破二萬萬五千萬人，共同用公理去打破強權。強權打破了以後，世界上沒有野心家，到了那個時候，我們便可以講世界主義。

第四講　世界民族問題和中國

一、世界民族的分析

現在世界上所有的人數，大概在十五萬萬人左右，在這十五萬萬人中，中國占了四分之一。就是世界上每四個人中，有一個是中國人。歐洲所有民族的人數，合計起來，也是四萬萬。現在世界上民族最發達的是白人，白種人中有四個民族：在歐洲中部的有條頓民族，條頓民族建立了好幾個國家，最大的是德國，其次奧國、瑞典、挪威、荷蘭、丹麥，都是條頓民族所建立的。在歐洲之東的有斯拉夫民族，也建立了好幾個國家，最大的是俄國；歐戰後發生的，有捷克斯拉夫和佐哥斯拉夫兩個新國。在歐洲之西的有撒克遜民族，叫做「盎格魯撒克遜」，這個民族建立了兩個大國，一個是英國，一個是美國。在歐洲之南的有拉丁民族。這個民族也建立了好幾個國家，頂大的是法國、意大利、西班牙、葡萄牙；拉丁民族移到南美洲，也建立了幾個國家，和盎格魯撒克遜民族移到北美洲建立了加拿大和美國一樣。歐洲白種民族，不過是四萬萬人，分開成四個大民族，由四個大民族，建立了許多國家，原因是白種人的民族主義很發達；因為白種人的民族主義很發達，所以他們在歐洲住滿了，便擴充到西半球的南北美洲，東半球東南方的非洲、澳洲。

現在世界上的民族，占地球上領土最多的，是撒克遜民族。這個民族最初發源的地方是歐洲，但是在歐洲所占的領土，不過是大不列顛三島，像英格蘭、蘇格蘭和愛爾蘭，這三島在大西洋的位置，好像日本在太平洋一樣。撒克遜人所擴充的領土，西到北美洲，東到澳洲、紐西蘭，南到非洲，所以說占世界上領土最多的人種是撒克遜民族，世界上最富強的人種也是撒克遜民族，歐戰以前，世界上最強盛的民族是條頓和斯拉夫，尤其以條頓民族的聰明才力為最大，所以德國能夠把二十幾個小邦聯合起來，成立了一個大德意志聯邦。成立之初，本來是農業國，後來變成工業國，因為工業發達，所以陸海軍力也隨之強盛。

歐戰之前，歐洲民族都受了帝國主義的毒。什麼是帝國主義呢？就是用政治力去侵略別國的主義，即中國所謂勤遠略。這種侵略政策現在名為帝國主義。歐洲各民族都染了這種主義，所以常常發生戰爭，幾幾乎每十年中必有一小戰，每百年中必有一大戰。其中最大的戰爭，就是前幾年的歐戰，這次戰爭可以叫做世界的大戰爭。何以叫做世界的大戰爭呢？因為這次戰事擴充，影響到全世界，各國人民都被捲入漩渦之中。這次大戰爭所以構成的原因，一是撒克遜民族和條頓民族互爭海上的霸權：因為德國近來強盛，海軍逐漸擴張，成世界上第二海權的強國，英國要自己的海軍獨霸全球，所以要打破第二海權的德國，英德兩國都想在海上爭霸權，所以便起戰爭。二是各國爭領土：東歐有一個弱國叫做土耳其即突厥，土耳其在百年以來世人都說他是近東病夫，因為內政不修明，皇帝很專制，變成了很衰弱的國家，歐洲各國都要把他瓜分，百餘年以來不能解決，歐洲各國要解決這個問題，所以發生戰爭。故歐戰的原因，第一是白種人互爭雄長，第二是解決世界的問題。如果戰後是德國獲勝，世界上的海權便要歸德國占領，英國的大領土便要完全喪失，必成羅馬一樣，弄成四分五裂而亡。但是戰爭的結果，德國是打敗了，德國想行帝國主義的目的便達不到。

這次歐洲的戰爭，是世界上有史以來，最劇烈的，軍隊的人數有四、五千萬，時間經過了四年之久，到戰爭最後的時候，兩方還不能分勝負。在戰爭的兩方面，一方叫做協商國，一方叫做同盟國。在同盟國之中，初起時有德國、奧國，後來加入土耳其和布加利亞；在協商國之中，初起時有塞爾維亞、法國、俄國、英國及日本，後來加入意大利和美國。

二、撒克遜人的民族主義

美國之所以參加的原因，全為民族問題。因在戰爭之頭一、二年，都是德奧二國獲勝，法國的巴黎和英國的海峽，都幾乎被德奧兩國軍隊攻入。條頓民族便以為英國必亡，英國人便十分憂慮，見得美國的民族是和他們相同，於是拿撒克遜民族的關係去煽動美國。美國見得和自己相同民族的英國，將要被異族的德國所滅亡，就不免物傷其類，所以加入戰爭去幫助英國，維持撒克遜人的生存。並且恐怕自己力量單薄，遂竭全力去鼓勵全世界的中立民族，共同參加去打敗德國。

當那次戰爭時有一個大言論，最被人歡迎的，是美國威爾遜所主張的「民族自決」(Self Determination of Peoples)。因為德國用武力壓迫歐洲協商國的民族，威爾遜主張消滅德國的強權，令世界上各弱小民族，以後都有自主的機會。於是這種主張，便被世界所歡迎。所以印度雖然是被英國滅了，普通人民是反對英國的，但是有好多弱小民族，聽見威爾遜說這回戰爭是為弱小民族爭自由的，他們便很喜歡去幫英國打仗。安南雖然是被法國滅了，平日人民痛恨法國的專制，但當歐戰時仍幫法國去打仗，也是因為聽到威爾遜的主張是公道的原故。他若歐洲的弱小的民族像波蘭、捷克斯拉夫和羅米尼亞，一齊加入協商國去打同盟國的原因，也是因為聽見了威爾遜所主張的「民族自決」那一說。我們中國也受了美國的鼓動，加入戰爭，雖然沒有出兵，但是送了幾十萬工人去挖戰壕，做後方的勤務。協商國因為創出這項好題目，所以弄到無論歐洲亞洲一切被壓迫的民族，都聯合起來去幫助他們打破同盟國。

三、帝國主義者的反民族主義——壓迫弱小民族壟斷世界

當時威爾遜主張，維持以後世界的和平，提出了十四條，其中最要緊的是讓各民族自決。當戰事未分勝負的時候，英國法國都很贊成，到了戰勝之後開和議的時候，英國、法國和意大利覺得威爾遜所主張的民族開放，和帝國主義的利益衝突太大，所以到要開和議的時候，便用種種方法騙去威爾遜的主張，弄到和議結局所定的條件，最不公平。世界上的弱小民族不但不能自決，不但不能自由，並且以後所受的壓迫，比從前更要厲害。由此可見強盛的國家和有力量的民族，已經雄占全球，無論什麼國家和什麼民族利益，都被他們壟斷了。他們想永遠維持這種壟斷的地位，再不准弱小民族復興，所以天天鼓吹世界主義，謂民族主義的範圍太狹隘。其實他們所主張的世界主義，就是變相的帝國主義，與變相的侵略主義。但是威爾遜的主張提出了以後，便不能收回。因為各弱小民族，幫助協商國打倒同盟國，是希望戰勝之後可以自由的。後來在和議所得的結果，令他們大為失望。所以安南、緬甸、爪哇、印度、南洋群島以及土耳其、波斯、阿富汗、埃及與夫歐洲幾十個弱小民族，都大大的覺悟，知道列強當日所主張的「民族自決」，完全是騙他們的，所以他們便不約而同，自己去實行「民族自決」。

四、歐戰後戰線的轉變——反帝國主義勢力之抬頭

歐洲數年大戰的結果，還是不能消滅帝國主義，因為當時的戰爭，是一國的帝國主義和別國的帝國主義相衝突的戰爭，不是野蠻和文明的戰爭，不是強權和公理的戰爭。所以戰爭的結果，仍是一個帝國主義打倒別個帝國主義，留下來的還是帝國主義。但是由這一次戰爭，無意中發生了一個人類中的大希望，這個希望就是俄國革命。俄國發起革命，本來很早，在歐戰前一千九百零五年的時候，曾經起過了革命，不過沒有成

功。到歐戰的時候，便大功告成。他們所以當歐戰時，再發生革命的原故，因為他們的民族經過這次歐戰，便生出了大覺悟。俄國本是協商國之一，協商國打德國的時候，俄國所出的兵數約計有千餘萬，可謂出力不少。如果協商國不得俄國參加，當日歐洲西方的戰線，老早要被德國衝破了。因為有了俄國在東方牽制，所以協商國能夠和德國相持兩、三年，反敗為勝。俄國正當戰爭之中，自己思索，覺得幫助協商國去打德國，就是幫助幾個強權去打一個強權，料到後來，一定沒有好結果。所以一般兵士和人民便覺悟起來，脫離協商國，單獨和德國講和。況且說到國家的地位，俄國和德國人民的利害，毫無衝突。不過講到帝國主義的地位，彼此都想侵略，自然發生衝突。而且德國侵略太過，俄國為自衛計，不得不與英法各國一致行動。後來俄國人民覺悟，知道帝國主義是不對，所以便對本國革命。先推翻本國的帝國主義，同時又與德國講和，免去外患的壓迫。不久協商國也與德國講和，共同出兵去打俄國。為什麼協商國要出兵去打俄國呢？因為俄國人民發生了新覺悟，知道平日所受的痛苦，完全是由於帝國主義，現在要解除痛苦，故不得不除去帝國主義，主張民族自決。各國反對這項主張，所以便共同出兵打他。俄國的主張和威爾遜的主張，是不約而同的，都是主張世界上的弱小民族都能夠自決，都能夠自由。俄國這種主義傳出了以後，世界上各弱小民族都很贊成，共同來求自決。歐洲經過這次大戰的災害，就帝國主義一方面講，本沒有什麼大利益，但是因此有了俄國革命，世界人類便生出一個大希望。

世界上的十五萬萬人之中，頂強盛的是歐洲和美洲的四萬萬白種人。白種人以此為本位，去吞滅別色人種。如美洲的紅番已經消滅，非洲的黑人不久就要消滅，印度的棕色人正在消滅之中，亞洲黃色人現在受白人的壓迫，不久或要消滅。

但是俄國革命成功，他們一萬萬五千萬人，脫離了白種，不贊成白人的侵略行為。現在正想加入亞洲的弱小民族，去反抗強暴的民族。那麼強暴的民族，只剩得二萬萬五千萬人，還是想用野蠻手段，拿武力去征服十二萬萬五千萬人。故此後世界人類，要分為兩方面去決鬥：一方面是十二萬萬五千萬人，一方面是二萬萬五千萬人。第二方面的人類雖然很少，但是他們占了世界上頂強盛的地位，他們的政治力和經濟力都很大，總是用這兩種力量去侵略弱小民族。如果政治的海陸軍力有所不及，便用經濟力去壓迫；如果經濟力有時而窮，便用政治的海陸軍力去侵略。他們的政治力幫助經濟力，好比左手幫助右手一樣，把多數的十二萬萬五千萬人民，壓迫得很厲害。但是天不從人願，忽然生出了斯拉夫民族的一萬萬五千萬人，去反對帝國主義和資本主義，為世界人類打不平。所以我前次說，有一位俄國人說：「世界列強所以詆毀列寧的原因，是因為他敢說世界多數的民族十二萬萬五千萬人，為少數的民族二萬萬五千萬人所壓迫。」列寧不但是說出這種話，並且還提倡被壓迫的民族去自決，為世界上被壓迫的人打不平。列強之所以攻擊列寧，是要消滅人類中的先知先覺，為他們自己求安全。但是現在人類都覺悟了，知道列強所造的謠言都是假的，所以再不被他們欺騙，這就是全世界民族的政治思想，進步到光明地位的情況。

五、受屈的民族不可講世界主義

我們今日要把中國失去了的民族主義，恢復起來，用此四萬萬人的力量，為世界上的人類去打不平，這才算是我們四萬萬人的天職。列強因為恐怕我們有了這種思想，所以便生出一種似是而非的道理，主張世界主義來煽惑我們。說世界的文明要進步，人類的眼光要遠大，民族主義過於狹隘，太不適宜，所以應該提倡世界主義。近日中國的新青年，主張新文化，反對民族主義，就是被這種道理所誘惑。但是這種道理，不是受屈民族所應該講的，我們是受屈民族，必先要把我們民族自由平等的地位恢復起來之後，才配來講世界主義。我前次所講苦力買彩票的比喻，已經是發揮很透闢了；彩票是世界主義，竹槓是民族主義，苦力中了頭彩，就丟去謀生的竹槓，好比我們被世界主義所誘惑，便要丟去民族主義一樣。我們要知道世界主義是從什麼地方發生出來的呢？是從民族主義發生出來的。我們要發達世界主義，先要把民族主義鞏固了才行，如果民族主義不能鞏固，世界主義也就不能發達。由此便可知世界主義實藏在民族主義之內，好比苦力的彩票藏在竹槓之內一樣；如果丟棄了民族主義，去講世界主義，好比是苦力把藏彩票的竹槓投入海中，那便是根本推翻。我從前說，我們的地位還比不上安南人、高麗人，安南人、高麗人是亡國的人，是做人奴隸的，我們還比不上，就是我們的地位連奴隸也比不上。在這個地位，還要講世界主義，還說不要民族主義，試問諸君是講得通和講不通呢？

六、中國和平思想的精神——真正的世界主義

就歷史上說，我們四萬萬漢族，是從哪一條路走來的呢？也是自帝國主義一條路走來的。我們的祖宗從前常用政治力去侵略弱小民族；不過在那個時候，經濟力還不很大，所以我們向來沒有用經濟力去壓迫他族。再就文化說，中國的文化，比歐洲早幾千年。歐洲文化最好的時代是希臘、羅馬，到了羅馬才最盛。羅馬不過與中國的漢朝同時，那個時候，中國的政治思想便很高深，一般大言論家都極力反對帝國主義。反對帝國主義的文字很多，其中最著名的有「棄珠崖議」。此項文章就是反對中國去擴充領土，不可與南方蠻夷爭地方。由此便可見在漢朝的時候，中國便不主張與外人戰爭，中國的和平思想到漢朝時已經是很充分的了。

到了宋朝，中國不但不去侵略外人，反為外人所侵略，所以宋朝被蒙古所滅。宋亡之後，到明朝才復國，明朝復國之後，更是不侵略外人，當時南洋各小國要求進貢歸化中國，是他們仰慕中國的文化，自己願意來歸順的，不是中國以武力去壓迫他們的。像馬來西亞及南洋群島那些小國，以中國把他們收入版圖之中，要他們來進貢，便以為是很榮耀；若是不要他們進貢，他們便以為很恥辱。像這項尊榮，現在世界上頂強盛的國家還沒有做到。像美國待菲律賓，在菲律賓之內，讓菲人自行組織議會及設官分治；在華盛頓的國會，也

讓菲律賓人選派議員，美國每年不但不要菲律賓用錢去進貢，反津貼菲律賓以大宗款項，修築道路、興辦教育，像這樣仁慈寬厚，可算是優待極了；但是菲律賓人，至今還不以歸化美國為榮，日日總是要求獨立。又像印度旁邊的尼泊爾國，尼泊爾的民族叫做「廓爾額」(Gurkhalis)，這種民族是很勇敢善戰的，英國雖然征服了印度，但至今還是怕廓爾額人，所以很優待他，每年總是送錢給他，像中國宋朝怕金人常送錢到金人一樣。不過宋朝送錢到金人說是進貢，英國送錢到廓爾額人，或者說是津貼罷了；但是廓爾額人對中國，到了民國元年，還來中國進貢。由此可見中國旁邊的弱小民族，羨慕中國至今還是沒有絕望。

十餘年前，我有一次在暹羅的外交部，和外交次長談話，所談的是東亞問題，那位外交次長說：「如果中國能夠革命，變成國富民強，我們暹羅還是情願歸回中國，做中國的一行省。」我和他談話的地點，是在暹羅政府之公署內，他又是外交次長，所以他這種話，不只是代表他個人的意見，是代表暹羅全國人的意見，由此足見暹羅當那個時候，還是很尊重中國。但是這十幾年來，暹羅在亞洲已經成了獨立國，把各國的苛酷條約都已修改了，國家的地位也是提高了，此後恐怕不願意再歸回中國了。

再有一段很有趣味的故事，可以和諸君談談，當歐戰最劇烈的時候，我在廣東設立護法政府，一天有一位英國領事到大元帥府來見我，和我商量南方政府加入協商國，出兵到歐洲。我就問那位英國領事說：「為什麼要出兵呢？」他說：「請你們去打德國，因為德國侵略了中國土地，占了青島，中國應該去打他，把土地收回來。」我說：「青島離廣州還很遠，至於離廣州最近的有香港；稍遠一點的有緬甸、布丹、尼泊爾，像那些地方，從前是哪一國的領土呢？現在你們還要來取西藏。我們中國此刻沒有收回領土的力量，如果有了力量，恐怕要先收回英國占去了的領土罷！德國所占去的青島，地方還是很小，至於緬甸便比青島大，西藏比青島更要大，我們如果說收回領土，當先從大的地方起。」他受了我這一番反駁，就怒不可遏，便說：「我來此地是講公事的呀。」我立刻回他說：「我也是講公事呀。」兩人面面相對，許久不能下臺。

後來我再對他說：「我們的文明已經比你們進步了二千餘年，我們現在是想你們上前，等你們跟上來，我們不可退後，讓你們拖下去；因為我們在二千多年以前，便丟去了帝國主義，『主張和平』，至今中國人的思想已完全達到這種目的。你們現在戰爭所豎立的目標，也是主張和平，我們本來是很歡迎的。但是實際上，你們還是講打不講和，專講強權不講公理。我以為你們專講強權的行為，是很野蠻的，所以讓你們去打，我們不必參加；等到你們打厭了，將來或者有一日是真講和平，到了那個時候，我們才參加到你們的一方面，共求世界的真和平。而且我反對中國參加出兵，還有一層最大的理由，是我不願意中國也變成你們一樣不講公理的強國。如果依你的主張，中國加入協商國，你們便可以派軍官到中國來練兵，用你們有經驗的軍官，又補充極精良的武器，在六個月之內，一定可以練成三五十萬精兵，運到歐洲去作戰，打敗德國，到了那個時候，就不好了呵。」英國領事說：「為什麼不好呢？」我說：「你們從前用幾千萬兵和幾年的時候都打不敗德國，只要加入幾十萬中國兵，便可以打敗德國，由此便可以提起中國的尚武精神。用這幾十萬兵做根本，可以擴充到幾百萬精兵，於你們就大大的不利了。現在日本加入你們方面，已經成了世界上列強之一，他們的武力雄霸亞洲，他們的帝國主義和列強一樣，你們是很怕他的。說到日本的人口和富源，不及中國遠甚，如果依你今天所說的辦法，我們中國參加你們一方面，中國不到十年，便可以變成日本。照中國的人口多與領土大，中國至少可以變成十個日本，到了那個時候，以你們全世界的強盛，恐怕都不夠中國人一打了。我們因為已經多進步了二千多年，脫離了講打的野蠻習氣，到了現在，才是真和平。我希望中國永遠保守和平的道德，所以不願意加入這次大戰。」那位英國領事，在半點鐘前幾幾乎要和我用武，等到聽了我這番話之後，才特別佩服；並且說：「如果我也是中國人，一定也是和你的思想相同。」

七、中國要恢復民族固有精神和文化

諸君知道革命本是流血的事，像湯武革命，人人都說他們是順乎天應乎人，但是講到當時用兵的情況，還有人說他們曾經過了血流漂杵。我們辛亥革命推翻滿洲，流過了多少血呢？所以流血不多的原因，就是因為中國人愛和平，愛和平就是中國人的一個大道德，中國人才是世界中最愛和平的人。我從前總勸世界人群要跟上我們中國人，現在俄國斯拉夫民族也是主張和平的，這就是斯拉夫人已經跟上了我們中國人，所以俄國的一萬萬五千萬人，就今日要求和我們合作。我們中國四萬萬人不但是很和平的民族，並且是很文明的民族。近來歐洲盛行的新文化，和所講的無政府主義，與共產主義，都是我們中國幾千年以前的舊東西。譬如黃老的政治學說就是無政府主義，列子所說華胥氏之國，「其人無君長，無法律，自然而已」，是不是無政府主義呢？我們中國的新青年，未曾過細考究中國的舊學說，便以為這些學說，就是世界上頂新的了，殊不知道歐洲是最新的，在中國就有了幾千年了。從前俄國所行的，其實不是純粹共產主義，是馬克思主義。馬克思主義不是共產主義；蒲魯東、巴古寧，所主張的才是真共產主義。共產主義在外國只有言論，還沒有完全實行，在中國洪秀全時代，便實行過了，洪秀全所行的經濟制度，是共產的事實，不是言論。歐洲之所以駕乎我中國之上的，不是政治哲學，完全是物質文明。因為他們近來的物質文明很發達，所以關於人生日用的衣食住行種種設備，便非常便利，非常迅速；關於海陸軍的種種武器、毒藥，便非常完全，非常猛烈；所有這些新設備和新武器，都是由於科學昌明而來的。那種科學就是十七、八世紀以後，倍根、紐頓那些大學問家，所主張用觀察和實驗研究萬事萬物的學問。所以說到歐洲的科學發達，物質文明的進步，不過是近來二百多年的事；在數百年以前，歐洲還不及中國。我們現在要學歐洲，是要學中國沒有的東西，中國沒有的東西是科學，不是政治哲學。至於講到政治哲學的真諦，歐洲人還要求之於中國。諸君都知道世界上學問最好的是德國，但是現在德國研究學問的人，還要研究中國的哲學，甚至於研究印度的佛理，去補救他們的科學之偏。世界主義在歐洲，是近世才發表出來的，在中國，二千多年以前，便老早說過了。我們固有的文明，歐洲人到現在還看不出；不過講到政治哲學的世界文明，我們四萬萬人從前已經發明了很多，就是講到世界大道德，我們四萬萬人也是很愛和平的；但是因為失去了民族主義，所以固有的道德文明，都不能表彰，到現在便是退步了。

至於歐洲人現在所講的世界主義，其實就是有強權無公理的主義，英國話所說的武力就是公理，這就是以打得勝的為有道理。中國人的心理，向來不以打得勝為然，以講打的就是野蠻，這種不講打的好道德，就是世界主義的真精神。我們要保守這種精神，擴充這種精神，是用什麼做基礎呢？是用民族主義做基礎；像俄國的一萬萬五千萬人是歐洲世界主義的基礎，中國四萬萬人是亞洲世界主義的基礎，有了基礎，然後才能擴充。所以我們以後要講世界主義，一定要先講民族主義，所謂欲平天下者先治其國；把從前失去了的民族主義，重新恢復起來，更要從而發揚光大之，然後才有實際，再去談世界主義。

第五講　恢復中國民族主義的方法

一、恢復民族主義的方法——明恥知難

今天所講的問題，是要用什麼方法來恢復民族主義。照以前所講的情形，中國退化到現在地位的原因，是由於失去了民族精神，所以我們民族被別種民族征服，統治了兩百多年。從前做滿洲人的奴隸，現在做各國人的奴隸。現在做各國人的奴隸，所受的痛苦，比從前還要更甚。長此以往，如果不想方法來恢復民族主義，中國將來不但是要亡國，或者要亡種。所以我們要救中國，便先要想一個完善的方法來恢復民族主義。

今天所講恢復民族主義的方法有兩種：頭一種是要令四萬萬人皆知我們現在所處的地位。我們現在所處的地位是生死關頭，在這個生死關頭須要避禍求福，避死求生。要怎樣能夠避禍求福，避死求生呢？須先要

知道很清楚了，那便自然要去行。諸君要知道知難行易的道理，可以參考我的學說。中國從前因為不知道要亡國，所以國家便亡，如果預先知道，或者不至於亡。古人說：「無敵國外患者國恆亡」，又說：「多難可以興邦」，這兩句話完全是心理作用。譬如就頭一句話說，所謂無敵國外患，是自己心理上覺得沒有外患，自以為很安全，是世界中最強大的國家，外人不敢來侵略，可以不必講國防，所以一遇有外患，便至亡國。至於多難可以興邦，也就是由於自己知道國家多難，故發奮為雄，也完全是心理作用。照從前四次所講的情形，我們要恢復民族主義，就要自己心理中知道現在中國是多難的境地，是不得了的時代，那末已經失去了的民族主義，才可以圖恢復；如果心中不知，要想圖恢復，便永遠沒有希望，中國的民族，不久便要滅亡。

總結從前四次所講的情形：我們民族是受什麼禍害呢？所受的禍害是從哪裡來的呢？是從列強來的；所受的禍害詳細的說，一是受政治力的壓迫，二是受經濟力的壓迫，三是受列強人口增加的壓迫。這三件外來的大禍，已經臨頭，我們民族處於現在的地位，是很危險的。

二、政治力壓迫的危險——武力和外交

譬如就第一件的禍害說，政治力亡人的國家，是一朝可以做得到的，中國此時受列強政治力的壓迫，隨時都可以亡，今日不知道明日的生死。應用政治力去亡人的國家，有兩種手段：一是兵力，一是外交。怎樣說兵力一朝可以亡國呢？拿歷史來證明，從前宋朝怎樣亡國呢？是由於崖門一戰，便亡於元朝。明朝怎樣亡國呢？是由於揚州一戰，便亡於清朝。拿外國來看，華鐵路一戰，拿破崙第一之帝國便亡；斯丹一戰，拿破崙第三之帝國便亡。照這樣看，只要一戰便至亡國，中國天天都可以亡，因為我們的海陸軍和各險要地方，沒有預備國防，外國隨時可以衝入，隨時可以亡中國。

最近可以亡中國的是日本，他們的陸軍，平常可出一百萬，戰時可加到三百萬，海軍也是很強的，幾幾

乎可以和英美爭雄。經過華盛頓會議之後，戰鬥艦才限制到三十萬噸，日本的大戰船，像巡洋艦、潛水艇、驅逐艦，都是很堅固，戰鬥力都是很大的。譬如日本此次派到白鵝潭來的兩隻驅逐艦，中國便沒有更大戰鬥力的兵船可以抵抗，像這種驅逐艦在日本有百幾十隻，日本如果用這種戰艦和我們打仗，隨時便可以破我們的國防，制我們的死命；而且我們沿海各險要地方，又沒有很大的砲臺，可以鞏固國防，所以日本近在東鄰，他們的陸海軍隨時可以長驅直入。日本或者因為時機未至，暫不動手，如果要動手，便天天可以亡中國。從日本動員之日起，開到中國攻擊之日止，最多不過十天；所以中國假若和日本絕交，日本在十天以內，便可以亡中國。

再由日本更望太平洋東岸，最強的是美國。美國海軍從前多過日本三倍，近來因為受華盛頓會議的束縛，戰鬥艦減少到五十萬噸，其他潛水艇、驅逐艦，種種新戰船，都要比日本多。至於陸軍，美國的教育是很普及的，小學教育是強迫制度，通國無論男女，都要進學校去讀書，全國國民，多數受過中學教育，及大學教育，他們國民在中學大學之內，都受過軍事教育，所以美國政府隨時可以加多兵。當參加歐戰的時候，不到一年便可以出二百萬兵；故美國平時常備軍雖然不多，但是軍隊的潛勢力是非常之大，隨時可以出幾百萬兵。假若中美絕交，美國自動員之日起，到攻擊中國之日止，只要一個月；故中美絕交，在一個月之後，美國便可以亡中國。

再從美國更向東望，位於歐洲大陸與大西洋之間的，便是英倫三島。英國從前號稱海上的霸王，他們的海軍是世界上最強的。自從華盛頓會議之後，也限制戰鬥艦不得過五十萬噸，至於普通巡洋艦、驅逐艦、潛水艇，都比美國多。英國到中國不過四、五十天，且在中國已經有了根據地；像香港已經經營了幾十年，地方雖然很小，但是商務非常發達，這個地勢，在軍事上掌握中國南方幾省的咽喉，練得有陸軍，駐得有海軍，以香港的海陸軍來攻，我們一時雖然不至亡國，但是沒有力量可以抵抗。除了香港以外，還有極接近的印度、澳洲，用那些殖民地的海陸軍，一齊來攻擊，自動員之日起，不過兩個月，都可以到中國。故中英兩國如果絕交，最多在兩個月之內，英國便可以亡中國。

再來望到歐洲大陸，現在最強的是法國。他們的陸軍是世界上最強的，現在有了兩、三千架飛機，以後戰時還可以增加。他們在離中國最近的地方，也有安南的根據地，並且由安南築成了一條鐵路，通到雲南省城；假若中法絕交，法國的軍隊也只要四、五十日，便可以來攻擊中國。所以法國也和英國一樣，最多不過兩個多月，便可以亡中國。

照這樣講來，專就軍事上的壓迫說，世界上無論哪一個強國，都可以亡中國，為什麼中國至今還能夠存在呢？中國到今天還能夠存在的理由，不是中國自身有力可以抵抗，是由於列強都想亡中國，彼此都來窺伺，彼此不肯相讓，各國在中國的勢力，成了平衡狀態，所以中國還可以存在。中國有些癡心妄想的人，以為列強對於中國的權利，彼此之間，總是要妒忌的；列強在中國的勢力，總是平均，不能統一的；長此以往，中國不必靠自己去抵抗，便不至亡國。像這樣專靠別人，不靠自己，豈不是望天打卦嗎！望天打卦是靠不住的，這種癡心妄想是終不得了的。列強還是想要亡中國，不過列強以為專用兵力來亡中國，恐怕為中國的問題，又發生像歐洲從前一樣的大戰爭，弄到結果，列強兩敗俱傷，於自身沒有大利益。外國政治家看到很明白，所以不專用兵力；就是列強專用兵力來亡中國，彼此之間，總免不了戰爭，其餘權利上平均不平均的一切問題，或者能免衝突，到了統治的時候，還是免不了衝突，既免不了衝突，於他們自身還是有大大的不利。列強把這層利害，看得也很清楚，所以現在他們便不主張戰爭，主張減少軍備；日本的戰鬥艦只准三十萬噸的海軍，英美兩國海軍的戰鬥艦只准各有五十萬噸。那次會議，表面上為縮小軍備問題，實在是為中國問題，要瓜分中國的權利，想用一個什麼方法，彼此可以免去衝突，所以才開那次會議。

我剛才已經說過了，用政治力亡人國家，本有兩種手段：一是兵力，二是外交。兵力是用槍砲，他們用槍砲來，我們還知道要抵抗，如果用外交，只要一張紙和一枝筆，用一張紙和一枝筆，亡了中國，我們便不知道抵抗。在華盛頓會議的時候，中國雖然派了代表，所議關於中國之事，表面都說為中國謀利益，但是華盛頓散會不久，各國報紙便有共管之說發生。此共管之說，以後必一日進步一日，各國之處心積慮，必想一個很完全的方法來亡中國。他們以後的方法，不必要動陸軍，要開兵船，只要有一張紙和一枝筆，彼此妥協，便可以亡中國。如果動陸軍開兵船，還要十天或者四、五十天，才可以亡中國，至於用妥協的方法，只要各國外交官，坐在一處，各人簽一個字，便可以亡中國。簽字只是一朝，所以用妥協的方法來亡中國，只要一朝。一朝可以亡人國家，從前不是沒有先例的，譬如從前的波蘭，是俄國、德國、奧國瓜分了的，他們從前瓜分波蘭的情形，是由於彼此一朝協商停妥之後，波蘭便亡。照這個先例，如果英、法、美、日幾個強國，一朝妥協之後，中國也要滅亡，故就政治力亡人國家的情形講，中國現在所處的地位是很危險的！

三、經濟力壓迫的危險

就第二件的禍害說，中國現在所受經濟壓迫的毒，我從前說過，每年被外國人奪去十二萬萬元的金錢。這種被奪去的金錢，還是一天增多一天，若照海關前十年出入口貨相抵，虧蝕只有二萬萬元，現在出入口貨相抵，虧蝕就有五萬萬元，每十年增加了兩倍半；照此比例推算起來，那麼十年之後，我們每年被外國人奪去的金錢，應該是三十萬萬元。若將此三十萬萬元，分擔到我們四萬萬人身上，我們每年每人應擔任七元五角，我們每年每人要送七元五角與外國人；換一句話說，就是我們每年每人應納七元五角人頭稅與外國。況且四萬萬人中除了二萬萬是女子，照現在女子能力狀況而論，不能擔負此項七元五角的人頭稅，是很明白的，那末在男子方面，應該要多擔任一倍，當為每年每人應擔任十五元。男子之中又有三種分別：一種是老弱的，一種是幼稚的，此二種雖係男子，但是只能分利，不能生利，更不能希望其擔負這種款項；輪到男子應擔任的十五元人頭稅，除去三分二不能擔負以外，所擔負的完全是中年生利的男子；這中年生利的男子，應該把老幼所應擔負的十五元，一齊擔下。那就是一個中年生利的男子，每年每人要擔負四十五元的人頭稅。試想，我們一年中生利的男子，應納四十五元的人頭稅與外國。

你們想想，這種擔負是大不大呢！是可怕不可怕呢！而且這種人頭稅，還是有加無已的，所以依我看起來，若是中國人再不覺悟，長此以往，就是外國的政治家天天睡覺，不到十年便要亡國。因為現在已經是民窮財盡，再過十年之後，人民的困窮，更是可想而知；而且還要增加比較現在的負擔有兩倍半之多，你們想想中國是要亡不要亡呢？列強經過這次歐洲大戰之後，或者不想再有戰爭，不想暴動，以後是好靜惡動，我們由此可以免去軍事的壓迫。但是外交的壓迫，便不能免去；就令外交的壓迫，可以僥倖免去，專由這樣大的經濟壓迫，天天侵入，天天來吸收，而我們國民還是在睡夢之中，如何可以免去滅亡呢！

四、人口力壓迫的危險

再就第三件的禍害說，我們中國人口在已往一百年，沒有加多，以後一百年，若沒有振作之法，當然難得加多。環看世界各國的情形，在美國增多十倍，俄國增多四倍，英國、日本增多三倍，德國增多兩倍半，在法國的增加是最少，還有四分之一。若他們逐日的增多，我們中國卻仍然如故，或者甚至於減少；拿我們中國的歷史來考查，從前漢族擴充大了，原來中國的土人像苗、傜、獠、獞等族，便要滅亡；那麼我們民族被世界各國人口增加的壓迫，不久就要滅亡，這是顯然可見的事。故中國現在受列強的政治壓迫，是朝不保夕的，受經濟的壓迫，剛才算出十年之後，便要亡國。講到人口增加的問題，中國將來也是很危險的，所以中國受外國的政治、經濟和人口的壓迫，這三件大禍是已經臨頭了。我們自己便先要知道，自己知道了這三件大禍臨頭，便要到處宣傳，使人人都知道亡國慘禍，中國是難逃於天地之間的。到了人人都知道大禍臨頭，應該要怎麼樣呢？俗話說困獸猶鬥，逼到無可逃免的時候，當要發奮起來，和敵人拼一死命。我們有了大禍臨頭，能鬥不能鬥呢？一定是能鬥的；但是要能鬥，便先要知道自己的死期將至，知道了自己的死期將至，才能夠奮鬥。所以我們提倡民族主義，便先要四萬萬人都知道自己的死期將至，知道了死期將至，困獸尚且要鬥，我們將死的民族，是要鬥不要鬥呢？諸君是學生，是軍人，是政治家，都是先覺先知，就要令四萬萬人都知道我們民族，現在是很危險的。如果四萬萬人都知道了危險，我們對於民族主義就不難於圖恢復了。

五、恢復民族主義的中心基礎——結合宗族和家鄉觀念擴充到國族主義

外國人常說中國人是一片散沙，中國人對於國家觀念，本是一片散沙，本沒有民族團體。但是除了民族團體之外，有沒有別的團體呢？我從前說過了，中國有很堅固的家族和宗族團體，中國人對於家族和宗族的觀念是很深的。譬如有兩個中國人在路上遇見了，交談之後，請問貴姓大名，只要彼此知道是同宗，便是非常親熱，都是認為同姓的伯叔兄弟。由這種好觀念推廣出來，便可由宗族主義擴充到民族主義。我們失了的民族主義，要想恢復起來，便要有團體，要有很大的團體；我們要結成大團體，便先要有小基礎，彼此聯合起來，才容易做成功。我們中國可以利用的小基礎，就是宗族團體；此外還有家鄉基礎，中國人的家鄉觀念，也是很深的，如果是同省、同縣、同鄉村的人，總是特別容易聯絡。

依我看起來，若是拿這兩種好觀念做基礎，很可以把全國的人都聯絡起來。要達到這個目的，便先要大家去做，中國人照此做去，恢復民族主義，比較外國人是容易得多；因為外國是以個人為單位，他們的法律，對於父子兄弟姊妹夫婦各個人的權利，都是單獨保護的；打起官司來，不問家族的情形是怎麼樣，只問個人的是非是怎麼樣，再由個人放大便是國家；在個人和國家的中間，再沒有很堅固很普遍的中間社會，所以說國民和國家結構的關係，外國不如中國。因為中國社會是注重家族，有了什麼事，便要問家長，這種組織，

有的說是好，有的說是不好；依我看起來，中國國民和國家結構的關係，是先有家族，再推到宗族，再然後才是國族，這種組織，一級一級的放大，有條不紊，大小結構的關係，當中是很實在的。如果用宗族為單位，改良當中的組織，再聯合成國族，比較外國用個人為單位，當然容易聯絡得多。若是用個人做單位，在一國之中，至少有幾千萬個單位，像中國便有四萬萬個單位，要想把這樣多數的單位，都聯絡起來，自然是很難的。

如果用宗族做單位，中國人的姓，普通都說是百家姓，不過經過年代太久，每姓中的祖宗，或者有不同，由此所成的宗族，或者不只一百族，但是最多不過四百族。各族中總有連帶的關係，譬如各姓修家譜，常由祖宗幾十代推到從前幾百代，追求到幾千年以前，先祖的姓氏，多半是由於別姓改成的，考求最古的姓是很少的。像這樣宗族中窮源極流的舊習慣，在中國有了幾千年，牢不可破，在外國人看起來，或者以為沒有用處，但是敬宗親族的觀念，深入中國人的腦筋，有了幾千年；國亡他可以不管，以為人人做皇帝，他總是一樣納糧，若說到滅族，他就怕祖宗血食斷絕，不由得不去拼命奮鬥。閩粵兩省向多各姓械鬥的事，起因多是為這一姓對於那一姓，名分上或私人上小有凌辱侵占，便不惜犧牲無數金錢生命，求為族中吐氣。事雖野蠻，義至可取。若是給他知道外國目前種種壓迫，民族不久就要亡，民族亡了，家族便無從存在，譬如中國原來的土人苗傜等族，到了今日祖宗血食都是老早斷絕了，若我們不放大眼光，結合各宗族之力來成為一個國族，以抵抗外國，則苗傜等族今日祖宗之不血食，就是我們異日祖宗不能血食的樣子；那麼，一方可以化各宗族之爭，而為對外族之爭，國內野蠻的各姓械鬥，可以消滅；二來他怕滅族，結合容易而且堅固，可以成就極有力量的國族。用宗族的小基礎，來做擴充國族的工夫，譬如中國現有四百族，好像對於四百人做工夫一樣。在每一姓中，用其原來宗族的組織，拿同宗的名義，先從一鄉一縣聯絡起，再擴充到一省一國，各姓便可以成一個很大的團體。譬如姓陳的人，因其原有組織，在一鄉一縣一省中，專向姓陳的人去聯絡，我想不過兩三年，姓陳的人便有很大的團體。到了各姓有很大的團體之後，再由有關係的各姓，互相聯合起來，成功許多極大的團體；更令各姓的團體，都知道大禍臨頭，死期將至，都結合起來，便可以成一個極大中華民國的國族團體。有了國族團體，還怕什麼外患，還怕不能興邦嗎？

《尚書》所載唐堯的時候：「克明俊德，以親九族，九族既睦，平章百姓，百姓昭明，協和萬邦，黎民於變時雍。」他的治平工夫，亦是由家族入手，逐漸擴充到百姓，使到萬邦協和，黎民於變時雍。豈不是目前團結宗族造成國族以興邦禦外的好榜樣，如果不從四百個宗族團體中做工夫，要從四萬萬人中去做工夫，那末一片散沙便不知道從哪裡聯絡起。從前日本用藩閥諸侯的關係，聯絡成了大和民族。當時日本要用藩閥諸侯那些關係的原因，和我主張聯成中國民族，要用宗族的關係也是一樣。

六、恢復民族主義抵抗列強壓迫的辦法——奮鬥和不合作

大家如果知道自己是受壓迫的國民，已經到了不得了的時代，把各姓的宗族團體，先聯合起來，更由宗族團體，結合成一個民族的大團體；我們四萬萬人有了民族的大團體，要抵抗外國人，積極上自然有辦法。現在所以沒有辦法的原因，是由於沒有團體，有了團體去抵抗外國人，不是難事。譬如印度現在受英國人的壓迫，被英國人所統治，印度人對於政治的壓迫，沒有辦法，對於經濟的壓迫，便有甘地主張「不合作」。什麼是不合作呢？就是英國人所需要的，印度人不供給，英國人所供給的，印度人不需要；好比英國人需要工人，印度人便不去和他們工作，英國人供給印度許多洋貨，印度人不用他們的洋貨，專用自製的土貨。甘地這種主張，在最初發表的時候，英國人以為不要緊，可以不大理他。但是久而久之，印度便有許多不合作的團體出現，英國經濟一方面，便受極大的影響，故英國政府捕甘地下獄。推究印度所以能夠收不合作之效果的原因，是由於全國國民能夠實行；但是印度是已經亡了的國家，尚且能夠實行不合作，我們中國此刻還沒

有亡，普通國民對於別的事業不容易做到，至於不做外國人的工，不去當洋奴，不用外來的洋貨，提倡國貨，不用外國銀行的紙幣，專用中國政府的錢，實行經濟絕交，是很可以做到的。他若人口增加的問題，更是容易解決。中國的人口，向來很多，物產又很豐富，向來所以要受外國壓迫的原因，毛病是由於大家不知，醉生夢死；假若全體國民，都能夠和印度人一樣的不合作，又用宗族團體做基礎，聯成一個大民族團體，無論外國用什麼兵力、經濟，和人口來壓迫，我們都不怕他。所以救中國危亡的根本方法，在自己先有團體，用三四百個宗族的團體來救國家，便有辦法，無論對付哪一國，都可以抵抗。

抵抗外國的方法有兩種：一是積極的，這種方法，就是振起民族精神，求民權民生問題的解決，以與外國奮鬥。二是消極的，這種方法，就是不合作；不合作是消極的抵制，使外國的帝國主義減少作用，以維持民族的地位，挽救民族的滅亡。

第六講　恢復中國民族主義的方法

一、恢復民族地位的方法之一——恢復民族精神

今天所講的問題，是怎麼樣可以恢復我們民族的地位。我們想研究一個什麼方法，去恢復我們民族的地位，便不要忘卻我前幾次所講的話，我們民族現在究竟是處於什麼地位呢？我們民族和國家在現在世界中究竟是什麼情形呢？一般很有思想的人所謂先知先覺者，以為中國現在是處於半殖民地的地位，但是照我前次的研究，中國現在不止是處於半殖民地的地位。依殖民地的情形講，比方安南是法國的殖民地，高麗是日本的殖民地，中國既是半殖民地，和安南、高麗比較起來，中國的地位似乎要高一點，因為高麗、安南已經成了完全的殖民地；到底中國現在的地位，和高麗、安南比較起來，究竟是怎樣呢？照我的研究，中國現在還

不能夠到完全殖民地的地位，比較完全殖民地的地位更要低一級，所以我創一個新名詞，說中國是「次殖民地」，這就是中國現在的地位。這種理論，我前次已經講得很透徹了，今天不必再講。

至於中國古時在世界中是處於什麼地位呢？中國從前是很強盛很文明的國家，在世界中是頭一個強國，所處的地位比現在的列強像英國、美國、法國、日本，還要高得多。因為那個時候的中國，是世界中的獨強。我們祖宗從前已經達到了那個地位，說到現在還不如殖民地，為什麼從前的地位有那麼高，到了現在便一落千丈呢？此中最大的原因，我從前已經講過了，就是由於我們失去了民族的精神，所以國家便一天退步一天。我們今天要恢復民族的地位，便先要恢復民族的精神，我們想要恢復民族的精神，要有兩個條件：第一個條件，是要我們知道現在是處於極危險的地位。第二個條件，是我們既然知道了處於很危險的地位，便要善用中國固有的團體，像家族團體和宗族團體，大家聯合起來，成一個大國族團體；結成了國族團體，有了四萬萬人的大力量，共同去奮鬥，無論我們民族是處於什麼地位，都可以恢復起來。所以能知與合群，便是恢復民族主義的方法，大家先知道了這個方法的更要來推廣，宣傳到全國的四萬萬人，令人人都要知道；到了人人都知道了，那麼我們從前失去的民族精神，便可以恢復起來。從前失去民族精神，好比是睡著覺，現在要恢復民族精神，就要喚醒起來，醒了之後，才可以恢復民族主義；到民族主義恢復了之後，我們便可以進一步去研究怎麼樣才可以恢復我們民族的地位。

中國從前能夠達到很強盛的地位，不是一個原因做成的。大凡一個國家所以能夠強盛的原故，起初的時候都是由於武力發展，繼之以種種文化的發揚，便能成功；但是要維持民族和國家的長久地位，還有道德問題，有了很好的道德，國家才能長治久安。亞洲古時最強盛的民族，莫過於元朝的蒙古人。蒙古人在東邊滅了中國，在西邊又征服歐洲；中國歷代最強盛的時代，國力都不能夠越過裏海的西岸，只能夠到裏海之東，故中國最強盛的時候，國力都不能達到歐洲；元朝的時候，全歐洲幾乎被蒙古人吞併，比起中國最強盛的時候，還要強盛得多。但是元朝的地位，沒有維持很久；從前中國各代的國力，雖然比不上元朝，但是國家的地位，各代都能夠長久；推究當中的原因，就是元朝的道德，不及中國其餘各代的道德那樣高尚。從前中國民族的道德因為比外國民族的道德高尚得多，所以在宋朝，一次亡國到外來的蒙古人，後來蒙古人還是被中國人所同化。在明朝，二次亡國到外來的滿洲人，後來滿洲人也是被中國人所同化。因為我們中國的道德高尚，故國家雖亡，民族還能夠存在，不但是自己的民族能夠存在，並且有力量能夠同化外來的民族。所以窮本極源，我們現在要恢復民族的地位，除了大家聯合起來做成一個國族團體以外，就要把固有的舊道德先恢復起來。有了固有的道德，然後固有的民族地位，才可以圖恢復。

二、恢復民族地位的方法之二——恢復固有的道德

講到中國固有的道德，中國人至今所不能忘記的，首是忠孝，次是仁愛，其次是信義，其次是和平。這些舊道德，中國人至今還是常講的，但是現在受外來民族的壓迫，侵入了新文化，那些新文化的勢力，此刻橫行中國，一般醉心新文化的人，便排斥舊道德，以為有了新文化，便可以不要舊道德；不知道我們固有的東西，如果是好的，當然是要保存，不好的才可以放棄。此刻中國正是新舊潮流相衝突的時候，一般國民都無所適從。

前幾天我到鄉下進了一所祠堂，走到最後進的一間廳堂去休息，看見右邊有一個孝字，左邊便一無所有，我想從前必定有一個忠字。像這些景像，我看見了的不止一次，有許多祠堂或家廟，都是一樣的；不過我前天所看見的孝字，是特別的大，左邊所拆去的痕跡還是很新鮮。推究那個拆去的行為，不知道是鄉下人自己做的，或者是我們所駐的兵士做的。但是我從前看到許多祠堂廟宇沒有駐過兵，都把忠字拆去了，由此便可見現在一般人民的思想，以為到了民國，便可以不講忠字。以為從前講忠字，是對於君的，所謂忠君，現在

民國沒有君主，忠字便可以不用，所以便把他拆去。這種理論，實在是誤解，因為在國家之內，君主可以不要，忠字是不能不要的，如果說忠字可以不要，試問我們有沒有國呢？我們的忠字可不可以用之於國呢？我們到現在說忠於君，固然是不可以，說忠於民是可不可以呢？忠於事又是可不可以呢？我們做一件事，總要始終不渝，做到成功；如果做不成功，就是把性命去犧牲，亦有所不惜，這便是忠。所以古人講忠字，推到極點便是一死。古時所講的忠，是忠於皇帝，現在沒有皇帝，便不講忠字，以為什麼事都可以做出來，那便是大錯。現在人人都說到了民國，什麼道德都破壞了，根本原因就是在此。我們在民國之內，照道理上說，還是要盡忠，不忠於君，要忠於國，要忠於民，要為四萬萬人去效忠。為四萬萬人效忠，比較為一人效忠，自然是高尚得多，故忠字的好道德，還是要保存。

講到孝字，我們中國尤為特長，尤其比各國進步得多。《孝經》所講孝字，幾乎無所不包，無所不至；現在世界中最文明的國家，講到孝字，還沒有像中國講到這麼完全；所以孝字更是不能不要的。國民在民國之內，要能夠把忠孝二字講到極點，國家才自然可以強盛。

仁愛也是中國的好道德，古時最講愛字的莫過於墨子，墨子所講的兼愛，與耶穌所講的博愛是一樣的。古時在政治一方面所講愛的道理，有所謂愛民如子，有所謂仁民愛物，無論對於什麼事，都是用愛字去包括；所以古人對於仁愛，究竟是怎麼樣實行，便可以知道了。中外交通之後，一般人便以為中國人所講的仁愛，不及外國人；因為外國人在中國設立學校，開辦醫院，來教育中國人救濟中國人，都是為實行仁愛的。照這樣實行一方面講起來，仁愛的好道德，中國現在似乎遠不如外國；中國所以不如的原故，不過是中國人對於仁愛沒有外國人那樣實行，但是仁愛還是中國的舊道德，我國要學外國，只要學他們那樣實行，把仁愛恢復起來，再去發揚光大，便是中國固有的精神。

講到信義，中國古時對於鄰國和對於朋友，都是講信義的。依我看來，就信字一方面的道德，中國人實在比外國人好得多。在什麼地方可以看得出來呢？在商業的交易上，便可以看得出。中國人交易，沒有什麼契約，只要彼此口頭說一句話，便有很大的信用；比方外國人和中國人訂一批貨，彼此不必立合同；只要記入賬簿，便算了事。但是中國人和外國人訂一批貨，彼此便要立很詳細的合同；如果在沒有律師和沒有外交官的地方，外國人也有學中國人一樣只記入賬簿便算了事的，不過這種例子很少，普通都是要立合同。逢著沒有立合同的時候，彼此定了貨到交貨的時候，如果貨物的價格太賤，還要去買那一批貨，自然要虧本；譬如訂貨的時候，那批貨價訂明是一萬元，在交貨的時候，只值五千元，若是收受那批貨，便要損失五千元；推到當初訂貨的時候，沒有合同，中國人本來把所訂的貨，可以辭卻不要，但是中國人為履行信用起見，寧可自己損失五千元，不情願辭去那批貨；所以外國在中國內地做生意很久的人，常常讚美中國人，說中國人講一句話比外國人立了合同的，還要守信用得多。但是外國人在日本做生意的，和日本人訂貨，縱然立了合同，日本人也常不履行；譬如定貨的時候，那批貨訂明一萬元，在交貨的時候，價格跌到五千元，就是原來訂有合同，日本人也不要那批貨，去履行合同，所以外國人常常和日本人打官司，在東亞住過很久的外國人，和中國人與日本人都做過了生意的，都讚美中國人，不讚美日本人。

至於講到義字，中國在很強盛的時代也沒有完全去滅人國家；比方從前的高麗，名義上是中國的藩屬，事實上是一個獨立國家；就是在三十年以前，高麗還是獨立，到了近來一、二十年，高麗才失去自由。從前有一天我和一位日本朋友談論世界問題，當時適歐戰正劇，日本方參加協商國去打德國，那位日本朋友說：「他本不贊成日本去打德國，主張日本要守中立，或者參加德國來打協商國；但是因為日本和英國是同盟的，訂過了國際條約的，日本因為要講信義，履行國際條約，故不得不犧牲國家的權利，去參加協商國，和英國共同去打德國。」我就問那位日本人說：「日本和中國不是立過了馬關條約嗎？該條約中最重要之條件不是要求高麗獨立嗎？為什麼日本對於英國，能夠犧牲國家權利去履行條約，對於中國，就不講信義，不履行馬關係約呢？對於高麗獨立是日本所發起所要求，且以兵力脅迫而成的，今竟食言而肥，何信義之有呢？」簡直的說，日本對於英國，主張履行條約，對於中國，便不主張履行條約，因為英國是很強的，中國是很弱的。日本加入歐戰，是怕強權不是講信義罷！中國強了幾千年而高麗猶在，日本強了不過二十年，便把高麗滅了，由此便可見日本的信義不如中國，中國所講的信義，比外國要進步得多。

中國更有了一種極好的道德，是愛和平，現在世界上的國家民族，只有中國是講和平，外國都是講戰爭，主張帝國主義去滅人的國家。近年因為經過許多大戰，殘殺太大，才主張免去戰爭，開了好幾次和平會議；像從前的海牙會議，歐戰之後的凡爾賽會議、金那瓦會議、華盛頓會議，最近的洛桑會議；但是在這些會議中，各國人士共同去講和平，是因為怕戰爭，出於勉強而然的，不是出於一般國民的天性。中國人幾千年酷愛和平都是出於天性，論到個人便重謙讓，論到政治便說不嗜殺人者能一之，和外國人便有大大的不同；所以中國從前的忠孝仁愛信義的種種舊道德，固然是駕乎外國人，說到和平的好道德，更是駕乎外國人。這種特別的好道德，便是我們民族的精神；我們以後對於這種精神，不但是要保存，並且要發揚光大，然後我們民族的地位才可以恢復。

三、恢復民族地位的方法之三——恢復固有的智能

我們舊有的道德，應該恢復以外；還有固有的智能，也應該恢復起來。我們自被滿清征服了以後，四萬萬人都是睡覺，不但是道德睡覺了，連智識也睡了覺；我們今天要恢復民族精神，不但是要喚醒固有的道德，就是固有的智識也應該喚醒他。中國有什麼固有的智識呢？就人生對於國家的觀念，中國古時有很好的政治哲學。我們以為歐美的國家，近來很進步，但是說到他們的新文化，還不如我們政治哲學的完全。中國有一段最有系統的政治哲學，在外國的大政治家還沒有見到，還沒有說到那樣清楚的，就是《大學》中所說的「格

物、致知、誠意、正心、修身、齊家、治國、平天下」那一段話，把一個人從內發揚到外，由一個人的內部做起，推到平天下止。像這樣精微開展的理論，無論外國什麼政治哲學家都沒有見到，都沒有說出，這就是我們政治哲學的智識中所獨有的寶貝，是應該要保存的。

這種正心誠意修身齊家的道理，本屬於道德的範圍，今天要把他放在智識範圍內來講，才是適當。我們祖宗對於這些道德上的工夫，從前雖然是做過了的；但是自失去了民族精神之後，這些智識的精神，當然也失去了；所以普通人讀書，雖然常用那一段話做口頭禪，但是多是習而不察不求甚解莫名其妙的。正心誠意的學問是內治的工夫，是很難講的，從前宋儒是最講究這些工夫的，讀他們的書，便可知道他們做到了什麼地步。但是說到修身、齊家、治國，那些外修的工夫，恐怕我們現在還沒有做到。專就外表來說，所謂修身、齊家、治國，中國人近幾百年以來，都做不到；所以對於本國，便不能自治，外國人看見中國人不能治國，便要來共管。

我們為什麼不能治中國呢？外國人從什麼地方可以看出來呢？依我個人的眼光看，外國人從齊家一方面，或者把中國家庭看不清楚；但是從修身一方面來看，我們中國人對於這些工夫，是很缺乏的。中國人一舉一動，都欠檢點，只要和中國人來往過一次，便被他們看得很清楚。外國人對於中國的印象，除非是在中國住過了二、三十年的外國人，或者是極大的哲學家像羅素那一樣的人，有很大的眼光，一到中國來，便可以看出中國的文化超過於歐美，才讚美中國；普通外國人，總說中國人沒有教化，是很野蠻的。推求這個原因，就是大家對於修身的工夫太缺乏；大者勿論，即一舉一動，極尋常的工夫，都不講究。譬如中國人初到美國的時候，美國人本來是平等相待，沒有什麼中美人的分別；後來美國大旅館都不准中國人住，大的酒店都不許中國人去吃飯，這就是由於中國人沒有自修的工夫。

我有一次在船上和一個美國船主談話，他說：「有一位中國公使，前一次也坐這個船，在船上到處噴涕吐痰，就在這個貴重的地氈上吐痰，真是可厭。」我便問他：「你當時有什麼辦法呢？」他說：「我想到無法，只好當他的面，用我自己的絲巾，把地氈上的痰擦乾淨便了。當我擦痰的時候，他還是不經意的樣子。」像那位公使在那樣貴重的地氈上都吐痰，普通中國人大都如此，由此一端，便可見中國人舉動，是缺乏自修的工夫。

孔子從前說席不正不坐，由此便可見他平時修身雖一坐立之微，亦是很講究的；到了宋儒時代，他們正心、誠意和修身的工夫，更為謹嚴。現在中國人便不講究了。為什麼外國的大酒店，都不許中國人去吃飯呢？有人說：「有一次一個外國大酒店，當會食的時候，男男女女非常熱鬧，非常文雅，濟濟一堂，各得其樂；忽然有一個中國人放起屁來，於是同堂的外國人譁然哄散。」由此店主便把那位中國人逐出店外，從此以後外國大酒店就不許中國人去吃飯了。又有一次，上海有一位大商家，請外國人來宴會，他也忽然在席上放起屁來，弄到外國人的臉都變紅了；他不但不檢點，反站起來大拍衫褲，且對外國人說：「隘士巧士咪。」這種舉動，真是野蠻陋劣之極，而中國之文人學子，亦常有此鄙陋行為，實在難解。或謂有氣必放，放而要響，是有益衛生，此更為惡劣之謬見，望國人切當戒之！以為修身的第一步工夫。

此外中國人每愛留長指甲，長到一寸多長，都不剪去，常以為要這樣，便是很文雅。法國人也有留指甲的習慣，不過法國人留長指甲，只長到一、兩分，他們以為要這樣，便可表示自己是不做粗工的人。中國人留長指甲，也許有這個意思，如果人人都不想做粗工，便和我們中國國民黨尊重勞工的原理相違背了。再者中國人的牙齒常常是很黃黑的，總不去洗刷乾淨，也是自修上的一個大缺點。像吐痰、放屁、留長指甲、不洗牙齒，都是修身上尋常的工夫，中國人都不檢點，所以我們雖然有修身齊家治國平天下的大智識，外國人一遇見了便以為很野蠻，便不情願過細來考察我們的智識。外國人一看到中國，便能夠知道中國人的文明，除非是大哲學家，像羅素那一樣的人才能見到；否則便要在中國多住幾十年，方可以知道中國幾千年的舊文化。假如大家把修身的工夫做得很有條理，誠中形外，雖至一舉一動之微，亦能注意，遇到外國人不以鄙陋行為而侵犯人家的自由，外國人一定是很尊重的。所以今天講到修身，諸位新青年便應該學外國人的新文化，只要先能夠修身，便可來講齊家治國。現在各國的政治都進步了，只有中國是退步，何以中國要退步呢？就是因為受外國政治經濟的壓迫，推究根本原因，還是由於中國人不修身；不知道中國從前講修身，推到正心誠意格物致知，這是很精微的智識，是一貫的道理，像這樣很精微的智識和一貫的道理，都是中國所固有的，我們現在要能夠齊家治國，不受外國的壓迫，根本上便要從修身起，把中國固有智識一貫的道理先恢復起來，然後我們民族的精神和民族的地位，才都可以恢復。

我們除了智識之外，還有固有的能力。現在中國人看見了外國的機器發達，科學昌明，中國人現在的能力，當然不及外國人，但是在幾千年前，中國人的能力是怎麼樣呢？從前中國人的能力，還要比外國人大得多，外國現在最重要的東西，都是中國從前發明的。比如指南針在今日航業最發達的世界，幾乎一時一刻都不能不用他，推究這種指南針的來源，還是中國人在幾千年以前所發明的。如果從前的中國人沒有能力，便不能發明指南針，中國人固老早有了指南針，外國人至今還是要用他，可見中國人固有的能力，還是高過外國人。其次在人類文明中最重要的東西，便是印刷術，現在外國改良的印刷機，每點鐘可以印幾萬張報紙，推究他的來源，也是中國人發明的。再其次在人類中日用的瓷器，更是中國發明的，是中國的特產。至今外國人竭力倣效，猶遠不及中國瓷器的精美。近來世界戰爭用到無煙火藥，推究無煙火藥的來源，是由於有煙黑藥改良而成的，那種有煙黑藥也是中國人發明的，中國發明了指南針、印刷術和火藥，這些重要的東西，外國今日知道利用發展他，所以他們能夠有今日的強盛。

至若人類所享衣食住行的種種設備，也是我們從前所發明的，譬如就飲料一項說，中國人發明茶葉，至今為世界之一大需要，文明各國皆爭用之，以茶代酒，更可免了酒患，有益人類不少。講到衣一層，外國人視為最貴重的是絲織品，現在世界上穿絲的人，一天多過一天，推究用蠶所吐的絲而為人做衣服，也是中國人在幾千年前所發明的。講到住一層，現在外國人建造的房屋，自然是很完全，但是造房屋的原理，和房屋中各重要部分，都是中國人發明的，譬如拱門就是以中國的發明為最早。至於走路，外國人現在所用的吊橋，便以為是極新的工程，很大的本領，但是外國人到中國內地來，走到川邊西藏，看見中國人經過大山，橫過大河，多有用吊橋的。他們從前沒有看見中國的吊橋，以為這是外國最先發明的，及看見了中國的吊橋，便把這種發明歸功到中國。由此可見中國古時不是沒有能力的，因為後來失去了那種能力，所以我們民族的地位，也逐漸退化，現在要恢復固有的地位，便先要把我們固有的能力一齊都恢復起來。

四、恢復民族地位的方法之四——學歐美的長處

但是恢復了我們固有的道德智識和能力以外，在今日的時代，還未能進中國於世界上的第一等地位，像我們祖宗在從前是世界上獨強一樣。要想恢復到那樣的地位，除了恢復一切國粹之後，還要去學歐美的長處，然後才可以和歐美並駕齊驅；如果不學外國的長處，我們還是要退後。我們要學外國，到底是難不難呢？中國人向來以為外國的機器是很艱難，是不容易學的；不知道外國所視為最難的，是飛上天。他們最新的發明是飛機，現在我們看見大沙頭的飛機，天天飛上天，飛上天的技師是不是中國人呢？外國人飛上天都可以學得到，其餘的還有什麼難事學不到呢？因為幾千年以來，中國人有了很好的根底和文化，所以去學外國人，無論什麼事都可以學得到，用我們的本能，很可以學外國人的長處。外國人的長處是科學，用了兩、三百年的工夫，去研究發明，到了近五十年來，才算是十分進步，因為這種科學進步，所以人力可以巧奪天工，天然所有的物力，人工都可以做得到。

最新發明的物力是用電，從前物力的來源是用煤，由於煤便發動汽力，現在進步到用電，所以外國的科

學已經由第一步進到第二步。現在美國有一個很大的計畫，是要把全國機器廠所用的動力（即馬達）都統一起來。因為他們全國的機器廠有幾萬家，各家工廠都有一個發動機，都要各自燒煤去發生動力，所以每天各廠所燒的煤和所費的人工都是很多；且因各廠用煤太多，弄到全國的鐵路雖然有了幾十萬英里，還不敷替他們運煤之用，更沒有工夫去運農產，於是各地的農產，便不能運出暢銷。因為用煤有這兩種的大不利，所以美國現在想做一個中央電廠，把幾萬家工廠用電力去統一；將來此項計畫如果成功，那幾萬家工廠的發動機，都統一到一個總發動機，各工廠可以不必用煤和許多工人去燒火，只用一條銅線，便可以傳導動力，各工廠便可以去做工。舉行這種方法的利益，好比現在講堂內的幾百人，每一個人都是單獨用鍋爐去煮飯吃，是很麻煩的，是很浪費的；如果大家合攏起來，只用一個大鍋爐去煮飯吃，就便當得多，就節省得多。現在美國正是想用電力去統一全國工廠的計畫，如果中國要學外國的長處，起首便應該不必用「煤力」而用「電力」，用一個大原動力供給全國；這樣學法好比是軍事家迎頭截擊一樣，如果能夠迎頭去學，十年之後，雖然不能超過外國，一定可以和他們並駕齊驅。

我們要學外國，是要迎頭趕上去，不要向後跟著他，譬如學科學，迎頭趕上去，便可以減少兩百多年的光陰；我們到了今日的地位，如果還是睡覺，不去奮鬥，不知道恢復國家的地位，從此以後，便要亡國滅種。現在我們知道了跟上世界的潮流，去學外國之所長，必可以學得比較外國還要好，所謂後來者居上。從前雖然是退後了幾百年，但是現在只要幾年便可以趕上。日本便是一個好榜樣，日本從前的文化，是從中國學去的，比較中國低得多，但是日本近來專學歐美的文化，不過幾十年便成世界中列強之一。我看中國人的聰明才力，不亞於日本，我們此後去學歐美，比較日本還要容易。所以這十年中，便是我們的生死關頭！如果我們醒了，像日本人一樣，大家是提心弔膽，去恢復民族的地位，在十年之內，就可以把外國的政治經濟和人口增加的種種壓迫和種種禍害，都一齊消滅。

五、民族主義的精神——大同之治

日本學歐美不過幾十年，便成世界列強之一，但是中國的人口比日本多十倍，領土比日本大三十倍，富源更是比日本多，如果中國學到日本，就要變成十個強國。現在世界之中、英、美、法、日、意大利等，不過五大強國，以後德俄恢復起來，也不過六、七個強國，如果中國能夠學到日本，只要用一國便變成十個強國；到了那個時候，中國便可以恢復到頭一個地位！

但是中國到了頭一個地位，是怎麼樣做法呢？中國古時常講「濟弱扶傾」，因為中國在政治文化正統思想上有了這個好政策；所以強了幾千年，安南、緬甸、高麗、暹羅那些小國，還能夠保持獨立。現在歐風東漸，安南便被法國滅了，緬甸被英國滅了，高麗被日本滅了，所以中國如果強盛起來，我們不但要恢復民族的地位，還要對於世界負一個大責任，如果中國不能夠擔負這個責任，那麼中國強盛了，對於世界沒有大利，便有大害。中國對於世界究竟要負什麼責任呢？現在世界列強所走的路是滅人國家的，如果中國強盛起來，也要去滅人國家，也去學列強的帝國主義，走相同的路，便是蹈他們的覆轍；所以我們要先決定一種政策，要「濟弱扶傾」，才是盡我們民族的天職。我們對於弱小民族要扶持他，對於世界的列強要抵抗他，如果全國人民都立定這個志願，中國民族才可以發達；若是不立定這個志願，中國民族便沒有希望！我們今日在沒有發達之先，立定「濟弱扶傾」的志願，將來到了強盛時候，想到今日身受過了列強政治經濟壓迫的痛苦，將來弱小民族如果也受這種痛苦，我們便要把那些帝國主義都來消滅，那才算是治國平天下。

我們要將來能夠治國平天下，便先要恢復民族主義和民族地位，用固有的和平道德做基礎，去統一世界，成一個大同之治，這便是我們四萬萬人的大責任。諸君都是四萬萬人的一份子，都應該擔負這個責任，這便是我們民族主義的真精神！

民權主義

第一講 民權主義概論

一、民權的定義——民、權、政治、政權、民權

諸君：今天開始來講民權主義。什麼叫做民權主義呢？現在要把民權來定一個解釋，便先要知道什麼是民。大凡有團體有組織的眾人，就叫做民。什麼是權呢？權就是力量，就是威勢，那些力量大到同國家一樣，就叫做權。力量最大的那些國家，中國話，說列強，外國話，便說列權。又如機器的力量，中國話，說是馬力，外國話，說是馬權，所以權和力實在是相同。有行使命令的力量，有制服群倫的力量，就叫做權。把民同權合攏起來說，民權就是人民的政治力量。什麼是叫做政治的力量呢？我們要明白這個道理，便先要明白什麼是政治。許多人以為政治是很奧妙很艱深的東西，是通常人所不容易明白的。所以中國的軍人常常說：我們是軍人，不懂得政治。為什麼不懂得政治呢？就是因為他們把政治看做是很奧妙、很艱深的，殊不知道政治是很淺顯、很易明瞭的。如果軍人說不干涉政治，還可以講得通，但是說不懂得政治，便講不通了。因為政治的原動力，便在軍人，所以軍人當然要懂得政治，要明白什麼是政治。政治兩字的意思，淺而言之，政就是眾人的事，治就是管理，管理眾人的事，便是政治。有管理眾人之事的力量，便是政權。今以人民管理政事，便叫做民權。

二、民權的作用——人類的奮鬥歷史

現在民權的定義，既然是明白了，便要研究民權是什麼作用。環觀近世，追溯往古，權的作用，簡單的說，就是要用來維持人類的生存。人類要能夠生存，就須有兩件最大的事：第一件是保，第二件是養。保和

養兩件大事，是人類天天要做的。保就是自衛，無論是個人或團體或國家，要有自衛的能力，才能夠生存。養就是覓食，這自衛和覓食，便是人類維持生存的兩件大事。但是人類要維持生存，他項動物也要維持生存，人類要自衛，他項動物也要自衛，人類要覓食，他項動物也要覓食；所以人類的保養和動物的保養相衝突，便發生競爭。人類要在競爭中求生存，便要奮鬥，所以奮鬥這一件事，是自有人類以來天天不息的。由此便知權是人類用來奮鬥的。人類由初生以至於現在，天天都是在奮鬥之中。

人類奮鬥，可分作幾個時期。第一個時期，是太古洪荒沒有歷史以前的時期。那個時期的長短，現在雖然不知道，但是近來地質學家由石層研究起來，考查得有人類遺跡憑據的石頭，不過是兩百萬年。在兩百萬年以前的石頭，便沒有人類的遺跡。普通人講到幾百萬年以前的事，似乎是很渺茫。但是近來地質學極發達，地質學家把地球上的石頭分成許多層，每層合成若干年代，哪一層是最古的石頭，哪一層是近代的石頭，所以用石頭來分別，在我們說到兩百萬年，似乎是很長遠，但是在地質學家看起來，不過是一短時期。兩百萬年以前，還有種種石層，更自兩百萬年以上，推到地球沒有結成石頭之先，便無可稽考了。普通人都說沒有結成石頭之先，是一種流質，更在流質之先，是一種氣體，所以照進化哲學的道理講，地球本來是氣體，和太陽本是一體的。始初太陽和氣體都是在空中，成一團星雲，到太陽收縮的時候，分開許多氣體，日久凝結成液體，再由液體結成石頭，最老的石頭，有幾千萬年。現在地質學家考究得有憑據的石頭，是二千多萬年。所以他們推定地球當初由氣體變成液體，要幾千萬年，由液體變成石頭的固體，又要幾千萬年。由最古之石頭至於今日，至少有二千萬年。在二千萬年的時代，因為沒有文字的歷史，我們便以為很久遠，但是地質學家還以為很新鮮。

我要講這些地質學和我們今日的講題有什麼關係呢？因為講地球的來源，便由此可以推究到人類的來源。地質學家考究得人類初生在二百萬年以內，人類初生以後到距今二十萬年，才發生文化。二十萬年以前，人和禽獸沒有什麼大分別，所以哲學家說人是由動物進化而成，不是偶然造成的。人類庶物由二十萬年以來，逐漸進化，才成今日的世界。現在是什麼世界呢？就是民權世界。

三、人和獸相鬥的時代——洪荒時代

民權之萌芽，雖在二千年以前的希臘羅馬時代，但是確立不搖，只有一百五十年，前此仍是君權時代。君權之前便是神權時代，而神權之前，便是洪荒時代，是人和獸相鬥爭的時代。在那個時候，人類要圖生存，獸類也要圖生存。人類保全生存的方法，一方面是覓食，一方面是自衛。在太古時代，人食獸，獸亦食人，彼此相競爭，遍地都是毒蛇猛獸，人類的四周都是禍害，所以人類要圖生存，便要去奮鬥。但是那時的奮鬥，總是人獸到處混亂的奮鬥，不能結合成大團體，所謂各自為戰。

就人類發生的地方說，有人說不過是在幾處地方，但是地質學家說，世界上一有了人之後，便到處都有人，因為無論自什麼地方挖下去，都可以發見人類的遺跡。至於人和獸的競爭，至今還沒有完全消滅。如果現在走到南洋很荒野的地方，人和獸鬥的事還可以看見。又像我們走到荒山野外，沒有人煙的地方，便知道太古時代人同獸是一個什麼景象。像這樣講，我們所以能夠推到古時的事，是因為有古代的痕跡遺存，如果沒有古跡遺存，我們便不能夠推到古時的事。

普通研究古時的事，所用的方法是讀圖書看歷史。歷史是用文字記載來的，所以人類文化，是有了文字之後才有歷史。有文字的歷史，在中國至今不過五、六千年，在埃及不過一萬多年。世界上考究萬事萬物，在中國是專靠讀書，在外國人卻不是專靠讀書。外國人在小學中學之內，是專靠讀書的，進了大學便不專靠讀書，要靠實地去考察。不專看書本的歷史，要去看石頭看禽獸和各地方野蠻人的情狀，便可推知我們祖宗是一個什麼樣的社會。比方觀察非洲和南洋群島的野蠻人，便可知道從前沒有開化的人是一個什麼情形。所以近來大科學家考察萬事萬物，不是專靠書，他們所出的書，不過是由考察的心得，貢獻到人類的紀錄罷了。他們考察的方法有兩種：一種是用觀察，即科學；一種是用判斷，即哲學。人類進化的道理，都是由此兩種學問得來的。古時人同獸鬥，只有用個人的體力，在那個時候，只有同類相助。比方在這個地方有幾十個人同幾十個猛獸奮鬥，在別的地方也有幾十個人同幾十個猛獸奮鬥，這兩個地方的人類，見得彼此都是同類的，和猛獸是不同類的，於是同類的就互相集合起來，和不同類的去奮鬥，決沒有和不同類的動物集合，共同來食人的，來殘害同類的。當時同類的集合，不約而同去打那些毒蛇猛獸，那種集合是天然的，不是人為的。把毒蛇猛獸都打完了，各人才是自然散去。因為當時民權沒有發生，人類去打那些毒蛇猛獸，各人都是各用氣力，不是用權力。所以在那個時代，人同獸爭，是用氣力的時代。

四、人和天相鬥的時代——太古神權時代

後來毒蛇猛獸差不多都被人殺完了，人類所處的環境較好，所住的地方極適於人類的生存，人群就住在一處，把馴伏的禽獸養起來，供人類的使用。故人類把毒蛇猛獸殺完了之後，便成畜牧時代，也就是人類文化初生的時代，差不多和現在中國的蒙古同亞洲西南的阿拉伯人，還是在畜牧時代一樣。到了那個時代，人類生活的情形，便發生一個大變動。所以人同獸鬥終止，便是文化初生，這個時代可以叫做太古時代。到了那個時代，人又同什麼東西去奮鬥呢？是同天然物力去奮鬥。簡而言之：世界進化，當第一個時期，是人同獸爭，所用的是氣力，大家同心協力，殺完毒蛇猛獸；第二個時期，是人同天爭。在人同獸爭的時代，因為不知道何時有毒蛇猛獸來犯，所以人類時時刻刻不知生死，所有的自衛力只有雙手雙足，不過在那個時候，人要比獸聰明些，所以人同獸奮鬥，不是專用雙手雙足，還曉得用木棍石頭。故鬥爭的最後結果，是人類戰勝，把獸類殺滅淨盡了，人類的生命，才可以一天一天的計算。在人同獸鬥的時期，人類的安全，幾幾乎一

時一刻都不能保。

到了沒有獸類的禍害，人類才逐漸繁盛，好地方都被人住滿了。當那個時代，什麼是叫做好地方呢？可以避風雨的地方，便叫做好地方，就是風雨所不到的地方。像埃及的「尼羅河」兩旁和亞洲「馬斯波他米亞」地方，土地極其肥美，一年四季都不下雨，尼羅河水每年漲一次，水退之後，把河水所帶的肥泥，都散布到沿河兩旁的土地，便容易生長植物，多產穀米。像這種好地方，只有沿尼羅河岸和馬斯波他米亞地方。所以普通都說尼羅河和馬斯波他米亞，是世界文化發源的地方。因為那兩岸的土地肥美，常年沒有風雨，既可以耕種，又可以畜牧，河中的水族動物又豐富，所以人類便很容易生活，不必勞心勞力，便可以優遊度日，子子孫孫便容易繁盛。到了人類過於繁盛之後，那些好地方便不夠住了，就是在尼羅河與馬斯波他米亞之外，稍為不好的地方，也要搬到去住。不好的地方，就有風雨的天災。

好比黃河流域，是中國古代文化發源的地方。在黃河流域，一來有風雨天災，二來有寒冷，本不能夠發生文化。但是中國古代文化，何以發生於黃河流域呢？因為沿黃河兩岸的人類，都是由別處搬來的。比方馬斯波他米亞的文化，便早過中國一萬多年，到了中國的三皇五帝以前，便由馬斯波他米亞搬到了黃河流域，發生中國的文明。在這個地方，驅完毒蛇猛獸之後，便有天災，便要受風雨的禍患。遇到天災，人類要免去那種災害，便要與天爭。因為要避風雨，就要做房屋。因為要禦寒冷，就要做衣服。人類到了能夠做房屋做衣服，便進化到很文明了。但是天災是不一定的，也不容易防備，有的一場大風，便可把房屋推倒，一場大水，便可把房屋淹沒，一場大火，便可把房屋燒完，一場大雷，便可把房屋打壞。這四種水、火、風、雷的災害，古人實在莫名其妙。而且古人的房屋，都是用草木做成的，都不能抵抗水、火、風、雷四種天災。所以古人對於這四種天災，便沒有方法可以防備。說到人同獸爭的時代，人類還可用氣力去打，到了同天爭的時代，專講打是不可能的，故當時人類之感覺是非常困難的。後來就有聰明的人出來，替人民謀幸福，像大禹治水，替人民除去水患；有巢氏教民在樹上做居室，替人民謀避風雨的災害。

自此以後，文化便逐漸發達，人民也逐漸團結起來。又因為當時地廣人稀，覓食很容易，他們單獨的問題，只有天災，所以要和天爭。但是和天爭不比是和獸爭，可以專用氣力的，於是發生神權。極聰明的人，便提倡神道設教，用祈禱的方法去避禍求福。他們所做祈禱的工夫，在當時或是有效或無效，是不可得知。但是既同天爭，在無法之中，就不得不用神權，擁戴一個聰明的人做首領。好比現在非洲的野蠻酋長，他的職務，便專是祈禱。又像中國的蒙古、西藏，都奉活佛做皇帝，都是以神為治，所以古人說：「國之大事，在祀與戎」。說國家的大事，第一是祈禱，第二是打仗。

五、人和人相鬥的時代——君權時代——民權時代

中華民國成立了十三年，把皇帝推翻，現在沒有君權。日本至今還是君權的國家，至今還是拜神，所以日本皇帝，他們都稱天皇。中國皇帝，我們從前亦稱天子，在這個時代，君權已經發達了很久，還是不能脫離神權。日本的皇帝在幾百年以前，已經被武人推倒了，到六十年前，明治維新，推翻德川，恢復天皇，所以日本至今還是君權和神權並用。從前羅馬皇帝，也是一國的教主，羅馬亡了之後，皇帝被人推翻，政權也被奪去了，但是教權仍然保存，各國人民仍然奉為教主，好比中國的春秋時候，列國尊周一樣。

由此可見人同獸爭以後，便有天災，要和天爭，便發生神權。由有歷史到現在，經過神權之後，便發生君權，有力的武人和大政治家把教皇的權力剝奪了，或者自立為教主，或者自稱為皇帝，於是由人同天爭的時代，變成人同人爭。到了人同人相爭，便覺得單靠宗教的信仰力，不能維持人類社會，不能夠和人競爭，必要政治修明，武力強盛，才可以和別人競爭。世界自有歷史以來，都是人同人爭。從前人同人爭，一半是用神權，一半是用君權。後來神權漸少，羅馬分裂之後，神權漸衰，君權漸盛。到了法王路易十四，便是君

權極盛的時代。他說：「皇帝和國家沒有分別，我是皇帝，所以我就是國家」，把國家的什麼大權都拿到自己手裡，專制到了極點，好比中國秦始皇一樣。君主專制一天厲害一天，弄到人民不能忍受，到了這個時代，科學也一天發達一天，人類的聰明也一天進步一天，於是生出了一種大覺悟，知道君主總攬大權，把國家和人民做他一個人的私產，供他一個人的快樂，人民受苦他總不理會，人民到了不能忍受的時候，便一天覺悟一天，知道君主專制是無道，人民應該要反抗，反抗就是革命。所以百餘年來，革命的思想便非常發達，便發生民權革命。民權革命，是誰同誰爭呢？就是人民同皇帝相爭。

所以推求民權的來源，我們可以用時代來分析。再概括的說一說：第一個時期，是人同獸爭，不是用權，是用氣力。第二個時期，是人同天爭，是用神權。第三個時期，是人同人爭，國同國爭，這個民族同那個民族爭，是用君權。到了現在的第四個時期，國內相爭，人民同君主相爭，在這個時代之中，可以說是善人同惡人爭，公理同強權爭。到這個時代，民權漸漸發達，所以叫做民權時代。

這個時代是很新的，我們到了這個很新的時代，推倒舊時代的君權，究竟是好不好呢？從前人類的智識未開，賴有聖君賢相去引導，在那個時候，君權是很有用的。君權沒有發生以前，聖人以神道設教，去維持社會，在那個時候，神權也是很有用的。現在神權君權都是過去的陳跡，到了民權時代。就道理上講起來，究竟為什麼反對君權，一定要用民權呢？因為近來文明很進步，人類的智識很發達，發生了大覺悟，好比我們在做小孩子的時候，便要父母提攜，但是到了成人謀生的時候，便不願依靠父母，必要自己去自由獨立。但是現在還有很多學者要擁護君權，排斥民權。日本這種學者是很多，歐美也有這種學者，中國許多舊學者也是一樣。所以一般老官僚至今還是主張復辟，恢復帝制。現在全國的學者，有主張君權的，有主張民權的，所以弄到政體至今還不能一定。我們主張民權政治的，必要把全世界各國的民權情形，考察清楚才好。

六、中國古代的民權思想

從二十萬年到幾千萬年以前，是用神權，神權很適宜於那個時代的潮流。比如現在西藏，如果忽然設立君主，人民一定是要反對的，因為他們崇信教主，擁戴活佛，尊仰活佛的威權，服從活佛的命令。歐洲幾千百年前也是這樣。中國文化發達的時期，早過歐洲，君權多過神權，所以中國老早便是君權時代。民權這個名詞，是近代傳進來的，大家今天來贊成我的革命，當然都是主張民權的；一般老官僚要復辟要做皇帝，當然是反對民權，主張君權的。君權和民權，究竟是哪一種適宜於現在的中國呢？這個問題是很有研究的價值。根本上討論起來，無論君權和民權，都是用來管理政治，為眾人辦事的，不過政治上各時代情形不同，所用的方法也就各有不同罷了。

到底中國現在用民權是適宜不適宜呢？有人說中國人民的程度太低，不適宜於行民權。美國本來是民權的國家，但是在袁世凱做皇帝的時候，也有一位大學教授叫做古德諾，到中國來主張君權，說中國人民的思想不發達，文化趕不上歐美，所以不宜行民權。袁世凱便利用他這種言論，推翻民國，自己稱皇帝。現在我們主張民權，便要對於民權認識得很清楚。中國自有歷史以來，沒有實行過民權。就是民國十三年來，也沒有實行過民權。但是我們的歷史，經過了四千多年，其中有治有亂，都是用君權，到底君權對於中國是有利或有害呢？中國所受君權的影響，可以說是利害參半。但是根據中國人的聰明才智來講，如果此時應用民權，比較上還是適宜得多。所以兩千多年前的孔子孟子，便主張民權。孔子說：「大道之行也，天下為公。」便是主張民權的大同世界，又「言必稱堯舜」，就是因為堯舜不是家天下。堯舜的政治，名義上雖然是用君權，實際上是在行民權，所以孔子總是信仰他們。孟子說：「民為貴，社稷次之，君為輕。」又說：「天視自我民視，天聽自我民聽。」又說：「聞誅一夫紂矣，未聞弒君也。」他在那個時代，已經知道君主不必是一定要的，已經知道君主一定是不能長久的，所以便判定那些為民造福的人就稱為「聖君」，那些暴虐無道的人就稱為「獨夫」，大家應該去反抗他。由此可見中國人對於民權的見解，在二千多年以前，已經老早想到了。不過在那個時候，還以為不能做到，好像外國說烏托邦，是理想上的事，不是即時可以做得到的。

七、民權在各國發生的歷史

至於外國人對於中國人的印象，把中國和非洲南洋的野蠻人是一樣看待。所以中國人和外國人講到民權，他們便極不贊成，以為中國何以能夠同歐美同時來講民權。這些見解的錯誤，都是由於外國學者不考察中國的歷史和國情，所以不知道中國實在是否適宜於民權。中國在歐洲的留學生，也有跟外國人一樣說中國不適宜於行民權的，這種見解實在是錯誤。依我看來，中國進化比較歐美還要在先，民權的議論，在幾千年以前就老早有了，不過當時只見之於言論，沒有形之於事實。現在歐美既是成立了民國，實現民權，有了一百五十年，中國古人也有這種思想，所以我們希望國家長治久安，人民安樂，順乎世界潮流，非用民權不可。但是民權發生，至今還不甚久，世界許多國家，還有用君權的，各國實行民權，也遭遇了許多挫折，許多失敗的。民權言論的發生，在中國有了兩千多年，在歐洲恢復民權，不過一百五十年，現在就風行一時了。

近代事實上的民權，頭一次發生是在英國，英國在那個時候發生民權革命，正當中國的明末清初。當時革命黨的首領，叫做格林威爾，把英國皇帝查理士第一殺了。此事發生以後，便驚動歐美一般人，以為這是自有歷史以來所沒有的，應該當做謀反叛逆看待。暗中弒君，各國是常有的，但是格林威爾殺查理士第一，不是暗殺，是把他拿到法庭去公開裁判，宣布他不忠於國家和人民的罪狀，所以便把他殺了。當時歐洲以為英國人民應該贊成民權，從此民權便可以發達。誰知英國人民還是歡迎君權，不歡迎民權，查理士第一雖然是死了，人民還是思慕君主。不到十年，英國便發生復辟，把查理士第二迎回去做皇帝。那個時候，剛是滿清入關，明朝還沒有亡，距今不過兩百多年。所以兩百多年以前，英國發生過一次民權政治，不久便歸消滅，君權還是極盛一時。

一百餘年之後，便有美國的革命，脫離英國的獨立，成立美國聯邦政府，到現在有一百五十年。這是現在世界中頭一個實行民權的國家。美國建立共和以後，不到十年，便引出法國革命。法國當時革命的情形，是因為自路易十四總攬政權，厲行專制，人民受非常的痛苦，他的子孫繼位，更是暴虐無道，人民忍無可忍，於是發生革命，把路易十六殺了。法國人殺路易十六，也是和英國人殺查理士第一一樣，把他拿到法庭公開審判，宣布他不忠於國家和人民的罪狀。法國皇帝被殺了之後，歐洲各國為他復仇，大戰十多年。所以那次的法國革命，還是失敗，帝制又恢復起來了。但是法國人民的民權思想，從此就更趨發達了。

八、民權思想的來源和根據

講到民權史，大家都知道法國有一位學者叫做盧梭。盧梭是歐洲主張極端民權的人，因為他的民權思想，便發生法國革命。盧梭一生所有民權思想最要緊的著作是《民約論》。《民約論》中立論的根據，是說人民的權利是生而自由平等的，各人都有天賦的權利，不過人民後來把天賦的權利放棄罷了。所以這種言論，可以說民權是天生出來的。但就歷史上進化的道理說，民權不是天生出來的，是時勢和潮流所造就出來的。故推到進化的歷史上，並沒有盧梭所說那種民權事實，這就是盧梭的言論沒有根據。所以反對民權的人，便拿盧梭沒有根據的話去做材料。但是我們主張民權的，不必要先主張言論，因為宇宙間的道理，都是先有事實，然後才發生言論，並不是先有言論，然後才發生事實。

比方陸軍的戰術學，現在已經成了有系統的學問，研究這門學問的成立，是先有學理呢？或是先有事實呢？現在的軍人都是說入學校，研究戰術學，學成了之後，為國家去戰鬥。照這種心理來講，當然是先有言論，然後才有事實。但是照世界進化的情形說，最初人同獸鬥，有了百幾萬年，然後那些毒蛇猛獸才被消滅。在那個時候，人同獸鬥，到底有沒有戰術呢？當時或者有戰術，不過因為沒有文字去記載，便無可稽考，也未可知。後來人同人相爭，國同國相爭，有了兩萬多年，又經過了多少戰事呢？因為沒有歷史記載，所以後世也不知道。就中國歷史來考究，二千多年前的兵書，有十三篇，那十三篇兵書，便是解釋當時的戰理，由於那十三篇兵書，便成立中國的軍事哲學。所以照那十三篇兵書講，是先有歷史上戰鬥的事實，然後才成那本兵書。

就是現在的戰術，也是本於古人戰鬥的事實，逐漸進步而來。自最近發明了無煙槍之後，我們戰術便發生一種極大的變更。從前打仗，是兵士看見了敵人尚且一排一排的齊進，近來打仗，如果見了敵人，便趕快伏在地下放槍，到底是不是因為有了無煙槍，我們才伏在地下呢？是不是先有了事實然後才有書呢？還是先有書然後才有事實呢？外國從前有這種戰術，是自南非洲英波之戰始。當時英國兵士同波人打仗，是一排一排去應戰，波人則伏在地下，所以英國兵士，便受很大的損失。伏地戰術是由波人創始的。波人本是由荷蘭搬到非洲的，當時的人數只有三十萬，常常和本地的土人打仗。波人最初到非洲，和本地的土人打仗，土人總是伏在地下打波人，故波人從前吃虧不少，便學土人伏地的戰術。後來學成了，波人和英國人打仗，英國人也吃虧不少，所以英國人又轉學波人的伏地戰術。後來英國兵回到本國，轉教全國，更由英國轉到全世界，所以現在各國的戰術學都採用他。由此可見是先有事實才發生言論，不是先有言論，才發生事實。

盧梭《民約論》中所說民權是由天賦的言論，本是和歷史上進化的道理相衝突，所以反對民權的人，便拿他那種沒有根據的言論來做口實。盧梭說民權是天賦的，本來是不合理。但是反對他的人，便拿他那一句沒有根據的言論來反對民權，也是不合理。我們要研究宇宙間的道理，須先要靠事實，不可專靠學者的言論。盧梭的言論，既是沒有根據，為什麼當時各國還要歡迎呢？又為什麼盧梭能夠發生那種言論呢？因為他當時看見民權的潮流已經湧到了，所以他便主張民權。他的民權主張，剛合當時人民的心理，所以當時的人民便歡迎他。他的言論雖然是和歷史進化的道理相衝突，但是當時的政治情形，已經有了那種事實，因為有了那種事實，所以他引證錯了的言論，還是被人歡迎。至於說到盧梭提倡民權的始意，更是政治上千古的大功勞。

九、民權必然實現的理由

世界上自有歷史以來，政治上所用的權，因為各代時勢的潮流不同，便各有不得不然的區別。比方在神權時代，非用神權不可；在君權時代，非用君權不可，像中國君權到了秦始皇的時候，可算發達到了極點，但是後來的君主還要來學他，就是君權無論怎麼樣大，人民還是很歡迎。現在世界潮流到了民權時代，我們應該趕快去研究，不可因為前人所發表民權的言論稍有不合理，像盧梭的《民約論》一樣，便連民權的好意也要反對。也不可因為英國有格林威爾革命之後，仍要復辟，和法國革命的延長，便以為民權不能實行。法國革命經過了八十年，才能夠成功。美國革命不過八年，便大功告成。英國革命經過了二百多年，至今還有皇帝。但是就種種方面來觀察世界一天進步一天，我們便知道現在的潮流，已經到了民權時代。將來無論是怎樣挫折，怎樣失敗，民權制度在世界上，總是可以維持長久的。

所以在三十年前，我們革命同志便下了這個決心，主張要中國強盛，實行革命，便非提倡民權不可。但是當時談起這種主張，不但是許多中國人反對，就是外國人也很反對。當中國發起革命的時候，世界上還有勢力很大的專制君主，把君權教權統在一個人身上的，像俄國皇帝就是如此。其次把很強的海陸軍，統在一個人身上的便有德國、奧國的皇帝。當時大家見得歐洲還有那樣強大的君權，亞洲怎樣可以實行民權呢？所以袁世凱做皇帝，張勳復辟，都容易發動出來。但是最有力的俄國、德國皇帝，現在都推翻了，俄德兩國都變成了共和國家，可見世界潮流實在到了民權時代。中國從前反對民權，常常問我們革命黨有什麼力量，可以推翻滿清皇帝呢？但是滿清皇帝，在辛亥一推就倒了，這就是世界潮流的效果。世界潮流的趨勢，好比長江黃河的流水一樣，水流的方向，或者是有許多曲折，有向北流或向南流的，但是流到最後，一定是向東的，無論是怎麼樣，都是阻止不住的。所以世界的潮流，由神權流到君權，由君權流到了民權，現在流到了民權，便沒有方法可以反抗。如果反抗潮流，就是有很大的力量像袁世凱，很蠻悍的軍隊像張勳，都是終歸失敗。現在北方武人專制，就是反抗世界的潮流，我們南方主張民權，就是順應世界的潮流。雖然南方政府的力量薄弱，軍隊的訓練和餉彈的補充，都不及北方，但是我們順著潮流做去，縱然一時失敗，將來一定是成功，並且可以永遠的成功。北方反抗世界潮流，倒行逆施，無論力量是那麼樣大，縱然一時僥倖成功，將來一定是失敗，並且永遠不能再圖恢復。

現在供奉神權的蒙古，已經起了革命，推翻活佛，神權是失敗了，將來西藏的神權，也一定要被人民推翻。蒙古、西藏的活佛，便是神權的末日，時期一到了，無論是怎麼樣維持，都不能保守長久，現在歐洲的君權也逐漸減少，比如英國是用政黨治國，不是用皇帝治國，可以說是有皇帝的共和國。由此可見世界潮流，到了現在，不但是神權不能夠存在，就是君權也不能夠長久，真是到了民權時代。

十、中國革命採民權制度的理由

現在的民權時代，是繼續希臘羅馬的民權思想而來，自民權復興以至於今日，不過一百五十多年，但是以後的時期很長遠，天天應該要發達。所以我們在中國革命，決定採用民權制度，一則為順應世界的潮流，二則為縮短國內的戰爭。因為中國自古以來，有大志向的人，多是想做皇帝，像劉邦見秦始皇出外，便曰：「大丈夫當如是也。」項羽亦曰：「彼可取而代也。」此等野心家代代不絕。當我提倡革命之初，來贊成革命的人，十人之中，差不多有六、七人，是有一種帝王思想的。但是我們宣傳革命主義，不但是要推翻滿清，並且要建設共和，所以十分之六、七的人，都逐漸被我們把帝王思想化除，但是其中還有一、二人，就是到了民國十三年，那種做皇帝的舊思想，還沒有化除，所以跟我來做革命黨的人，常有自相殘殺的，就是這個原故。我們革命黨在宣傳之初，便揭出民權主義來建設共和國家，就是想要免去爭皇帝的戰爭，可惜至今還有冥頑不化的人，這真是實在無可如何，從前太平天國就是我們前車之鑑。洪秀全當初在廣西起事，打過湖南、湖北、江西、安徽，建都南京，滿清天下大半歸他所有，但是太平天國何以終歸失敗呢？講起原因有好幾種：有人說他失敗的最大原因，是不懂外交，因為當時英國派了大使波丁渣 (Pottingor) 到南京，想和洪秀全立約，承認太平天國，不承認大清皇帝。但是波丁渣到了南京之後，只能見東王楊秀清，不能見天王洪秀全，因為要見洪秀全，便要叩頭，所以波丁渣不肯去見他，便再到北京和滿清政府立約。後來戈登帶兵打蘇州，洪秀全便因此失敗。所以有人說他的失敗，是由於不懂外交。這或者是他失敗的原因之一，也未可知。又有人說洪秀全之所以失敗，是由於他得了南京之後，不乘勢長驅直進去打北京。所以洪秀全不北伐，也是失敗的原因之一。

但是依我的觀察，洪秀全之所以失敗，這兩個原因，都是很小的。最大的原因，還是他們那一般人到了南京之後，就互爭皇帝，閉起城來自相殘殺。第一是楊秀清和洪秀全爭權，洪秀全既做了皇帝，楊秀清也想做皇帝。楊秀清當初帶到南京的基本軍隊，有六、七萬精兵，因為發生爭皇帝的內亂，韋昌輝便殺了楊秀清，消滅他的軍隊。韋昌輝把楊秀清殺了之後，也專橫起來，又和洪秀全爭權，後來大家把韋昌輝消滅。當時石達開聽見南京發生了內亂，便從江西趕進南京，想去排解。後來見事無可為，並且自己被人猜疑，都說他也想當皇帝，他就逃出南京，把軍隊帶到四川，不久也被清兵消滅。因為當時洪秀全、楊秀清爭皇帝做，所以太平天國的洪秀全、楊秀清、韋昌輝、石達開四部分的基本軍隊，都完全消滅，太平天國的勢力便由此大衰。推究太平天國勢力之所以衰弱的原因，根本上是由於楊秀清想做皇帝一念之錯。洪秀全當時革命，尚不知有民權主義，所以他一起義時，便封了五個王。後來到了南京，經過楊秀清、韋昌輝內亂之後，便想不再封王了。後因李秀成、陳玉成屢立大功，有不得不封之勢，而洪秀全又恐封了王，他們或靠不住，於是同時又封了三、四十個王，使他們彼此位號相等，可以互相牽掣。但是從此以後，李秀成、陳玉成等對於各王，便不能調動，故洪秀全便因此失敗。所以那種失敗，完全是由於大家想做皇帝。陳炯明前年在廣州造反，他為什麼要那樣做法呢？許多人以為他只是割據兩廣，此實大不然。當陳炯明沒有造反之先，我主張北伐，對他刻切說明北伐的利害，他總是反對。後來我想他要爭的是兩廣，或者恐怕由於我北伐，和他的地盤有妨礙；所以我最後一天老實不客氣，明白對他說，我們北伐如果成功，將來政府不是搬到武漢，就搬到南京，一定是不回來的，兩廣的地盤，當然是付託於你，請你做我們的後援。倘若北伐不幸失敗，我們便沒有臉再回來，到了那個時候，任憑你用什麼外交手段，和北方政府拉攏，也可以保存兩廣的地盤。就是你投降北方，我們也不管你，也不責備你。他當時似還有難言之隱。由此觀之，他的志向是不只在兩廣地盤的。後來北伐軍進了贛州，他就造起反來。他為什麼原因要在那個時候造反呢？就是因為他想要做皇帝，所以便先消滅極端和皇帝不相容的革命軍，他才可有辦法去造成基礎，好去做皇帝。

此外尚有一件事實，是證明陳炯明有皇帝思想的。辛亥革命以後，他常向人說，他在少年的時候，常常做夢，一手抱日，一手抱月，所以自己做了一首詩，內中有一句云：「日月抱持負少年。」自註這段做夢的故事於下，遍以示人，就是他取他的名字，也是想適應他這個夢的。你們看他的部下，像葉舉、洪兆麟、楊坤如、陳炯光那一般人，哪一位是革命黨。簡直的說，沒有一個是革命黨的，只有鄧鏗一個人是革命黨，他便老早把鄧鏗暗殺了。陳炯明因為是為做皇帝而來附和革命，所以他想做皇帝的心，至今還是不死。此外還有幾個人從前也要想做皇帝的，不知道到了民國十三年，他們的心理是怎樣，我現在沒有工夫去研究他們了。我現在講民權主義，便要大家明白民權究竟是什麼意思，如果不明白這個意思，想做皇帝的心理便永遠不能消滅。大家若是有了想做皇帝的心理，一來同志就要打同志，二來本國人更要打本國人。全國長年相爭相打，人民的禍害，便沒有止境。我從前因為要免去這種禍害，所以發起革命的時候，便主張民權，決心建立一個共和國，共和國家成立了以後，是用誰來做皇帝呢？就是用人民來做皇帝，用四萬萬人來做皇帝，照這樣辦法，便免得大家相爭，便可以減少中國戰禍。就中國歷史講，每換一個朝代，都有一次戰爭。比方秦始皇專制，人民都反對他，後來陳涉、吳廣起義，各省都響應，那本是民權的風潮。到了劉邦、項羽出來，便發生楚漢相爭。劉邦、項羽是爭什麼呢？他就是爭皇帝。漢唐以來，沒有一朝不是爭皇帝的。中國歷史常是一治一亂，當亂的時候，總是爭皇帝。外國嘗有因為宗教而戰自由而戰的，但是中國幾千年以來，所戰爭的都是為皇帝一個問題。我們革命黨為免去將來戰爭起見，所以當初發起革命的時候，便主張共和政權，不要皇帝。現在共和政體成立了十三年，但是還有想做皇帝的人，像南方的陳炯明是想做皇帝的，北方的曹錕也是想做皇帝的，廣西的陸榮廷是不是想做皇帝呢？此外還更不知有多少人，都是想做皇帝的。中國歷代改朝換姓的時候，兵權大的就爭皇帝，兵權小的就爭王爭侯，此刻一般軍人已不敢大者王小者侯，這或者也是歷史上競爭的一個進步了。

第二講　自由的真諦

一、民權和自由、平等、博愛

民權這個名詞，外國學者每每把他和自由那個名詞並稱，所以在外國很多的書本或言論裡頭，都是民權和自由並列。歐美兩三百年來，人民所奮鬥的，所競爭的，沒有別的東西，就是為自由，所以民權便由此發達。法國革命的時候，他們革命的口號，是自由、平等、博愛三個名詞。好比中國革命，用民族、民權、民生三個主義一樣。由此可說自由、平等、博愛是根據於民權，民權又是由於這三個名詞然後才發達。所以我們要講民權，便不能不先講自由、平等、博愛這三個名詞。

二、自由的意義和自由在中國的史實

近來革命思潮傳到了東方之後，自由這個名詞也傳進來了，許多學者志士提倡新思潮的，把自由講到很詳細，視為很重要。這種思潮，在歐洲兩、三百年以前，占很重要的地位。因為歐洲兩、三百年來的戰爭，差不多都是為爭自由，所以歐美學者對於自由看得很重要，一般人民對於自由的意義也很有心得。但是這個名詞近來傳進中國，只有一般學者曾用工夫去研究過的，才懂得什麼叫做自由。至於普通民眾，像在鄉村或街道上的人，如果我們說自由，他們一定不懂得。所以中國人對於自由兩個字實在是完全沒有心得，因為這個名詞傳到中國不久。現在懂得的，不過是一般新青年和留學生，或者是留心歐美政治時務的人，常常聽到和在書本上看見這兩個字，但是究竟什麼是自由，他們還是莫名其妙。所以外國人批評中國人，說中國人的文明程度真是太低，思想太幼稚，連自由的知識都沒有，自由的名詞都沒有，但是外國人一面既批評中國人沒有自由的知識，一面又批評中國人是一片散沙。

外國人的這兩種批評，在一方面說，中國人是一片散沙，沒有團體；又在一方面說，中國人不明白自由，這兩種批評，恰恰是相反的。為什麼是相反的呢？比方外國人說中國是一片散沙，究竟一片散沙的意思是什麼呢？就是說個個有自由，和人人有自由，人人把自己的自由擴充到很大，所以成了一片散沙。什麼是一片散沙呢？如果我們拿一手沙起來？無論多少，各顆沙都是很活動的，沒有束縛的，這便是一片散沙。如果在散沙內參加水和士敏土，便結成石頭，變為一個堅固的團體，變成了石頭，團體很堅固，散沙便沒有自由，所以拿散沙和石頭比較，馬上就明白了。石頭本是由散沙結合而成的，但是散沙在石頭的堅固團體之內，就不能活動，就失卻自由。自由的解釋，簡單言之，就是每個小單位在一個大團體中，能夠活動，來往自如，便是自由。因為中國沒有這個名詞，所以大家都是莫名其妙。但是我們有一種固有名詞，是和自由相彷彿的，就是放蕩不羈一句話。既然是放蕩不羈，就是和散沙一樣，各個體有很大的自由。所以外國人批評中國人，一面說沒有結合能力，既然如此，當然是散沙，是很自由的。又一面說中國人不懂自由，殊不知大家都有自由，便是一片散沙，要大家結合一個大堅固團體，便不能像一片散沙。所以外國人這樣批評我們的地方，就是陷於自相矛盾了。

三、中外對「自由」觀念的差別

最近二、三百年以來，外國人用了很大的力量去爭自由，究竟自由是好不好呢？到底是一個什麼東西呢？依我看來，近兩、三百年來，外國人說為自由去戰爭，我們中國普通人，都是莫名其妙。他們當爭自由的時候，鼓吹自由主義，說得很神聖，甚至把「不自由毋寧死」的一句話，成了爭自由的口號。中國學者翻譯外國人的學說，也把這句話搬進到中國來，並且擁護自由，決心去奮鬥，當初的勇氣，差不多和外國人從前是一樣。但是中國一般民眾，還是不能領會什麼是叫做自由。大家要知道自由和民權是同時發達的，所以今天來講民權，便不能不講自由。我們要知道歐美為爭自由，流過了多少血，犧牲了多少性命。我在前一回已經講過了，現在世界是民權時代。歐美發生民權，已經有了一百多年，推到民權的來歷，由於爭自由之後才有的。最初歐美人民犧牲性命，本來是為爭自由，爭自由的結果，才得到民權。當初歐美學者提倡自由去戰爭，好比我們革命提倡民族、民權、民生三個主義的道理是一樣的。由此可見歐美人民最初的戰爭是為爭自由，自由爭得了之後，學者才稱這種結果為民權。所謂「德謨克拉西」(democracy)，是希臘的一個古名詞，至今歐美民眾對於這個名詞還是不大關心，不過視為政治學中的一句術語罷了，比之自由兩個字，視為性命攸關，那就相差很遠了。民權這種事實，在希臘羅馬時代已經有了萌芽，因為那個時候的政體是貴族共和，就有了這個名詞，後來希臘羅馬亡了，這個名詞便忘記了。最近二百年內為自由戰爭，又把民權這個名詞再恢復起來，近幾十年來，講民權的人更是加多，流行到中國也有很多人講民權。

但是歐洲一、二百年以來的戰爭，不是說爭民權，是說爭自由，提起自由兩個字，全歐洲人便容易明白。當時歐洲人民聽了自由這個名詞容易明白的情形，好像中國人聽了「發財」這個名詞一樣，大家的心理，都以為是很貴重的。現在對中國人說要他們爭自由，他們便不明白，不情願來附和，但是要對他們說「去發財」，便有很多人要跟上來。歐洲當時戰爭所用的標題是爭自由，因為他們極明白這個名詞，所以人民便為自由去奮鬥，為自由去犧牲，大家便很崇拜自由。何以歐洲人民聽到了自由，便那樣歡迎呢？現在中國人民何以聽到自由便不理會，聽到發財便很歡迎呢？其中有許多道理，要詳細研究才可以明白。中國人聽到說發財就很歡迎的原故，因為中國現在到了民窮財盡的時代，人民所受的痛苦是貧窮，因為發財，就是救窮獨一無二的方法，所以大家聽到了這個名詞便很歡迎。發財有什麼好處呢？就是發財便可救窮，救了窮便不會受苦，所謂救苦救難，人民正是受貧窮痛苦的時候，忽然有人對他們說發財，把他們的痛苦可以解除，他們自然要跟從，自然拼命去奮鬥。歐洲一、二百年前為自由戰爭，當時人民聽到自由，便像現在中國人聽到發財一樣。

他們為什麼要那樣歡迎自由呢？因為當時歐洲的君主專制，發達到了極點。歐洲的文明，和中國周末列國相同，中國周末的時候，是和歐洲羅馬同時，羅馬統一歐洲，正在中國周秦漢的時代。羅馬初時建立共和，後來變成帝制。羅馬亡了之後，歐洲列國並峙，和中國周朝亡了之後，變成東周列國一樣，所以很多學者把周朝亡後的七雄爭長，和羅馬亡後變成列國的情形，相提並論。羅馬變成列國，成了封建制度，那個時候，大者王，小者侯，最小者還有伯子男，都是很專制的。那種封建政體，比較中國周朝的列國封建制度，還要專制得多。歐洲人民在那種專制政體之下，所受的痛苦，我們今日還多想不到。比之中國歷朝人民所受專制的痛苦還要更厲害。這個原故，由於中國自秦朝專制直接對於人民「誹謗者滅族，偶語者棄市」，遂至促亡。以後歷朝政治，大都對於人民取寬大態度，人民納了糧之外，幾乎與官吏沒有關係。歐洲的專制，卻一一直接專制到人民，時間復長，方法日密，那專制的進步，實在比中國厲害得多。所以歐洲人在二百年以前，受那種極殘酷專制的痛苦，好像現在中國人受貧窮的痛苦是一樣。人民受久了那樣殘酷的專制，深感不自由的痛苦，所以他們唯一的方法，就是要奮鬥去爭自由，解除那種痛苦，一聽到有人說自由便很歡迎他。

四、中外人民和政府的關係——自由的感應

中國古代封建制度破壞之後，專制淫威，不能達到普通人民。由秦以後，歷代皇帝專制的目的，第一是要保守他們自己的皇位，永遠家天下，使他們的子子孫孫可以萬世安享。所以對於人民的行動，於皇位有危險的，便用很大的力量去懲治。故中國一個人造反，便連到誅九族。用這樣嚴重的刑罰，去禁止人民造反，其中用意所在，就是專制皇帝要永遠保守皇位。反過來說，如果人民不侵犯皇位，無論他們做什麼事，皇帝便不理會。所以中國自秦以後，歷代的皇帝都只顧皇位，並不理民事，說及人民的幸福，更是理不到。現在民國有了十三年，因為政體混亂，還沒有工夫去建設，人民和國家的關係，還沒有理會。我們回想民國以前，清朝皇帝的專制，是怎麼樣呢？十三年以前，人民和清朝皇帝有什麼關係呢？在清朝時代，每一省之中，上有督撫，中有府道，下有州縣佐雜，所以人民和皇帝的關係很小，人民對於皇帝只有一個關係，就是納糧，除了納糧之外，便和政府沒有別的關係。因為這個原故，中國人民的政治思想，便很薄弱。人民不管誰來做皇帝，只要納糧，便算盡了人民的責任。政府只要人民納糧，便不去理會他們別的事，其餘都是聽人民自生自滅。由此可見中國人民直接並沒有受過很大的專制痛苦，只有受間接的痛苦。因為國家衰弱，受外國政治經濟的壓迫沒有力量抵抗，弄到民窮財盡，人民受貧窮的痛苦，這種痛苦，就是間接的痛苦，不是直接的痛苦。

所以當時人民對於皇帝的怨恨還是少的。但是歐洲的專制，就和中國不同了。歐洲由羅馬亡後到兩、三百年以前，君主的專制是很進步的，所以人民所受的痛苦，也是很厲害的，人民很難忍受的。當時人民受那種痛苦，不自由的地方極多，最大的是思想不自由，言論不自由，行動不自由。這三種不自由，現在歐洲是已經過去了的陳跡。詳細情形是怎麼樣，我們不能看見；但是行動不自由，還可以知道。譬如現在我們華僑住在南洋荷蘭或法國的領土，所受來往行動不自由的痛苦，便可以知道。像爪哇本來是中國的屬國，到中國來進過了貢的，後來才歸荷蘭。歸荷蘭政府管理之後，無論是中國的商人，或者是學生，或者是工人，到爪哇的地方，輪船一抵岸，便有荷蘭的巡警來查問，便把中國人引到一間小房子，關在那個裡頭，脫開衣服，由醫生從頭到腳都驗過，還要打指模量身體，方才放出，准他們登岸。登岸之後，就是住在什麼地方，也要報官。如果想由所住的地方到別的地方去，便要領路照；到了夜晚九時以後，就是有路照，也不准通行，要另外領一張夜照，並且要攜手燈。這就是華僑住在爪哇所受荷蘭政府的待遇，便是行動不自由。像這種行動不自由的待遇，一定是從前歐洲皇帝對人民用過了的，留存到今日，荷蘭人就用來對待中國華僑，由於我們華僑現在受這種待遇，便可想見從前歐洲的專制是怎麼樣情形。此外還有人民的營業工作和信仰種種都不自由。譬如就信仰不自由說，人民在一個什麼地方住，便強迫要信仰一種什麼宗教，不管人民是情願不情願，由此人民都很難忍受。歐洲人民當時受那種種不自由的痛苦，真是水深火熱，所以一聽到說有人提倡爭自由，大家便極歡迎，便去附和；這就是歐洲革命思潮的起源。

歐洲革命是要爭自由，人民為爭自由流了無數的碧血，犧牲了無數的身家性命，所以一爭得之後，大家便奉為神聖，就是到今日還是很崇拜的。這種自由學說，近來傳進中國，一般學者也很熱心去提倡，所以許多人也知道在中國要爭自由。

五、中國為什麼不提出自由的口號——中國人的自由已嫌太夠

今天我們講民權，民權的學說，是由歐美傳進來的，大家必須明白民權是一件什麼事，並且還要明白和民權同類的自由又是一件什麼事。從前歐洲人民受不自由的痛苦，忍無可忍，於是萬眾一心去爭自由，達到了自由目的之後，民權便隨之發生。所以我們講民權，便不能不先講明白爭自由的歷史。近來歐美之革命風潮，傳播到中國，中國新學生及許多志士，都發起來提倡自由。他們以為歐洲革命，像從前法國，都是爭自由，我們現在革命，也應該學歐洲人來爭自由。這種言論，可說是人云亦云，對於民權和自由沒有用過心力去研究，沒有徹底了解。我們革命黨向來主張三民主義去革命，而不主張以革命去爭自由，是很有深意的。從前法國革命的口號是自由，美國革命的口號是獨立，我們革命的口號就是三民主義，是用了很多時間，做了很多工夫，才定出來的，不是人云亦云。為什麼說一般新青年提倡自由是不對呢？為什麼當時歐洲講自由是對呢？這個道理已經講過了，因為提出一個目標，要大家去奮鬥，一定要和人民有切膚之痛，人民才熱心來附和。歐洲人民因為從前受專制的痛苦太深，所以一經提倡自由，便萬眾一心去贊成。假如現在中國來提倡自由，人民向來沒有受過這種痛苦，當然不理會。如果在中國提倡發財，人民一定是很歡迎的。我們的三民主義，便是很像發財主義。要明白這個道理，要輾轉解釋才可成功。我們為什麼不直接講發財呢？因為發財不能包括三民主義，三民主義才可以包括發財。俄國革命之初，實行共產，是和發財相近的，那就是直接了當的主張。我們革命黨所主張的，不止一件事，所以不能用發財兩個字簡單來包括，若是用自由的名詞，更難包括了。

近來歐洲學者觀察中國，每每說中國的文明程度太低，政治思想太薄弱，連自由都不懂，我們歐洲人在一、二百年前為自由戰爭，為自由犧牲，不知道做了多少驚天動地的事，現在中國人還不懂自由是什麼，由

此可見我們歐洲人的政治思想，比較中國人高得多。由於中國人不講自由，便是政治思想薄弱，這種言論，依我看起來，是講不通的。因為歐洲人既尊重自由，為什麼又說中國人是一片散沙呢？歐洲人從前要爭自由的時候，他們自由的觀念自然是很濃厚，得到了自由之後，目的已達，恐怕他們的自由觀念，也漸漸淡薄了。如果現在再去提倡自由，我想一定不像從前那樣的受歡迎。而且歐洲爭自由的革命，是兩、三百年前的舊方法，一定是做不通的。就一片散沙而論，有什麼精采呢？精采就是在有充分的自由，如果不自由，便不能夠成一片散沙。從前歐洲在民權初萌芽的時代，便主張爭自由，到了目的已達，各人都擴充自己的自由，於是由於自由太過，便發生許多流弊。所以英國有一個學者叫做彌勒氏的，便說：「一個人的自由，以不侵犯他人的自由為範圍，才是真自由。」如果侵犯他人的範圍，便不是自由。歐美人講自由，從前沒有範圍，到英國彌勒氏才立了自由範圍，有了範圍，便減少很多自由了，便限制自由了。由此可知彼中學者已漸知自由不是一個神聖不可侵犯之物，所以也要定一個範圍來限制他了。至若外國人批評中國人，一方面說中國人不懂自由，一方面又說中國人是一片散沙，這兩種批評，實在是互相矛盾。中國人既是一片散沙，本是有很充分自由的。如果成一片散沙，是不好的事，我們趁早就要參加水和士敏土，要那些散沙和士敏土，彼此結合，來成石頭，變成很堅固的團體。到了那個時候，散沙便不能夠活動，便沒有自由，所以中國人現在所受的病，不是欠缺自由。如果一片散沙是中國人的本質，中國人的自由，老早就很充分了，不過中國人原來沒有自由這個名詞，所以沒有這個思想，但是中國人沒有這個思想，和政治有什麼關係呢？到底中國人有沒有自由呢？

我們拿一片散沙的事實來研究，便知道中國人有很多的自由，因為自由太多，故大家便不注意去理會，連這個名詞也不管了。這是什麼道理呢？好比我們日常的生活，最重要的是衣食，吃飯每天最少要兩餐，穿衣每年最少要兩套，但是還有一件事比較衣食更為重要。普通人都以為不吃飯便要死，以吃飯是最重大的事，但是那一件重要的事，比較吃飯還要重大過一萬倍，不過大家不覺得，所以不以為重大。這件事是什麼呢？

就是吃空氣。吃空氣就是呼吸，為什麼吃空氣比較吃飯重過一萬倍呢？因為吃飯在一天之內，有了兩次，或者一次，就可養生。但是我們吃空氣，要可以養生，每一分鐘最少要有十六次，才可舒服；如果不然，便不能忍受。大家不信，可以實地試驗，把鼻孔塞住一分鐘，便停止了十六次的呼吸。像我現在試驗不到一分鐘，便很難忍受。一天有二十四點鐘，每點鐘有六十分，每分鐘要吃空氣十六次，每點鐘便要吃九百六十次，每天便要吃二萬三千零四十次。所以說吃空氣比較吃飯是重要過一萬倍，實在是不錯的，像這樣要緊，我們還不感覺的原因，就是由於天空中空氣到處皆有，取之不盡，用之不竭，一天吃到晚，都不用工夫，不比吃飯要用人工去換得來，所以我們覺得找飯吃是很艱難的，找空氣吃是很容易的。因為太過容易，大家便不注意，個人閉住鼻孔，停止吃空氣，來試驗吃空氣的重要，不過是小試驗，如果要行大試驗，可以把這個講堂四圍的窗戶，都關閉起來，我們所吃的空氣，便漸漸減少，不過幾分鐘之久，現在這幾百人，便都不能忍受。又把一個人在小房內關閉一天，初放出來的時候，便覺得很舒服，也是一樣的道理。中國人因為自由過於充分，便不去理會，好比房中的空氣太多，我們便不覺得空氣有什麼重要，到了關閉門戶，沒有空氣進來，我們才覺得空氣是個很重要的東西。歐洲人在兩、三百年以前受專制的痛苦，完全沒有自由，所以他們人人才知道自由可貴，要拼命去爭，沒有爭到自由之先，好像是閉在小房裡一樣，既爭到了自由之後，好比是從小房內忽然放出來，遇著了空氣一樣，所以大家便覺得自由是很貴重的東西，所以他們常常說「不自由毋寧死」那一句話。

但是中國的情形就不同了，中國人不知自由，只知發財。對中國人說自由，好像對廣西深山的傜人說發財一樣。傜人常有由深山中，拿了熊膽鹿茸，到外邊的坪場去換東西，初時坪場中的人，把錢和他交換，他常常不要，只要食鹽和布匹，才樂於交換。在我們的觀念，最好的是發財，在傜人的觀念，只要合用的東西，便心滿意足。他們不懂發財，故不喜歡要錢。中國一般的新學者，對中國民眾提倡自由，就好像和傜人講發財一樣。中國人用不著自由，但是學生還要宣傳自由，真可謂不識時務了。歐美人在一百五十年以前，因為難得自由，所以拼命去爭，既爭到了之後，像法國美國，是我們所稱為實行民權先進的國家，在這兩個國家之內，是不是人人都有自由呢？但是有許多等人，像學生軍人官吏和不及二十歲未成年的人，都是沒有自由的。所以歐洲兩、三百年的戰爭，不過是二十歲以上的人和不做軍人官吏學生的人來爭自由。爭得了之後，也只有除了他們幾種以外的人才有自由，在這幾種人以內的，至今都不得自由。中國學生得到了自由思想，沒有別的地方用，便拿到學校內去用，於是生出學潮，美其名說是爭自由。歐美人講自由，是有很嚴格界限的，不能說人人都有自由。中國新學生講自由，把什麼界限都打破了，拿這種學說到外面社會，因為沒有人歡迎，所以只好搬回學校內去用，故常常生出鬧學的風潮，這就是把自由用之不得其所。外國人不知道中國的歷史，不知道中國人民自古以來都有很充分的自由，自然是難怪他們。至於中國的學生，竟忘卻了「日出而作，日入而息，鑿井而飲，耕田而食。帝力於我何有哉？」這個先民的自由歌，卻是大可怪的事。由這個自由歌看起來，便知中國是自古以來，雖無自由之名，確有自由之實，並且是很充分，不必再去多求了。

六、中外革命之目的和方法的不同

我們要講民權，因為民權是由自由發生的。所以不能不講明白歐洲人民從前爭自由的情形。如果不明白那些情形，便不知道自由可貴。歐洲人當時爭自由，不過是一種狂熱，後來狂熱漸漸冷了，便知道自由有好的和不好的兩方面，不是神聖的東西。所以外國人說中國人是一片散沙，我們是承認的，但是說中國人不懂自由，政治思想薄弱，我們便不能承認。中國人為什麼是一片散沙呢？由於什麼東西弄成一片散沙呢？就是因為是各人的自由太多。由於中國人自由太多，所以中國要革命。中國革命的目的與外國不同，所用方法也不能相同。到底中國為什麼要革命呢？直接了當說，是和歐洲革命的目的相反。歐洲從前因為太沒有自由，所以革命要去爭自由。我們是因為自由太多，沒有團體，沒有抵抗力，成一片散沙。因為是一片散沙，所以受外國帝國主義的侵略，受列強經濟商戰的壓迫，我們現在便不能抵抗。要將來能夠抵抗外國的壓迫，就要打破各人的自由，結成很堅固的團體，像把水和士敏士參加到散沙裡頭，結成一塊堅固石頭一樣。中國人現在因為自由太多，發生自由的毛病。不但是學校內的學生是這樣，就是我們革命黨裡頭，也有這種毛病。所以從前推倒滿清之後，至今無法建設民國，就是用錯了自由的壞處，我們革命黨，從前之所以被袁世凱打敗的原故，就是為了這個理由。當民國二年，袁世凱大借外債，不經國會通過，又殺宋教仁，做種種事來破壞民國。我在當時催促各省，馬上動兵去討袁，但是因為我們同黨之內，大家都是講自由，沒有團結。譬如在西南無論是哪一省之內，自師長旅長以至兵士，沒有不說各有各的自由的，沒有彼此能夠團結的。大而推到各省，又有各省的自由，彼此不能聯合。南方各省，當時乘革命的餘威，表面雖然是轟轟烈烈，內容實在是四分五裂，號令不能統一。說到袁世凱，他有舊日北洋六鎮的陸軍系統，在那六鎮之內，所有的師長旅長，和一切兵士，都是很服從的，號令是一致的，簡單的說，袁世凱有很堅固的團體，我們革命黨是一片散沙，所以袁世凱就打敗了革命黨。由此可見一種道理，在外國是適當的，在中國未必是適當。外國革命的方法是爭自由，中國革命便不能說是爭自由，如果說爭自由，便更成一片散沙，不能成大團體，我們的革命目的，便永遠不能成功。

七、三民主義和自由平等博愛

外國革命，是由爭自由而起，奮鬥了兩、三百年，生出了大風潮，才得到了自由，才發生民權。從前法國革命的口號，是用自由、平等、博愛。我們的口號，是用民族、民權、民生。究竟我們三民主義的口號，和自由、平等、博愛三個口號，有什麼關係呢？照我講起來，我們的民族，可以說和他們的自由一樣，因為實行民族主義，就是為國家爭自由。但歐洲當時是為個人爭自由，到了今天，自由的用法便不同了。在今天自由這個名詞究竟要怎麼樣應用呢？如果用到個人，就成一片散沙，萬不可再用到個人上去，要用到國家上去。個人不可太過自由，國家要得完全自由。到了國家能夠行動自由，中國便是強盛的國家。要這樣做去，便要大家犧牲自由。當學生的能夠犧牲自由，就可以天天用功，在學問上做工夫，學問成了，智識發達，能力豐富，便可以替國家做事。當軍人能夠犧牲自由，就能夠服從命令，忠心報國，使國家有自由。如果學生軍人要講自由，便像中國自由的對待名詞，成為放任放蕩，在學校內便沒有校規，在軍隊內便沒有軍紀。在學校內不講校規，在軍隊內不講軍紀，那還能夠成為學校，號稱軍隊嗎？

我們為什麼要國家自由呢？因為中國受列強的壓迫，失去了國家的地位，不只是半殖民地，實在已成了次殖民地，比不上緬甸、安南、高麗。緬甸、安南、高麗，不過是一國的殖民地，只做一個主人的奴隸，中國是各國的殖民地，要做各國的奴隸。中國現在是做十多個主人的奴隸，所以現在的國家，是很不自由的。要把我們的國家自由恢復起來，就要集合自由成一個很堅固的團體；要用革命的方法把國家成一個大堅固團體，非有革命主義不成功。我們的革命主義，便是集合散沙起來的水和士敏土，能夠把四萬萬人都用革命主義集合起來，成一個大團體。這一個大團體，能夠自由，中國國家當然是自由，中國民族才能真自由。用我們三民主義的口號和法國革命的口號來比較，法國的自由和我們的民族主義相同，因為民族主義是提倡國家自由的。平等和我們的民權主義相同，因為民權主義是提倡人民在政治地位上都是平等的，要打破君權使人人都是平等的，所以說民權是和平等相對待的。此外還有博愛的口號，這個名詞的原文，照兄弟的意思，是和中國同胞兩個字是一樣解法，普通譯成博愛。當中的道理，和我們的民生主義是相通的。因為我們的民生主義，是圖四萬萬人幸福的，為四萬萬人謀幸福就是博愛。這個道理，等到講民生主義的時候，再去詳細解釋。

第三講　平等的真諦

一、平等的意義

民權兩個字，是我們革命黨的第二個口號，同法國的革命口號的平等是相對待的。因為平等是法國革命的第二個口號，所以今天專拿平等做題目來研究。平等這個名詞，通常和自由那個名詞，都是相提並論的。歐洲各國從前革命，人民為爭平等和爭自由，都是一樣的出力，一樣的犧牲，所以他們把平等和自由都是看得一樣的重大。更有許多人以為要能夠自由，必要得到平等，如果得不到平等，便無從實現自由，用平等和自由比較，把平等更是看得重大的。什麼是叫做平等呢？平等是從哪裡來的呢？歐美的革命學說，都講平等是天賦到人類的。譬如美國在革命時候的獨立宣言，法國在革命時候的人權宣言，都是大書特書，說平等自由是天賦到人類的特權，是他人所不能侵奪的，天生人類究竟是否賦有平等的特權呢？請先把這個問題拿來研究清楚。

二、不平等的由來與演變——天賦人權說的創立

我從前在第一講中，推溯民權的來源，自人類初生幾百萬年以前，推到近來民權萌芽時代，從沒有見過天賦有平等的道理。譬如用天生的萬物來講，除了水面以外，沒有一物是平的。就是拿平地來比較，也沒有一處是真平的。好像坐粵漢鐵路，自黃沙到銀盞坳一段，本來是屬於平原，但是從火車窗外，過細考察沿路的高低情況，沒有哪一里路，不是用人工修築，才可以得平路的。所謂天生的平原，其不平的情形，已經是這樣。再就眼前而論，拿桌上這一瓶的花來看，此刻我手內所拿的這枝花，是槐花，大概看起來，以為每片

葉子都是相同的，每朵花也是相同，但是過細考察起來，或用顯微鏡試驗起來，沒有哪兩片葉子完全是相同的，也沒有哪兩朵花完全是相同的。就是一株槐樹的幾千萬片葉，也沒有完全相同的，推到空間時間的關係，此處地方的槐葉，和彼處地方的槐葉，更是不相同的。今年所生的槐葉，和去年所生的槐葉，又是不相同的。由此可見天地間所生的東西總沒有相同的。既然都是不相同，自然不能夠說是平等。自然界既沒有平等，人類又怎麼有平等呢？

天生人類本來也是不平等的，到了人類專制發達以後，專制帝王尤其變本加厲，弄到結果，比較天生的更不平等了。這種由帝王造成的不平等，是人為的不平等。人為的不平等，究竟是什麼情形？現在可就講壇的黑板上，繪一個圖來表明，諸君細看第一圖，便可明白。因為有這種人為的不平等，在特殊階級的人，過於暴虐無道，被壓迫的人民，無地自容，所以發生革命的風潮，來打不平。革命的始意，本是在打破人為的不平等，得到了平等以後，便可了事。但是占了帝王地位的人，每每假造天意，做他們的保障，說他們所處的特殊地位，是天所授與的，人民反對他們，便是逆天，無知識的民眾，不曉得研究這些話，是不是合道理，只是盲從附和，為君主去爭權利，來反對有知識的人民去講平等自由。因此贊成革命的學者，便不得不創天賦人權的平等自由這一說，以打破君主的專制。學者創造這一說，原來就是想打破人為之不平等的。但是天下的事情，的確是「行易知難」。當時歐洲的民眾，都相信帝王是天生的，都是受了天賦之特權的，多數無知識的人總是去擁戴他們，所以少數有知識的學者，無論用什麼方法和力量，總是推不倒他們。到了後來，相信天生人類都是平等自由的，爭平等自由是人人應該有的事，然後歐洲的帝王，便一個一個不推自倒了。

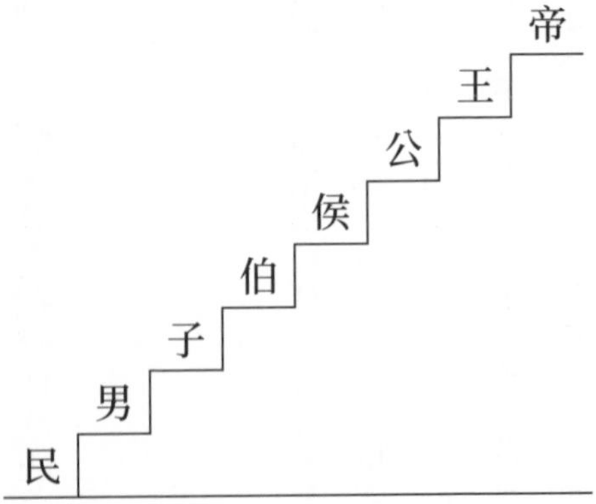

圖一　不平等

三、假平等和真平等的分別

不過專制帝王推倒了以後，民眾又深信人人是天生平等的這一說，便日日去做工夫，想達到人人的平等，殊不知道這種事情是不可能的。到了近來，科學昌明，人類大覺悟了，才知道沒有天賦平等的道理。假若照民眾相信的那一說去做，縱使不顧真理，勉強做成功，也是一種假平等。像第二圖一樣，必定要把位置高的壓下去，成了平頭的平等，至於立腳點還是彎曲線，還是不能平等，這種平等，不是真平等，是假平等。說到社會上的地位平等，是始初起點的地位平等，後來各人根據天賦的聰明才力，自己去造就，因為各人的聰明才力有天賦的不同，所以造就的結果，當然不同，造就既是不同，自然不能有平等。像這麼講來，才是真正平等的道理。如果不管各人天賦的聰明才力，就是以後有造就高的地位，也要把他們壓下去，一律要平等，世界便沒有進步，人類便要退化。所以我們講民權平等，又要世界有進步，是要人民在政治上的地位平等。因為平等是人為的，不是天生的，人造的平等，只有做到政治上的地位平等。故革命以後，必要各人在政治上的立足點都是平等，好像第三圖的底線，一律是平等的，那才是真平等，那才是自然之真理。

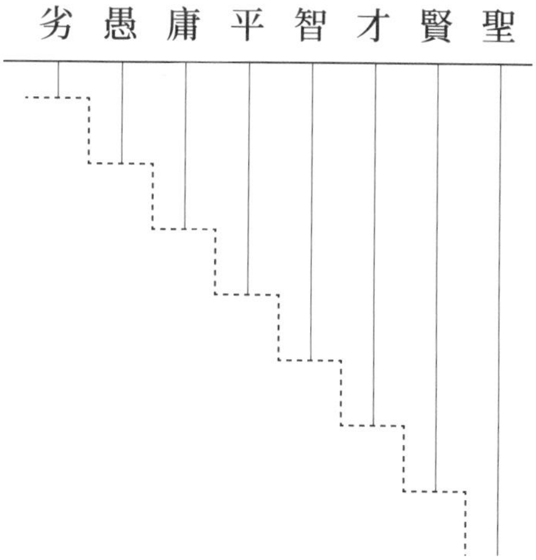

圖二　假平等

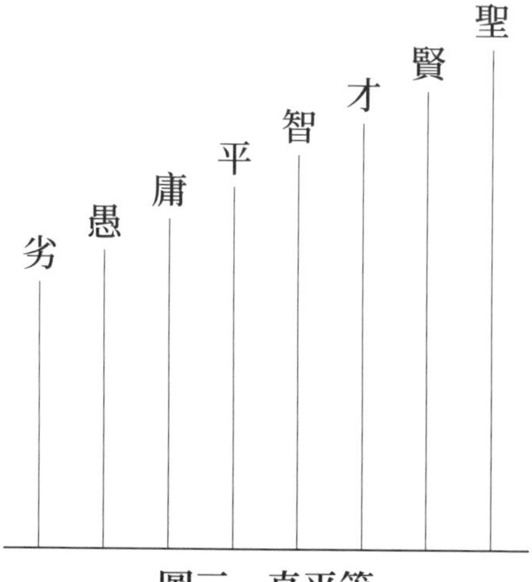

圖三　真平等

四、中外人民所經歷平等的程度

歐洲從前革命，人民爭平等自由，出了很大的力量，費了很大的犧牲，我們現在要知道他們為什麼要那樣出力，那樣犧牲，便先要知道歐洲在沒有革命以前，是怎樣不平等的情形。上面所繪的第一圖，是表示歐洲在沒有革命以前，政治上是怎麼樣不平等的事實，圖中所示帝王公侯伯子男等一級一級的階梯，就是從前歐洲政治地位上的階級。這種階級，中國以前也是有的，到十三年以前，發生革命，推翻專制，才剷平這種不平等的階級。但是中國以前的不平等，沒有從前歐洲的那麼厲害。歐洲兩百多年以前，還是在封建時代，和中國兩千多年以前的時代相同。因為中國政治的進化早過歐洲，所以中國兩千多年以前，便打破了封建制度。歐洲就是到了現在，還不能完全打破封建制度，在兩、三百年之前才知道不平等的壞處，才發生平等的思想。中國在兩千多年以前，便有了這種思想，所以中國政治的進步，是早過歐洲。但是在這兩百年以來，歐洲的政治進步，不但是趕到中國，並且超過中國，所謂後來者居上。

歐洲沒有革命以前的情形，和中國比較起來，歐洲的專制，要比中國厲害得多，原因在什麼地方呢？就是在世襲制度。當時歐洲的帝王公侯那些貴族，代代都是世襲貴族，不去做別種事業，人民也代代都是世襲一種事業，不能夠去做別種事業。比方耕田的人，他的子子孫孫便要做農夫，做工的人，他的子子孫孫便要做苦工，祖父做一種什麼事業，子孫就不能改變，這種職業上不能夠改變，就是當時歐洲的不自由。中國自古代封建制度破壞了以後，這種限制，也就完全打破了，由此可見從前中國和外國，都是有階級制度，都是不平等。中國的好處，是只有皇帝是世襲，除非有人把他推翻，才不能世襲，如果不被人民推翻，代代總是世襲，到了改朝換姓，才換皇帝。至於皇帝以下的公侯伯子男，中國古時都是可以改換的，平民做宰相封王侯的極多，不是代代世襲一種事業的。歐洲平民間或也有做宰相封王侯的，但是大多數的王侯，都是世襲，人民的職業不能夠自由，因為職業不自由，所以失了平等，不但是政治階級的不平等，就是人民彼此的階級也不平等。由於這個原故，人民一來難到公侯伯子男的那種地位，二來自己的職業又不能自由改變，更求上進，於是感覺非常痛苦，不能忍受，所以不得不拼命去爭自由，解除職業不自由的束縛，以求上進，拼命去爭自由，打破階級專制的不平等。那種戰爭，那種奮鬥，在中國是向來沒有的。中國人雖然受過了不平等的界限，但是沒有犧牲身家性命去做平等的代價。歐洲人民在兩、三百年以前的革命，都是集中到自由平等兩件事，中國人向來不懂什麼是爭自由平等，當中原因，就是中國的專制和歐洲比較，實在沒有那樣厲害。而且中國古時的政治，雖然是專制，二千多年以來，雖然沒有進步，但是以前改良了很多，專制淫威也減除了不少，所以人民便不覺得十分痛苦。因為不覺得痛苦，便不為這個道理去奮鬥。

五、歐美對平等的迫切需要

近來歐洲文化東漸，他們的政治經濟科學都傳到中國來了，中國人聽到歐洲的政治學理，多數都是照本抄謄，全不知道改變。所以歐洲兩、三百年以前的革命，說是爭自由，中國人也說要爭自由，歐洲從前爭平等，中國人也照樣要爭平等。但是中國今日的弊病，不是在不自由不平等的這些地方。如果專拿自由平等去提倡民氣，便是離事實太遠，和人民沒有切膚之痛，他們便沒有感覺，沒有感覺，一定不來附和。至於歐洲在兩、三百年以前，人民受不自由不平等的痛苦，真是水深火熱，以為非爭到自由平等，什麼問題都不能解決，所以拼命去爭自由打平等。

因為有這種風潮，所以近兩、三百年來，一次發生英國革命，二次發生美國革命，三次發生法國革命。美國、法國的革命都是成功的，英國革命算是沒有成功，所以國體至今沒有改變。英國革命的時候，正當中國明末清初，當時英國人民把皇帝推倒，殺了一個皇帝，不到十年，又發生復辟，一直到現在，他們的國體仍舊是君主，貴族階級也還是存在。美國自脫離英國獨立以後，把從前政治的階級完全打破，創立共和制度。以後法國革命，也是照美國一樣，把從前的階級制度根本推翻。延到現在六年以前，又發生俄國革命，他們也打破階級制度，變成共和國家。美國、法國、俄國，都是世界上很強盛的國家，推原他們強盛的來歷，都是由於革命成功的。就那三個革命成功的國家比較，發起最後的是俄國，成功最大的也是俄國。俄國革命的結果，不但是把政治的階級打到平等，並且把社會上所有資本的階級，也是一齊打到平等。

六、美法爭平等的歷史

我們再拿美國來講，美國革命的時候，人民所向的目標是在獨立。他們為什麼要獨立呢？因為他們當時的十三州，都是英國的領土，歸英國管理。英國是一個專制國家，壓迫美國人民，比壓迫本國人民還要嚴厲得多。美國人民見得他們自己和英國人民，都是同歸一個英國政府管理，英國政府待本國人民是那樣寬大，待美國人民是這樣刻薄，便覺得很不平等。所以要脫離英國，自己去管理自己，成一個獨立國家。他們因為獨立，反抗英國，和英國戰爭了八年，後來獨立成功。所有在美國的白色人種，政府都一律看待，一律平等，但是對待別色人種，便不大相同。比方在美國的非洲黑人，他們便視為奴隸，所以美國獨立之後，白人的政治地位，雖然是平等，但是黑人和白人比較，還不是平等。這種事實，和美國的憲法及獨立的宣言便不相符合。因為獨立宣言，開宗明義，便說「人人是生而平等的，天賦有一定不能少的權利，那些權利，便是生命、自由和求幸福」。後來訂定憲法，也是根據這個道理。

美國注重人類平等的憲法，既然成功了以後，還要黑人來做奴隸，所以美國主張平等自由的學者，見到那種事實，和立國的精神大相矛盾，便反對一個平等自由的共和國家裡頭，還用許多人來做奴隸。美國當時對待黑人究竟是怎麼樣的情形呢？美國人從前對待黑人是很刻薄的，把黑人當做牛馬一樣，要他們做奴隸做苦工，每日做很多的工，辛辛苦苦，做完了之後，沒有工錢，只有飯吃。那種殘酷情形，全國人民看見了，覺得是很不公道，很不平等的，和開國憲法的道理太不相容，所以大家提倡人道主義，打破這種不平等的制度。後來這種主張越傳越廣，贊成這種主張的人，便非常之多，於是有許多熱心的人，調查當時黑奴所受的痛苦，做成了許多紀錄，其中最著名的一本書，是把黑奴受痛苦的種種事實，編成一本小說，令人看到了之後，都很有趣味，這本小說叫做《黑奴籲天錄》。自這本書做出之後，大家都知道黑奴是怎麼樣受苦，便替黑奴來抱不平。當時全美國之中，北方各省沒有畜黑奴的，便主張放奴。南方各省所畜的黑奴，是很多的，因為南方各省有許多極大的農場，平常都是專靠黑奴去耕種，如果放去黑奴，便沒有苦工，便不能耕種。南方的人由於自私自利的思想，便反對放奴，說黑奴制度不是由一人起來的。美國人從前運非洲的黑人去做奴隸，好像幾十年前歐洲人運中國人到美洲和南洋去做豬仔一樣，黑奴便是當時非洲的豬仔。南方各省反對放奴，說黑奴是他們的本錢，如果要解放，他們一定要收回本錢。當時一個黑奴，差不多要值五、六千元，南方各省的黑奴有幾百萬，總算起來，要值幾百萬萬元。因為那種價值太大，國家沒有那樣多錢去償還黑奴的東家，所以放黑奴的風潮，雖然是發生了很久，但是醞釀復醞釀，到了六十年前，才爆發出來，構成美國的南北戰爭。那次戰爭，兩方死了幾十萬人，打過了五年仗，雙方戰爭是非常激烈的，是世界最大戰爭之一。那次戰爭，是替黑奴打不平，替人類打不平等的，可以說是爭平等的戰爭。歐美從前為爭平等的問題，都是本身覺悟，為自己的利害去打仗。美國的南北戰爭，為黑奴爭平等，不是黑人自己懂得要爭。因為他們做奴隸的時候太久，沒有別的知識，只知道主人有飯給他們吃，有衣服給他們穿，有屋給他們住，他們便很心滿意足。當時主人間或者也有很寬厚的，黑奴只知道要有好主人，不致受十分的虐待，並不知道要反抗主人，要求解放，有自己做主人的思想。所以那次美國的南北戰爭，所爭求平等的人，是白人替黑人去爭，是替自己團體以外的人去爭，不是本身的覺悟。

那次戰爭的結果，南方打敗了，北方打勝了，聯邦政府就馬上發一個命令，要全國放奴，南方各省因為打了敗仗，只有服從那個命令。自此以後，便不理黑奴，從解放之日起，便不給飯與黑奴吃，不給衣與黑奴穿，不給屋與黑奴住，黑奴從那次以後，雖然是被白人解放，有了自由，成了美國的共和國民，在政治的平等自由上有很大的希望，但是因為從前替主人做工，便有飯吃，有衣穿，有屋住，解放以後，不替主人做工，便沒有飯吃，沒有衣穿，沒有屋住，一時青黃不接，黑奴覺得失了泰山之靠，便感覺非常的痛苦。因此就怨恨放奴的各省分，尤其怨恨北方那位主張放奴的大總統。那位主張放奴的總統是誰呢？大家都知道美國有兩個極有名的大總統：一位是開國的大總統，叫做華盛頓；現在世界上的人說起開國元勳便數到華盛頓，因為那位大總統在爭人類平等的歷史上，是很有功勞的。其餘一位大總統就是林肯，他就是當時主張放奴最出力的人。因為他解放黑奴，為人類求平等，立了很大的功勞，所以世界上的人至今都稱頌他。但是當時解放了的黑奴，因為一時沒有衣食住的痛苦，便非常怨恨他，現在還有一種歌謠是罵林肯的，說他是洪水猛獸。那些罵林肯的人之心理，好像中國現在反對革命的人來罵革命黨一般。現在有智識的黑人，知道解放的好處，自然是稱頌林肯。但是無智識的黑人，至今還是恨林肯，學他們的祖宗一樣。

解放黑奴，是美國歷史上一件爭平等的事業，所以講美國的最好的歷史，第一個時期是由於受英國不平等的待遇，人民發起獨立戰爭，打過了八年仗，才脫離英國，得到平等，成一個獨立國家。第二個時期，是在六十年前，發生南北戰爭，那次戰爭的理由，和頭一次的獨立戰爭是相同的，打過了五年仗。五年戰爭的時間，和八年戰爭的時間，雖然是差不多，但是說起損失來，那次五年的戰爭比較八年的戰爭，犧牲還要大，流血還要多。簡單的說起來，美國第一次的大戰爭，是美國人民自己求獨立，為自己爭平等。第二次的大戰爭，是美國人民為黑奴求自由，為黑奴爭平等，不是為自己爭平等，是為他人爭平等。為他人爭平等，比較為自己爭平等，所受的犧牲還要大，流血還要多。所以美國歷史是一種爭平等的歷史，這種爭平等的歷史，是世界歷史中的大光榮。

美國爭得平等之後，法國也發生革命，去爭平等，當中反覆了好幾次，爭了八十年，才算成功。但是平等爭成功之後，他們人民把平等兩個字走到極端，要無論哪一種人都是平等，像第二圖所講的平等，把平等地位不放在立足點，要放在平頭點，那就是假平等了。

七、歐美爭平等自由的錯誤結果和中國革命的方針

中國的革命思潮，是發源於歐美，平等自由的學說，也是由歐美傳進來的。但是中國革命黨，不主張爭平等自由，主張爭三民主義。三民主義能夠實行，便有自由平等。歐美為平等自由去戰爭，爭得了之後，常常被平等自由引入歧路。我們的三民主義能夠實行，才真有自由平等。要什麼方法才能夠歸正軌呢？像第二圖，把平等線放在平頭上，是不合乎平等正軌的，要像第三圖，把平等線放在立足點，才算合乎平等的正軌。所以我們革命，要知道所用的主義，是不是適當，是不是合乎正軌，非先把歐美革命的歷史，源源本本來研究清楚不成功。人民要徹底明白我們的三民主義，是不是的確確有好處，是不是合乎國情，要能夠信仰我們的三民主義，始終不變，也非把歐美革命的歷史，源源本本來研究清楚不成功。

美國為平等自由兩個名詞，經過了兩次戰爭，第一次爭了八年，第二次爭了五年，才達到目的。中國向來沒有為平等自由起過戰爭，幾千年來，歷史上的戰爭，都是大家要爭皇帝，每次戰爭，人人都是存一個爭皇帝的思想，只有此次我們革命，推翻滿清，才不是爭皇帝的第一次。但是這種不爭皇帝的思想，只限於真革命黨以內的人才是。說到革命黨以外，像北方的曹錕吳佩孚，名義上雖然贊成共和，但是主張武力統一，還是想專制。如果他們的武力統一成功，別人不能夠反抗，他們一定是想做皇帝的。譬如袁世凱在辛亥年推倒滿清的時候，他何嘗不贊成共和呢，他又何曾主張帝制呢？當時全國的人民，便以為帝制不再發生。到了

民國二年，袁世凱用武力打敗了革命黨，把革命黨趕出海外，便改變國體，做起皇帝來。這般軍閥的思想，腐敗不堪，都是和袁世凱相同的，將來沒有人敢擔保這種危險不再發生，所以中國的革命，至今沒有成功，就是因為做皇帝的思想沒有完全剷除，沒有一律肅清。我們要把這種做皇帝的思想，完全剷除，一律肅清，便不得不再來奮鬥，再來革命。

八、自由平等的基礎——民權

中國現在有許多青年志士，還是主張爭平等自由；歐洲在一、兩百年以來，本是爭平等自由，但是爭得的結果，實在是民權。因為有了民權，平等自由才能夠存在，如果沒有民權，平等自由不過是一種空名詞。講到民權的來歷，發源是很遠的，不是近來才發生的。兩千多年以前，希臘羅馬便老早有了這種思想。當時希臘羅馬，都是共和國家，同時地中海的南方，有一個大國叫做克塞支(Carthage)，也是一個共和國；後來有許多小國，繼續起來，都是共和國家。當時的希臘羅馬，名義上雖然是共和國家，但是事實上還沒有達到真正的平等自由；因為那個時候，民權還沒有實行。譬如希臘國內便有奴隸制度，所有貴族都是畜很多的奴隸，全國人民差不多有三分之二是奴隸；斯巴達的一個武士，國家定例要給五個奴隸服侍他，所以希臘有民權的人是少數，無民權的人是大多數。羅馬也是一樣的情形。所以二千多年以前，希臘羅馬的國家名義，雖然是共和，但是由於奴隸制度，還不能夠達到平等自由的目的。到六十年前美國解放黑奴，打破奴隸制度，實行人類的平等以後，在現在的共和國家以內，才漸漸有真平等自由的希望。但是真平等自由是在什麼地方立足呢？要附屬到什麼東西之上呢？簡而言之，是在民權上立足的，要附屬於民權之上。民權發達了，平等自由，才可以長存，如果沒有民權，什麼平等自由都保守不住。所以中國國民黨發起革命，目的雖然是爭平等自由，但是所定的主義和口號，還是要用民權。因為爭得了民權，人民方有平等自由的事實，便可以享平等自由的幸福，所以平等自由，實在是包括於民權之內。因為平等自由是包括在民權之內，所以今天研究民權的問題，便附帶來研究平等自由的問題。

九、自由平等的促障——民權

歐美革命，為求平等自由的問題來戰爭，犧牲了無數的性命，流了很多的碧血，爭到平等自由之後，到了現在，把平等自由的名詞，應該要看得如何寶貴，把平等自由的事實，應該要如何審慎，不能夠隨便濫用。但是到現在究竟是怎麼樣呢？就自由一方面的情形說，前次已經講過了，他們爭得自由之後，便生出自由的許多流弊。美國法國革命，至今有了一百多年，把平等爭得了，到底是不是和自由一樣，也生出了許多流弊呢？依我看起來，也是一樣的生出許多流弊。由於他們已往所生流弊的經驗，我們從新革命，便不可再蹈他們的覆轍，專為平等去奮鬥，要為民權去奮鬥；民權發達了，便有真正的平等，如果民權不發達，我們便永遠不平等。歐美平等的流弊，究竟是怎樣呢？簡單的說，就是他們把平等兩個字認識得太呆了。歐美爭得平等以後，為什麼緣故要發生流弊呢？就是由於民權沒有充分發達，所以自由平等還不能夠向正軌道去走，因為自由平等沒有歸到正軌，所以歐美人民至今還是要為民權去奮鬥。因為要奮鬥，自然要結團體，人民因為知道結團體的重要，所以由於奮鬥的結果，便得到集會結社的自由。由於得到這種自由，便生出許多團體，在政治上有政黨，在工人中有工黨。

現在世界團體中最大的是工黨，工黨是在革命以後，人民爭得了自由，才發生出來的。發生的情形是怎樣呢？最初的時候，工人沒有知識，沒有覺悟，並不知道自己是處於不平等的地位，也不知道受資本家有很大的壓迫，好像美國黑奴，只知道自祖宗以來，都是做人家的奴隸，並不知道奴隸的地位是不好，也不知道除了奴隸以外，另外還有自由平等一樣。當時各國工人，本來不知道自己處於什麼地位，後來於工人之外，得到了許多好義之士，替工人抱不平，把工人和資本家不平等的道理，宣傳到工人裡頭，把他們喚醒了，要他們固結團體，和貴族及資本家抵抗，於是世界各國才發生工黨。工黨和貴族及資本家抵抗，是拿什麼做武器呢？工人抵抗唯一的武器，就是消極的不合作，不合作的舉動，就是罷工。這種武器，比較軍人打仗的武器，還要厲害得多。如果工人對於國家或資本家有要求不遂的，便大家聯合起來，一致罷工，那種罷工，影響到全國人民，比較普通的戰爭，也不相上下。因為在工人之外，有知識極高的好義之士做領袖，去引導那些工人，教他們固結團體，去怎麼樣罷工，所以他們的罷工，一經發動，便在社會上發生很大的力量，因為有了很大的力量，工人自己才感覺起來，要講平等。英國、法國的工人，由於這種感覺，要講平等，看見團體以內，引導指揮的領袖，都不是本行的工人，不是貴族便是學者，都是從外面來的，所以他們到了團體成功，便排斥那些領袖。這種排斥領袖的風潮，在歐洲近數十年來，漸漸發生了。所以起這種風潮的原故，便是由於工人走入平等的迷途，成了平等的流弊，由於這種流弊發生以後，工黨便沒有好領袖去引導指揮他們，工人又沒有知識去引導自己，所以雖然有很大的團體，不但是沒有進步，不能發生大力量，並且沒有人去維持，於是工黨內部漸漸腐敗，失卻了大團體的力量。

工人的團體，不但是在外國很多，近十多年來，中國也成立了不少。中國自革命以後，各行的工人都聯合起來，成立團體，團體中的領袖，也有很多不是工人的。那些團體中的領袖，固然不能說個個都是為工人去謀利益的，其中假借團體的名義，利用工人為自己圖私利的，當然是很多，但是真為大義去替工人出力的，也是不少。所以工人應該要明白，應該要分別領袖的青紅皂白。

現在中國的工人講平等，也是發生平等的流弊。譬如前幾天我收到由漢口寄來的一種工報，當中有兩個大標題，第一個標題是「我們工人不要穿長衣的做領袖」。第二個標題是「我們工人奮鬥，只求麵包，不問政治」。由於這種標題，便可知道和歐美工黨排斥非工人做領袖的口調是一樣的。歐美工人雖然排斥非工人的領袖，但是他們的目標，還是要問政治，所以漢口工人的第二標題，便和歐美工人的口調，不能完全相同了。因為一國之內，人民的一切幸福，都是以政治問題為依歸的，國家最大的問題就是政治，如果政治不良，在國家裡頭，無論什麼問題都不能解決。比方中國現在受外國政治經濟的壓迫，一年之內，損失十二萬萬元，這就是由於中國政治不良，經濟不能發達，所以每年要受這樣大的損失。在這種損失裡頭，最大的是進口貨超過出口貨每年有五萬萬元，這五萬萬元的貨，都是工人生產的，因為中國工業不發達，才受這種損失。我們拿這個損失的問題來研究，中國工人所得的工價，是世界中最便宜的，所做的勞動，又是世界中最勤苦的，一天能夠做十多點鐘工，中國的工價既是最便宜，工人的勞動又是最勤苦，和外國工業競爭，照道理講，當然可以操勝算。為什麼中國工人所生產的出口貨，不能敵外國工人所生產的進口貨呢？為什麼我們由於工業的關係，每年要損失五萬萬元呢？此中最大的原因，就是中國政治不良，我們的政府沒有能力。如果政府有了能力，便可以維持這五萬萬元的損失。我們能夠維持這五萬萬元的損失，便是每年多了五萬萬元的麵包。中國政府有能力，怎麼樣可以維持這五萬萬元的損失呢？如果政府有能力，便可以增加關稅，關稅加重，外國的洋貨自然難得進口，中國的土貨便可以暢銷，由此全國的工人，每年便可以多進五萬萬元。但是照漢口工人寄來報紙上的標題講，工人不問政治，既然不問政治，自然不要求政府增加關稅，抵制洋貨，提倡土貨，不抵制洋貨，提倡土貨，中國就不製造土貨，不製造土貨，工人便沒有工做，工人連工都沒有做，哪裡還有麵包呢？由此可見工人無好領袖，總是開口便錯，這樣的工人團體，斷不能發達，不久必歸消滅，因其太無知識了。殊不知道麵包問題就是經濟問題，政治和經濟兩個問題，總是有連帶關係，如果不問政治，怎麼樣能夠解決經濟的麵包問題來要求麵包呢？漢口工人的那種標題，便是由於錯講平等生出來的流弊。所以我們革命不能夠單說是爭平等，要主張爭民權，如果民權不能夠完全發達，就是爭到了平等，也不過是一時，不久便要消滅的。我們革命，主張民權，雖然不拿平等做標題，但是在民權之中便包括得有平等。如果平等有時是好，當然是採用，如果不好，一定要除去。像這樣做去，才可以發達民權，才是善用平等。

十、平等的精義在養成革命的人生態度

我從前發現過一個道理，說世界人類得之天賦的才能，約可分為三種：一是先知先覺的；二是後知後覺的；三是不知不覺的。先知先覺的是發明家，後知後覺的是宣傳家，不知不覺的是實行家。這三種人互相為用，協力進行，然後人類的文明進步，才能夠一日千里。

天之生人，雖然有此聰明才力的三種不平等，但是人心必欲使之平等，這是道德上的最高目的，人類應該要努力進行的。要達到這個最高的道德目的，到底要怎麼樣做法呢？我們可以把人類兩種思想來比對，便可以明白了。人類的思想，可說一種是利己的，一種是利人的。重於利己的人，每每出於害人，也有所不惜。由於這種思想發達，於是有聰明才力的人，就專用彼之才能去奪取人家之利益，漸漸積成專制階級，生成政治上的不平等了，這是民權革命以前的世界。重於利人的人，只要是於人家有益的事，每每至於犧牲自己，亦樂而為之，這種思想發達，於是有聰明才力的人，就專用彼之才能，以謀他人的幸福，漸漸積成博愛的宗教和諸慈善事業。不過宗教之力，有時而窮，慈善之事，有時不濟，就不得不為根本上的解決，來實行革命，推翻專制，主張民權，以平人事之不平了。從此以後，要調和這三種人，使之平等，則人人應該以服務為目的，不當以奪取為目的。聰明才力越大的人，當盡其能力以服千萬人之務，造千萬人之福，聰明才力略小的人，當盡其能力而服十百人之務，造十百人之福，所謂「巧者拙之奴」，就是這個道理。至於全無聰明才力的人，也應該盡一己之能力，以服一人之務，造一人之福。照這樣做去，雖天生人之聰明才力，有三種不平等，而人類由於服務的道德心發達，必可使之成為平等了，這就是平等的精義。

第四講　歐美民權的發展和趨勢

照前幾次所講，我們知道歐美人民爭民權，已經有了兩、三百年，他們爭過了兩、三百年，到底得了多少民權呢？今天的題目，就是歐美人民在近來兩、三百年之中，所爭得民權之多少，和他們的民權，現在進步到什麼地步。

一、歐美現在所爭得的民權

民權思想已經傳到中國來了，中國人知道民權的意思，是從書本和報紙中得來的。主張民權的書本和報紙，一定是很贊成民權那一方面的，大家平日研究民權，自然都是從贊成一方面的書本和報紙上觀察，照贊成一方面的書本和報紙上所說的話，一定是把民權的風潮說得是怎樣轟轟烈烈，把民權的思想說得是怎樣蓬蓬勃勃。我們看見了這些書報，當然受他們的鼓動，發生民權的思想，以為歐美人民爭民權爭過了兩、三百年，每次都是得到最後勝利。照這樣看起來，以後世界各國的民權，一定要發達到極點。我們中國處在這個世界潮流之中，也當然是應該提倡民權，發達民權，並且有許多人以為提倡中國民權能夠像歐美那一樣的發達，便算是我們爭民權已經達到目的了，以為民權，能夠發達到那個地步，國家便算是很文明，民族便算是很進步。但是從書報中觀察歐美的民權，和事實上有很多是不對的。考察歐美的民權事實，他們所謂先進的國家，像美國、法國，革命過了一百多年，人民到底得了多少民權呢？照主張民權的人看，他們所得的民權，還是很少。當時歐美提倡民權的人，想馬上達到民權的充分目的，所以犧牲一切生命財產，大家同心協力，一致拼命去爭，到了勝利的時候，他們所爭到的民權，和革命時候所希望的民權，兩相比較起來，還是差得很多，還不能達到民權的充分目的。

二、美國革命仍不能達到充分民權的原因

現在可以回顧美國對於英國的獨立戰爭，是一個什麼情形。那個戰爭，打過了八年仗，才得到最後勝利，才達到民權的目的。照美國獨立宣言來看，說平等和自由是天賦到人類的，無論什麼人都不能奪去人人的平等自由。當時美國革命，本想要爭到很充分的自由平等，但是爭了八年，所得到的民權還是很少。為什麼爭了八年之久，只得到很少的民權呢？當初反對美國民權的是英國皇帝，美國人民受英國皇帝的壓迫，才主張獨立，和英國戰爭，所以那個戰爭，是君權和民權的戰爭。戰爭的結果，本是民權勝利，照道理講，應該得到充分的民權。為什麼不能達到充分的目的呢？因為獨立戰爭勝利之後，雖然打破了君權，但是主張民權的人，便生出民權的實施問題，就是要把民權究竟應該行到什麼程度？由於研究這種問題，主張民權的同志之見解，就各有不同了。因為見解不同，便生出內部兩大派別的分裂了。

大家都知道美國革命，有一個極著名的首領叫做華盛頓，他是美國的開國元勳，當時幫助他去反抗英國君權的人，還有許多英雄豪傑，像華盛頓的財政部長叫做哈美爾頓，和國務部長叫做遮化臣，那兩位大人物，對於民權的實施問題，因為見解各有不同，彼此的黨羽又是非常之多，便分成為絕對不同的兩大派。遮氏一派，相信民權是天賦到人類的，如果人民有很充分的民權，由人民自由使用，人民必有分寸，使用民權的時候，一定可以做許多好事，令國家的事業充分進步；遮氏這種言論，是主張「人性是善的」一說；至於人民有了充分的民權，如果有時不能充分發達善性去做好事，反誤用民權去作惡，那是人民遇到了障礙，一時出於不得已的舉動。總而言之，人人既是有天賦的自由平等，人人便應該有政權，而且人人都是有聰明的，如果給他們以充分的政權，令人人都可以管國事，一定可以做出許多大事業，大家負起責任來，把國家治好，國家便可以長治久安，那就是遮化臣一派對於民權的信仰。

至於哈美爾頓一派所主張的，恰恰和遮氏的主張相反。哈氏以為人性不能完全都是善的，如果人人都有充分的民權，性惡的人便拿政權去作惡，那些惡人拿到了國家大權便把國家的利益自私自利，分到自己同黨，無論國家的什麼道德法律正義秩序，都不去理會，弄到結果，不是一國三公，變成暴民政治，就是把平等自由走到極端，成為無政府。像這樣實行民權，不但是不能令國家進步，反要搗亂國家，令國家退步。所以哈氏主張國家政權，不能完全給予人民，要給予政府，國家的大權都集合於中央，普通人只能夠得到有限制的民權。如果給予普通人以無限制的民權，人人都拿去作惡，那種作惡的影響，對於國家，比較皇帝的作惡，還要厲害得多。因為皇帝作惡，還有許多人民去監視防止，一般人若得到了無限的民權，大家都去作惡，便再沒有人可以監視防止。故哈美爾頓說從前的君權要限制，現在的民權也應該要限制，由此創立一派，叫做聯邦派，主張中央集權，不主張地方分權。

美國在獨立戰爭以前，本有十三邦，都歸英國統轄，自己不能統一。後來因為都受英國專制太過，不能忍受，去反抗英國，是大家有同一的目標，所以當時對英國作戰，便聯同一氣。到戰勝了英國以後，各邦還是很分裂，還是不能統一。在革命的時候，十三邦的人口不過三百萬，在那三百萬人中，反抗英國的，只有二百萬人，還有一百萬仍是贊成英國皇帝的。就是當時各邦的人民，還有三分之一是英國的保皇黨，只有三分之二才是革命黨。因為有那三分之一的保皇黨在內部搗亂，所以美國獨立戰爭，費過了八年長的時間，才能夠完全戰勝。到了戰勝以後，那些著名的保皇黨無處藏身，便逃到北方，搬過聖羅倫士河以北，成立了加拿大殖民地，至今仍為英國屬地，忠於英國。

美國獨立之後，國內便沒有敵人，但是那三百萬人，分成十三邦，每邦不過二十多萬人，各不相下，大家不能統一，美國的國力還是很弱，將來還是很容易被歐洲吞滅，前途的生存是很危險的。於是各邦的先知先覺，想免去此種危險，要國家永遠圖生存，便不得不加大國力。要加大國力，所以主張各邦都聯合起來，建設一個大國家。當時所提倡的聯合辦法，有主張專行民權的，有主張專行國權的，頭一派的主張，就是地方分權。後一派的主張，就是中央集權，限制民權，把各邦的大權力都聯合起來，集中於中央政府，又可以說是聯邦派。這兩派彼此用口頭文字爭論，爭了很久，並且是很激烈，最後是主張限制民權的聯邦派占勝利，於是各邦聯合起來，成立一個合眾國，公布聯邦的憲法。美國自開國一直到現在，都是用這種憲法。這種憲法就是三權分立的憲法，把立法權司法權和行政權劃分得清清楚楚，彼此不相侵犯，這是世界上自有人類史以來，第一次所行的完全憲法。美國就是實行三權分立的成文憲法的第一個國家，世界上有成文憲法的國家，美國就是破天荒的頭一個，這個憲法，我們叫做美國聯邦憲法。美國自結合聯邦成立憲法以後，便成世界上頂富的國家，經過歐戰以後，更成世界上頂強的國家。

因為美國達到了今日這樣富強，是由於成立聯邦憲法，地方人民的事，讓各邦分開自治。十多年來，我國一般文人志士，想解決中國現在的問題，不根本上拿中美兩國的國情來比較，只就美國富強的結果而論，以為中國所希望的，不過是在國家富強，美國之所以富強，是由於聯邦，中國要像美國一樣的富強，便應該要聯省。美國聯邦制度的根本好處，是由於各邦自定憲法，分邦自治。我們要學美國的聯邦制度，變為聯省，根本上便應該各省自定憲法，分省自治。等到省憲實行了以後，然後再行聯合成立國憲。質而言之，就是將本來統一的中國，變成二十幾個獨立的單位，像一百年以前的美國十幾個獨立邦一樣，然後再來聯合起來，才是中國的好辦法。這種見解和思想，真是謬誤到極點了，可謂人云亦云，習而不察。像這樣只看見美國行聯邦制度，便成世界頂富強的國家，我們現在要中國富強，也要去學美國的聯邦制度，就是像前次所講的歐美人民爭民權，不說要爭民權，只說要爭自由平等，我們中國人此時來革命也要學歐美人的口號，說去爭自由平等，都是一樣的盲從，都是一樣的莫名其妙。主張聯省自治的人，表面上以為美國的地方基礎，有許多小邦，各邦聯合，便能自治，便能富強。中國的地方基礎，也有許多行省，也應該可以自治，可以富強。殊不知道美國在獨立時候的情形，究竟是怎麼樣，美國當獨立之後，為什麼要聯邦呢？是因為那十三邦向來完全分裂，不相統屬，所以不能不聯合起來。

至於我們中國的情形，又是怎麼樣呢？中國本部，形式上向來分作十八省。另外加入東三省及新疆一共是二十二省，此外還有熱河、綏遠、青海、許多特別區域及蒙古、西藏、各屬地。這些地方，在清朝二百六十多年之中，都是統屬於清朝政府之下的。推到明朝的時候，各省也是很統一的。再推到元朝時候，不但是統一中國的版圖，且幾幾乎統一歐亞兩洲。推到宋朝的時候，各省原來是很統一的，到了南渡以後，南方幾省也是統一的。更向上推到唐朝漢朝，中國的各省也沒有不是統一的。由此便知中國的各省，在歷史上向來都是統一的，不是分裂的，不是不能統屬的，而且統一之時就是治的，不統一之時就是亂的。美國之所以富強，不是由於各邦之獨立自治，還是由於各邦聯合後之進化所成的一個統一國家，所以美國之富強，是各邦統一的結果，不是各邦分裂的結果。中國原來既是統一的，便不應該把各省再來分開。

中國眼前一時不能統一，是暫時的亂象，是由於武人的割據。這種割據，我們要剷除他，萬不能再有聯省的謬誤主張，為武人割據作護符。若是這些武人有口實來各據一方，中國是不能富強的。如果以美國聯邦制度就是富強的原因，那便是倒果為因。外國人現在對於中國為什麼要求共管呢？是從什麼地方看出中國的缺點呢？就是由於看見中國有知識階級的人，所發表的言論，所貢獻的主張，都是這樣的和世界潮流相反，所以他們便看中國不起，說中國的事中國人自己不能管，列強應該來代我們共管。

我們現在東亞，處於此時的潮流，要把「聯邦」二個字用得是恰當，便應該說中國和日本要聯合起來，或者中國和安南、緬甸、印度、波斯、阿富汗，都聯合起來。因為這些國家，向來都不是統一的，此刻要亞洲富強可以抵抗歐洲，要聯成一個大邦，那才可以說得通。至於中國十八省和東三省以及各特別區，在清朝時候，已經是統一的，已經是聯屬的。我們推翻滿清，承繼清朝的領土，才有今日的共和國，為什麼要把向來統一的國家，再來分裂呢？提倡分裂中國的人，一定是野心家，想把各省的地方，自己去割據，像唐繼堯割據雲南，趙恆惕割據湖南，陸榮廷割據廣西，陳炯明割據廣東，這種割據式的聯省，是軍閥的聯省，不是人民的聯省。這種聯省，不是有利於中國的，是有利於個人的，我們應該要分別清楚。

美國獨立時候的十三邦，毫不統一，要聯成一個統一國家，實在是非常的困難，所以哈氏和遮氏兩派的爭論，便非常之激烈，後來制成聯邦憲法，付之各邦自由投票，最後是哈氏一派占勝利，遮氏一派的主張漸漸失敗。因為聯邦憲法成立之前，全國人有兩大派的主張，所以頒布的憲法，弄成兩派中的一個調和的東西，把全國大政權，如果是屬於中央政府的，便在憲法之內明白規定，若是在憲法所規定以外的，便屬於地方政府。比方幣制，應該由中央政府辦理，地方政府便不能過問。像外交，是規定由中央政府辦理，各邦不能私自和外國訂約。其餘像關於國防上海陸軍的訓練，與地方上民團的調遣等那些大權，都是歸中央政府辦理。至於極複雜的事業，在憲法上未有劃歸中央政府的，便歸各邦政府，分別辦理。這種劃分，便是中央和地方的調和辦法。美國由於這種調和辦法，人民究竟得到了多少民權呢？當時所得的民權，只得到一種有限制的選舉權。在那個時候的選舉權，只是限於選舉議員和一部分地方的官吏，至於選舉總統和上議院的議員，還是用間接選舉的制度，由人民選出選舉人，再由選舉人才去選舉總統和那些議員。後來民權逐漸發達，進步了到今日，總統和上議院的議員，以及地方上與人民有直接利害關係的各官吏，才由人民直接去選舉，這就叫做普遍選舉。

所以美國的選舉權是由有限制的選舉，漸漸變成普遍選舉。但是這種普遍選舉，只限於男人才能夠享受，至於女子在一、二十年前，還是沒有這種普遍選舉權。歐美近二十年以來，女子爭選舉權的風潮，非常激烈，大家都知道當時歐美的女子爭選舉權，許多人以為不能成功，所持的理由，就是女子的聰明才力不及男子，男子所能做的事，女子不能夠做，所以很多人反對，不但是男子很反對，許多女子自己也是很反對，就是全國的女人，都爭得很激烈，還料不到可以成功，到了七、八年以前，英國女子才爭成功，後來美國也爭成功。這個成功的緣故，是由於當歐戰的時候，男子通同去當兵，效力戰場，在國內許多事業，沒有男人去做，像兵工廠內的職員散工，街上電車內的司機賣票，和後方一切勤務事宜，男子不敷分配，都是靠女子去補充，所以從前反對女子選舉權的人，說女子不能做男子的事業，到了那個時候，便無法證明，便不敢反對，主張女子有選舉權的人，才完全占勝利。所以在歐戰之後，女子的選舉權，才是確定了。由此便知歐美革命的目標，本是想達到民權，像美國獨立戰爭，就是爭民權，戰爭成功之後，主張民權的同志又分出兩派，一派是主張應該實行充分的民權，一派是主張民權應該要限制，要國家應該有極大的政權，後來發生許多事實，證明普通人民的確是沒有知識，沒有能力去行使充分的民權。譬如遮化臣爭民權，他的門徒也爭民權，弄到結果，所要爭的民權，還是失敗，便可以證明普通民眾不知道運用政權。由於這個緣故，歐美革命，有了兩、三百多年，向來的標題，都是爭民權，所爭得的結果，只得到男女選舉權。

三、法國革命仍不能達到充分民權的原因

講到歐洲的法國革命，當時也是主張爭民權，所以主張民權的學者，像盧梭那些人，便說人人有天賦自由平等的權利，君主不能侵奪。由於盧梭的學說，便發生法國革命。法國革命以後，就實行民權。於是一般貴族皇室，都受大害，在法國不能立足，便逃亡到外國。因為法國人民，當時拿充分的民權去做頭一次的試驗，全國人民都不敢說民眾沒有知識，沒有能力，如果有人敢說那些話，大家便說他是反革命，馬上就要上斷頭臺。所以那個時候，便成暴民專制，弄得無政府，社會上極為恐慌，人人朝不保夕，就是真革命黨，也有時因為一言不慎，和大眾的意見不對，便要受死刑。故當法國試驗充分民權的時期，不但是王公貴族，被人殺了的是很多，就是平時很熱心的革命志士，像丹頓那一流人物一樣，因為一言不合，被人民殺了的也是

很不少。後來法國人民看到這樣行為，是過於暴虐，於是從前贊成民權的人，反變成心灰意冷，來反對民權，擁護拿破崙做皇帝，因此生出民權極大的障礙，這種障礙，不是由君權發生的。在一百多年以前，民權的風潮，便已經是很大，像前幾次所講的情形，現在世界潮流已達到了民權的時代，照道理推測，以後應該一天發達一天，為什麼到民權把君權消滅了以後，反生出極大的障礙呢？是什麼原因造成的呢？一種原因，是由於贊成民權所謂穩健派的人，主張民權要有一定的限制，這派是主張國家集權，不主張充分民權，這派對於民權的阻力，還不甚大，阻礙民權的進步，也不很多。最為民權障礙的人，還是主張充分民權的人。像法國革命時候，人民拿到了充分的民權，便不要領袖，把許多有知識有本事的領袖，都殺死了，只剩得一般暴徒，那般暴徒，對於事物的觀察既不明瞭，又很容易被人利用，全國人民既是沒有好耳目，所以發生一件事，人民都不知道誰是誰非，只要有人鼓動，便一致去盲從附和，像這樣的現象，是很危險的。所以後來人民都覺悟起來，便不敢再主張民權。由於這種反動力，便生出了民權的極大障礙，這種障礙，是由於主張民權的人自招出來的。

四、英國應付民權風潮的方法——隨機退讓

歐洲自法國以外，像丹麥、荷蘭、葡萄牙、西班牙那些小國，於不知不覺之中，也發生民權的風潮。民權的風潮，在歐美雖然遭遇了障礙，得到君權的反抗，還是不能消滅，遇到了民權自身的障礙，也是自然發達，不能阻止，那是什麼原故呢？因為大勢所趨，潮流所至，是沒有方法可以阻止的。由於這個道理，故許多專制國家，都是順應潮流去看風行事。譬如英國，從前革命，殺了皇帝，不到十年，再復辟起來。但是英國的貴族，知機善變，知道民權的力量太大，不能反抗，那些皇室貴族，便不和民權去反抗，要和他去調和。講到民權的起源，本是發生於英國的。英國自復辟之後，推翻了民權，便成貴族執政，只有貴族才可以理國

事，別界人都不能講話。到了一千八百三十二年以後，在貴族之外，才准普通平民有選舉權。到了歐戰以後，才許女子也有選舉權。至於英國對待屬地，更是善用退讓的手段，順應民權的潮流。像愛爾蘭是英國三島中的土地，英國始初本是用武力壓迫，後來見到民權的風潮擴大，便不去壓迫，反主退讓，准愛爾蘭獨立。英國不獨對於三島的內部是如此，就是對於外部，像對付埃及，也是退讓。埃及當歐戰時候，為英國是很出力的，英國當時要埃及人去助戰，也允許過了埃及許多權利，准他們以後獨立。到歐戰之後，英國食言，把所許的權利，都不履行，埃及便要求獨立，履行前約，擴大風潮，英國也是退讓，許埃及獨立。又像印度現在要求英國擴充選舉，英國也是一概允許。至於現在英國國內，容納工黨，組織內閣，工人執政，便更足以證明英國貴族的退讓，民權的進步。英國貴族知道世界民權的大勢，能夠順應潮流，不逆反潮流，所以他們的政體，至今還可以維持，國家的現狀，還是沒有大危險。

五、德國應付民權風潮的方法——事先防止

世界上經過了美國法國革命之後，民權思想便一日發達一日，但是根本講起來，最新的民權思想，還是發源於德國。德國的人心，向來富於民權思想，所以國內的工黨，便非常之多，現在世界上工黨團體中之最大的，還是在德國。德國的民權思想，發達本早，但到歐戰以前，所得民權的結果，還不及法國英國，這個理由，是因為德國對付民權所用的手段，和英國不同，所以得來的結果，也是不同。從前德國對付民權是用什麼手段呢？德國是誰阻止民權的發達呢？許多學者研究，都說是由於俾士麥。俾士麥是德國很有名望很有本領的大政治家，在三、四十年前，世界上的大事業，都是由於俾士麥造成的，世界上的大政治家，都不能逃出俾士麥的範圍，所以在三、四十年前，德國是世界上頂強的國家，德國當時之所以強，全由俾士麥一手造成。在俾士麥沒有執政之先，德國是一個什麼景象呢？德國在那個時候，有二十幾個小邦，那二十幾個小

邦的民族，雖然是相同，但是各自為政，比較美國的十三邦還要分裂，加以被拿破崙征服之後，人民更是窮苦不堪。後來俾士麥出來，運用他的聰明才力和政治手腕，聯合附近民族相同的二十幾邦，造成一個大聯邦，才有後來的大富強。

在十年以前，德國是世界上頂強的國家，美國是世界上頂富的國家，他們那兩國都是聯邦，許多人以為我們中國要富強，也應該學德國美國的聯邦。殊不知德國在三、四十年前，根本上只有一個普魯士，因為俾士麥執政以後，拿普魯士做基礎，整軍經武，刷新內政，聯合其餘的二十多邦，才有後來的大德意志。當俾士麥聯合各邦的時候，法國奧國都極力反對，奧國所以反對德國聯邦的緣故，是因為奧國和德國，雖然是同一條頓民族，但是奧皇也想爭雄歐洲，故不願德國聯邦，再比奧國還要強盛。無如俾士麥才智過人，發奮圖強，於一千八百六十六年，用很迅速手段，和奧國打仗，一戰便打敗奧國。德國戰勝了以後，本來可以消滅奧國，惟俾士麥以為奧國雖然反對德國，但是奧國民族還是和德國相同，將來不至為德國的大患。俾士麥的眼光很遠大，看到將來足為德國大患的是英國法國，所以俾士麥戰勝了奧國以後，便馬上拿寬大的條件，和奧國講和，奧國在新敗之餘，復得德國的寬大議和，便很感激他。從此只有四年，到了一千八百七十年，德國便去打法國，打敗拿破崙第三，占領巴黎，到講和的時候，法國便把阿爾賽士和羅倫兩處地方割歸德國。從這兩次大戰以後，德國的二十幾個小邦，便聯合得很鞏固，成立一個統一國家。德國自聯邦成立了以後，到歐戰以前，是世界上最強的國家，執歐洲的牛耳，歐洲各國的事，都惟德國馬首是瞻，德國之所以能夠達到那個地位，全由俾士麥一手締造而成。因為俾士麥執政，不到二十年，把很弱的德國，變成很強的國家，有了那種大功業，故德國的民權，雖然是很發達，但是沒有力量去反抗政府。

在俾士麥執政的時代，他的能力，不但是在政治軍事和外交種種方面戰勝全世界，就是對於民權風潮，也有很大的手段，戰勝一般民眾。譬如到了十九世紀的後半期，在德法戰爭以後，世界上不但是有民權的戰爭，並且發生經濟的戰爭。在那個時候，民權的狂熱漸漸減少了，另外發生一種什麼東西呢？就是社會主義。這種主義，就是我所主張的民生主義。人民得到了這個主義，便不熱心去爭民權，要去爭經濟權。這種戰爭，是工人和富人的階級戰爭。工人的團體，在德國發達最早，所以社會主義在德國也是發達最先，世界上社會主義最大的思想家，都是德國人。像大家都知道有一位大社會主義家，叫做馬克思，他就是德國人。就是實行馬克思主義像俄國的一些老革命黨，都是馬克思的信徒。德國的社會主義，在那個時候，便是非常之發達。

社會主義本來是和民權主義相連帶的，這個主義發生了以後，本來應該要同時發達的。歐洲有了民權思想，便發生民權的革命。為什麼有了那麼發達的社會主義，在那個時候，不發生經濟的革命呢？因為德國發生社會主義的時候，正是俾士麥當權的時候，在別人一定是用政治力量去壓迫社會主義，但是俾士麥不用這種手段，他以為德國的民智很開通，工人的團體很鞏固，如果用政治力量去壓迫，便是徒勞無功。當時俾士麥本是主張中央集權的獨裁政治，他是用什麼方法去對付社會黨呢？社會黨提倡改良社會，實行經濟革命，俾士麥知道不是專用政治力量可以打消的，他實行一種國家社會主義，來防範馬克思那般人所主張的社會主義。比方鐵路是交通上很重要的東西，國內的一種基本實業，如果沒有這種實業，什麼實業都不能夠發達。像中國在津浦鐵路沒有築成以前，直隸、山東和江北一帶地方，都是很窮苦的，後來那條鐵路築成功了，沿鐵路一帶，便變成很富饒的地方。又像京漢鐵路沒有築成以前，直隸、湖北、河南那幾省也是很荒涼的，後來因為得了京漢鐵路交通的便利，沿鐵路的那幾省，便變成很富庶了。當俾士麥秉政的時候，英國、法國的鐵路，多半是人民私有的，因為基本實業歸富人所有，所以全國實業都被富人壟斷，社會上便生出貧富不均的大毛病。俾士麥在德國便不許有這種毛病，便實行國家社會主義，把全國鐵路都收歸國有，把那些基本實業，由國家經營。對於工人方面，又定了工作的時間，工人的養老費和保險金都一一規定。這些事業，本來都是社會黨的主張，要拿出去實行的。但是俾士麥的眼光很遠大，先用國家的力量去做了，更用國家經營鐵路、銀行和各種大實業，拿所得的利益去保護工人，令全國工人都是心滿意足。德國從前每年都有幾十萬工人到外國去做工，到了俾士麥經濟政策成功的時候，不但沒有工人出外國去做工，並且有許多外國工人進德國去做工。俾士麥用這樣方法，對待社會主義，是用事先防止的方法，不是用當衝打消的方法；用這種防止的方法，就是在無形中消滅人民要爭的問題，到了人民無問題可爭，社會自然不發生革命，所以這是俾士麥反對民權的很大手段。

六、民權發展過程中的障礙及其內容的充實

現在就世界上民權發達一切經過的歷史講：第一次是美國革命，主張民權的人分成哈美爾頓和遮化臣兩派，遮化臣主張極端的民權，哈美爾頓主張政府集權，後來主張政府集權派占勝利，是民權的第一次障礙。第二次是法國革命，人民得到了充分的民權，拿去濫用，變成了暴民的政治，是民權第二次障礙。第三次是俾士麥用最巧妙的手段，去防止民權，成了民權的第三次障礙。這就是民權思想在歐美發達以來所經過的一切情形。但是民權思想，雖然經過了三個障礙，還是不期然而然，自然去發達，非人力所能阻止，也非人力所能助長，民權到了今日，便成世界上的大問題。世界上的學者無論是守舊派或者是革新派，誰都知道民權思想是不能消滅的，不過在發達的時候，民權的流弊還是免不了的，像從前講平等自由也生出流弊一樣。

總而言之，歐美從前爭平等自由，所得的結果是民權，民權發達了之後，便生出許多流弊。在民權沒有發達之先，歐美各國都想壓止他，要用君權去打消民權。君權推倒了之後，主張民權的人便生出民權的障礙，後來實行民權，又生出許多流弊，更為民權的障礙。最後俾士麥見到人民要主張民權，知道不能壓止，便用國家的力量去替代人民，實行國家社會主義，這也是民權的障礙。歐戰以後，俄國、德國的專制政府都被推倒了，女子選舉權也有好幾國爭到手了，所以民權到了今日，更是一個大問題，更不容易解決。

推到實行民權的原始，自美國革命之後，人民所得的頭一個民權，是選舉權。當時歐美人民以為民權就算是選舉權了，如果人民不論貴賤，不論貧富，不論賢愚，都得到了選舉權，那就算民權是充分的達到了目的。至於歐戰後三、四年以來，又究竟是怎麼樣呢？當中雖然經過了不少的障礙，但是民權仍然是很發達，不能阻止。近來瑞士的人民，除了選舉權以外，還有創制權和複決權。人民對於官吏有權可以選舉，對於法律也應該有權可以創立修改，創制權和複決權便是對於法律而言的。大多數人民對於一種法律，以為很方便的，便可以創立，這便是創制權；以為很不方便的，便可以修改，修改便是複決權。故瑞士人民比較別國人民多得了兩種民權，一共有三種民權，不只是一種民權。近來美國西北幾邦新開闢地方的人民，比較瑞士人民更多得一種民權，那種民權是罷官權。在美國各邦之中，這種民權，雖然不能普遍，但有許多邦已經實行過了，所以美國許多人民，現在得到了四種民權：一種是選舉權；二種是罷官權；三種是創制權；四種是複決權。這四種民權在美國西北幾州，已經行得很有成績，將來或者可以推廣到全美國，或者全世界。將來世界各國要有充分的民權，一定要學美國的那四種民權。由此四種民權，實行下去，將來能不能夠完全解決民權的問題呢？現在世界學者，看見人民有了這四種民權的思想，還不能把民權的問題完全來解決，都以為是時間的問題，以為這種直接民權的思想，發生尚不久，從前的神權經過了幾萬年，君權經過了幾千年，現在此刻各國的君權，像英國、日本、意大利的君權，還有多少問題，不過這種君權，將來一定是要消滅的。這些直接民權，新近發生，不過是幾十年，所以在今日還是一個不能解決的大問題。

七、民權革命的目的絕不以「代議政體」為止

照現在世界上民權頂發達的國家講，人民在政治上是占什麼地位呢？得到了多少民權呢？就最近一百多年來所得的結果，不過是一種選舉權和被選舉權，人民被選成議員之後，在議會中可以管國事，凡是國家的

大事，都要由議會通過，才能執行，如果在議會沒有通過，便不能執行，這種政體叫做「代議政體」，所謂「議會政治」。但是成立了這種「代議政體」以後，民權是否算得充分發達呢？在「代議政體」沒有成立之先，歐美人民爭民權，以為得到了「代議政體」，便算是無上的民權。好像中國革命黨，希望中國革命以後，能夠學到像日本，或者學到像歐美，便以為大功告成一樣。如果真是學到了像日本、歐美一樣，可不可以算是止境，還要聽下文分解。

歐美人民從前以為爭到了「代議政體」，便算心滿意足。我們中國革命以後，是不是達到了「代議政體」呢？所得到的民權利益究竟是怎麼樣呢？大家都知道現在中國的代議士，都變成了「豬仔議員」，有錢就賣身，分贓貪利，為全國人民所不齒。各國實行這種「代議政體」，都免不了流弊，不過傳到中國，其流弊更是不堪聞問罷了。大家對於這種政體，如果不去聞問，不想挽救，把國事都付託到一般「豬仔議員」，讓他們去亂作亂為，國家前途是很危險的，所以外國人所希望的「代議政體」，以為那就是人類和國家的長治久安之計，那是不足信的。民權初生，本經過了許多困難，後來實行，又經過了許多挫折，還是一天一天的發達，但是得到的結果，不過是「代議政體」，各國到了「代議政體」，就算是止境。近來俄國新發生一種政體，這種政體，不是「代議政體」，是「人民獨裁」的政體。這種「人民獨裁」的政體，究竟是怎麼樣呢？我們所得到的材料是很少，不能判斷其究竟，推想這種「人民獨裁」的政體，當然比較「代議政體」是不同得多了。

但是我們革命黨提倡三民主義來改進中國，所主張的民權，是和歐美的民權不同，我們拿歐美已往的歷史來做材料，不是要學歐美，步他們的後塵，是要用我們的民權主義，把中國改造成一個「全民政治」的真民國，要駕乎歐美之上。我們要達到這種大目的，便先要把民權主義研究到清清楚楚。今天所講的大意，是要諸君明白歐美民權的先進國家，把民權實行過了一百多年，至今只得到一種「代議政體」。我們拿這種制度到中國來實行，發生了許多流弊。所以民權的這個問題，在今日還是很難解決，我以後對於民權主義，還要再講兩次，便把這個問題，在中國求一個根本解決的辦法，我們不能解決，中國便要步歐美的後塵，如果能夠解決，中國便可以駕乎歐美之上。

第五講 「權」和「能」分立的政治

一、由極端反對外國文化到極端崇拜外國文化

中國人民的民權思想都是由歐美傳進來的。所以我們近來實行革命，改良政治，都是仿效歐美。我們為什麼要仿效歐美呢？因為看見了歐美近一百年來的文化，雄飛突進，一日千里，種種文明都是比中國進步得多。比方就武器一項說，歐美近年的武器，便是一天改良一天，要比中國進步得多。中國的武器，幾千年以來，都是弓箭刀戟，在二三十年以前，還是用那幾種東西。像庚子年發生義和團，他們的始意，是要排除歐美勢力的，因為他們要排除歐美的勢力，所以和八國聯軍打仗。當時所用的武器，便是大刀，要用大刀去抵抗聯軍的機關鎗和大砲，那種舉動，就是當時中國人對於歐美的新文化之反動，對於他們的物質進步之抵抗。不相信歐美的文化是比中國進步，並且想表示中國的文化，還要好過歐美。甚至於像歐美的洋槍大砲，那些精利武器，也不相信比較中國的大刀還要厲害。所以發生義和團來反抗歐美。

義和團的勇氣，始初是銳不可當的，在天津楊村一戰，是由於英國提督西摩，帶了三千聯軍，想從天津到北京，去救那些公使館，經過楊村，就被義和團圍住了。當時戰鬥的情形，義和團沒有洋槍大砲，只有大刀，所圍住的聯軍，有很精利的槍砲，在義和團一方面，可說是用肉體相搏。西摩因為被他們包圍了，便用機關鎗去掃射義和團，義和團雖然是被機關鎗打死了很多的人，血肉橫飛，但是還不畏懼，還不退卻，總是前仆後繼，死死的把聯軍圍住。弄到西摩帶那三千聯軍，終不敢通過楊村，直進北京，還要退回天津去等候，

另外請了大兵來幫助，才能夠到達北京，解除各國公使館的包圍。就那次戰爭的情形而論，西摩有幾句批評說：「照當時義和團之勇氣，如果他們所用的武器是西式的槍砲，那些聯軍，一定是全軍覆沒的。」但是他們始終不相信外國的新式武器，總是用大刀、肉體和聯軍相搏，雖然被聯軍打死了幾萬人，傷亡枕藉，還是前仆後繼，其勇銳之氣，殊不可當，真是令人驚奇佩服。所以經過那次血戰之後，外國人才知道中國還有民族思想，這種民族是不可消滅的。

不過庚子年的義和團，是中國人的最後自信思想和最後自信能力，去同歐美的文化相抵抗。由於那次義和團失敗了以後，中國人便知道從前的弓箭刀戟，不能夠和外國的洋槍大砲相抵抗，便明白歐美的新文明，的確是比中國的舊文明好得多。用外國的新東西和中國的舊東西比較，就武器一項的效力，自然是很明顯的。至於除了武器之外，像交通上的鐵路、電報也要比中國的挑夫、驛站好得多。我們要轉運東西，火車當然是快過挑夫，便利過挑夫。要通消息，電報當然是迅速過驛站，靈通過驛站。再推到其餘種種關於人類日常生活的機器，和農工商所用的種種方法，也沒有不是比中國進步得多的。

所以從那次義和團失敗以後，中國一般有思想的人，便知道要中國強盛，要中國能夠昭雪北京城下之盟的那種大恥辱，事事便非仿效外國不可，不但是物質科學要學外國，就是一切政治社會上的事都要學外國。所以經過義和團之後，中國人的自信力便完全失去了，崇拜外國的心理，便一天高過一天。由於要崇拜外國、仿效外國，便得到了很多的外國思想，就是外國人只才想到還沒有做到的新思想，我們也想拿來實行。十三年前革命，仿效外國革命政治，成立民主政體，目的是在取法乎上，所以把外國很高的政治哲理，和最新的政治思想，都拿來實行，這是中國政治思想上一個最大的變動。在義和團以前，中國和外國已經通了商，早知道外國的好處，也是很多，但是全國人的心理，還不相信外國是真有文明。所以當義和團的時候，便把仿效外國的鐵路和電報都毀壞了，就是外國的槍砲也不信仰，在打仗的時候，還是要用中國的弓刀。以後因為失敗，又反過來信仰外國，在中國所用的無論什麼東西，都是要仿效外國。由此可見中國從前是守舊，在守舊的時候，總是反對外國，極端信仰中國要比外國好。後來失敗，便不守舊，要去維新，反過來極端的崇拜外國，信仰外國是比中國好。因為信仰外國，所以把中國的舊東西都不要，事事都是仿效外國，只要聽到說外國有的東西，我們便要去學，便要拿來實行。對於民權思想，也有這種流弊，革命以後舉國若狂，總是要拿外國人所講的民權，到中國來實行。至於民權究竟是什麼東西，也不去根本研究。前幾次所講的情形，是把外國爭民權的歷史和勝利之後，所得的什麼結果，詳細的說明。由於那幾次的研究，便知道民權政治，在外國也不能夠充分實行，推行民權，在中途也遇到了許多障礙。現在中國主張實行民權，要仿效外國，便要仿效外國的辦法，但是民權問題在外國政治上，至今沒有根本辦法，至今還是一個大問題。就是外國人拿最新發明的學問，來研究民權，解決民權問題，在學理一方面，根本上也沒有好發明，也沒有得到一個好解決的方法。所以外國的民權辦法，不能做我們的標準，不足為我們的導師。

二、外國政治的進步遠不及科學的迅速——民權問題仍無根本辦法

自義和團以後，一般中國人的思想，時時刻刻，件件東西，總是要學外國。外國的東西，到底可不可以學呢？比方用武器講，到底是外國的機關鎗厲害呢，還是中國的弓刀厲害呢？這兩種東西沒有比較，一定是外國的機關鎗要厲害得多。不但是外國的武器要比中國的厲害，就是其他各種東西，外國都是比中國進步得多。就物質一方面的科學講，外國駕乎中國，那是不可諱言的。但是外國在政治一方面，究竟是怎麼樣呢？外國的政治哲學，和物質科學，兩種學問的進步，又是哪一種最快呢？我可說政治的進步遠不及科學。

譬如兵學就是一種軍事科學，專就兵學講，外國的戰術隨時發明，隨時改良，所謂日新月異，所以拿一百多年以前的外國兵書，今日有沒有人還拿去用呢？那是沒有的。不但是一百年以前的兵書，沒有人拿去用，

就是十年以前的兵書，到了今日也是無用。外國的武器和戰術，每過十年便成一個大變動，換句話講，就是外國的武器和戰術，每過十年，便有一次革命。外國最大的武器，和價值最貴的武器，就是水上所用的戰鬥艦。現在外國的戰鬥艦，每艘要值五千萬元以至於一萬萬元，能夠值這些錢的船，才叫做一隻兵船。外國物質的進步，以武器為最快，武器的進步，又以戰鬥艦為最快，戰鬥艦的變動，最多不過十年，在歐戰以前的戰鬥艦，至今已成廢物了。不但是海軍的戰鬥艦有這樣大的變動，就是陸軍的槍砲也是日日進步，每十年一次變動，每十年一次革命，每十年一次翻新。現在我們所用的槍，在外國已經成了無用的廢物，歐戰時各國所用的大砲，到了今日也算是舊式。不但是武器，在歐美是日日進步，件件翻新，就是其他機器物品，也是天天改良，時時發明，所以外國在物質文明上的進步，真是日新月異，一天比一天的不同。

至於在政治上，外國比較中國，又是進步了多少呢？歐美兩、三百年來，經過許多次數的革命，政治上的進步雖然是比中國快得多，但是外國的政治書本，像二千多年以前，在希臘有一位大政治哲學家，叫做柏拉圖，他所著的《共和政體》那本書，至今還有學者去研究，對於現在的政體，還以為有多少價值可以供參考，不像兵船操典，過了十年，便成無價值的廢物。由此便知外國的物質科學，每十年一變動，十年之前，和十年之後，大不相同，那種科學的進步是很快的。對於政治理論，在二千年以前，柏拉圖所寫的《共和政體》，至今還有價值去研究，還是很有用處，所以外國政治哲學的進步，不及物質科學的進步這樣快。他們現在的政治思想，和二千多年以前的思想，根本還沒有大變動。如果我們仿效外國的政治，以為也是像仿效物質科學一樣，那便是大錯。外國的物質文明，一天和一天不同，我們要學他，便很不容易趕上。至於外國政治的進步，比較物質文明的進步，是差得很遠的，速度是很慢的。像美國革命，實行民權有了一百五十多年，現在能夠實行的民權，和一百多年以前，所實行的民權，便沒有大分別。現在法國所行的民權，還不及從前革命時候所行的民權，法國在從前革命的時候，所行的民權，是很充分的，當時一般人民以為不對，大家要去反抗，所以至今有了一百多年，法國的民權還是沒有大進步。我們要學外國，便要把這些情形分別清楚。至於外國民權所以沒有大進步的原因，是由於外國對於民權的根本辦法，沒有解決。

由我前幾次所講的情形，便知道歐美的民權政治，至今還是沒有辦法，民權的真理，還是沒有發明。不過近兩、三百年以來，民權思想逐漸膨脹，在人事上想不通的問題，大家便聽其自然，順著潮流去做罷了。所以近來民權的發達，不是學者從學理上發明出來的，是一般人民順其自然做出來的。因為總是順其自然去做，預先沒有根本辦法，前後沒有想通，所以歐美實行民權，在中途便遭了許多挫折，遇了許多障礙。中國革命以後，要仿效歐美，實行民權，歐美的民權，現在發達到了代議政體，中國要跟上外國，實行民權，所以也有代議政體。但是歐美代議政體的好處，中國一點都沒有學到，所學的壞處，卻是百十倍了，弄到國會議員，變成豬仔議員，汙穢腐敗，是世界各國自古以來所沒有的，這真是代議政體的一種怪現象。所以中國學外國的民權政治，不但是學不好，反且學壞了。

三、民權政治制度不能濫學歐美

照前幾回所講，大家便知道歐美的民權政治，根本上還沒有辦法，所以我們提倡民權，便不可完全仿效歐美。我們不完全仿效歐美，究竟怎麼樣去做呢？現在中國還有守舊派，那些守舊派的反動力是很大的，他們的主張是要推翻民國，恢復專制，去圖復辟，以為要這樣的辦法，才可以救中國。我們明白世界潮流的人，自然知道這個辦法是很不對的，所以要反對這個辦法，順應世界潮流，去實行民權，走政治的正軌。我們要走政治的正軌，便先要知道政治的意義。什麼是叫做政治呢？照民權主義第一講的定義說，政是眾人的事，治是管理眾人的事。中國幾千年以來，社會上的民情風土習慣，和歐美的大不相同，中國的社會既然是和歐美的不同，所以管理社會的政治，自然也是和歐美不同，不能完全仿效歐美，照樣去做，像仿效歐美的機器一樣。歐美的機器，我們只要是學到了，隨時隨地都可以使用。譬如電燈，無論在中國的什麼房屋，都可以裝設，都可以使用。至於歐美的風土人情，和中國不同的地方，是很多的，如果不管中國自己的風土人情，是怎麼樣，便像學外國的機器一樣，把外國管理社會的政治機器，硬搬進來，那便是大錯。雖然管理人事的政治法律和條理，也是一種無形的機器，所以我們把行政組織叫做機關，但是物體有形的機器，是本於物理而成的，政治無形的機器，是本於心理而成的，物理那門科學，近數百年來已經是發明得很多，心理這門科學，近二、三十年始起首進步，至今還沒有大發明，許多問題至今還沒有解決。所以管理物的方法，可以學歐美，管理人的方法，還不能完全學歐美。因為歐美關於管理物的一切道理，已經老早想通了，至於那些根本辦法，他們也老早解決了，所以歐美的物質文明，我們可以完全仿效，可以盲從，搬進中國來，也可以行得通。至於歐美的政治道理，至今還沒有想通，一切辦法在根本上還沒有解決，所以中國今日要實行民權，改革政治，便不能完全仿效歐美，便要重新想出一個方法。如果一味的盲從附和，對於國計民生，是很有大害的。因為歐美有歐美的社會，我們有我們的社會，彼此的風土人情，各不相同。我們能夠照自己的社會情形，迎合世界潮流做去，社會才可以改良，國家才可以進步。如果不照自己社會的情形，迎合世界潮流去做，國家便要退化，民族便受危險。我們要中國進步，民族的前途沒有危險，自己來實行民權，自己在根本上，便不能不想出一種辦法。

四、民權學理上的根本問題——改變人民對政府的態度

我們對於民權政治，到底能不能夠想出辦法呢？我們要能夠想出辦法，雖然不能完全仿效歐美，但是要借鑑於歐美，要把歐美已往的民權經驗，研究到清清楚楚。因為歐美的民權，雖然沒有充分發達，根本解決，但是已經有了很多的學者，對於民權天天去研究，常常有新學理的發明，而且在實行上也有了一百多年，所

得的經驗也是很多的，那些經驗和學理，根本上都是應該拿來參考的。如果不參考歐美已往的經驗學理，便要費許多冤枉工夫，或者要再蹈歐美的覆轍。

現在各國學者，研究已往民權的事實，得到了許多新學理，那是些什麼學理呢？最近有一位美國學者說：「現在講民權的國家，最怕的是得到了一個萬能政府，人民沒有方法去節制他；最好的是要得一個萬能政府，完全歸人民使用，為人民謀幸福。」這一說，是最新發明的民權學理。但是所怕所欲，都是在一個萬能政府，第一說是人民怕不能管理的萬能政府，第二說是為人民謀幸福的萬能政府。要怎麼樣才能夠把政府變成萬能呢？變成了萬能政府，要怎麼樣才聽人民的話呢？在民權發達的國家，多數的政府都是弄到無能的，民權不發達的國家，政府多是有能的。像前次所講，近幾十年來，歐美最有能的政府，就是德國俾士麥當權的政府，在那個時候的德國政府，的確是萬能政府。那個政府本是不主張民權的，本是要反對民權的，但是他的政府，還是成了萬能政府。其他各國主張民權的政府，沒有哪一個可以叫做萬能政府。又有一位瑞士學者說：「各國自實行了民權以後，政府的能力便日行退化。這個理由，就是人民怕政府有了能力，人民不能管理。所以人民總是防範政府，不許政府有能力，不許政府是萬能。所以實行民治的國家，對於這個問題，便應該想方法去解決。想解決這個問題，人民對於政府的態度，就應該要改變。」從前人民對於政府，總是有反抗態度的緣故，是由於經過了民權革命以後，人民所爭得的自由平等，過於發達，一般人把自由平等，用到太沒有限制，把自由平等的事，做到過於充分，政府毫不能夠做事。到了政府不能做事，國家雖然是有政府，便和無政府一樣。這位瑞士學者看出了這個流弊，要想挽救，便主張人民要改變對於政府的態度。他究竟要人民變成什麼態度？人民的態度，對於政府有什麼關係呢？

譬如就中國幾千年的歷史說，中國人在這幾千年中，對於政府是持什麼樣的態度呢？我們研究中國歷史，總是看見人稱讚堯舜禹湯文武，堯舜禹湯文武的政府，是中國人常常羨慕的政府，中國人無論在哪個時代，總是希望有那樣的政府，替人民來謀幸福。所以歐美的民權思想，沒有傳進中國以前，中國人所最希望的，就是堯舜禹湯文武，以為有了堯舜禹湯文武那些皇帝，人民便可以得安樂，便可以享幸福。這就是中國人向來對於政府的態度。近來經過了革命以後，人民得到了民權思想，對於堯舜禹湯文武那些皇帝，便不滿意，以為他們都是專制皇帝，雖美亦不足稱。由此便知民權發達了以後，人民便有反抗政府的態度，政府無論是如何良善，人民皆不滿意。如果堅持這種態度，長此以往，不想辦法來改變，政治上是很難望進步的。現在世界上要改變人民對於政府的態度，究竟是用什麼辦法呢？歐美學者只想到了人民對於政府的態度，應該要改變，至於怎麼樣改變的辦法，至今還沒有想出。

我們革命，主張實行民權，對於這個問題我想到了一個解決的辦法，我的解決方法，是世界上學理中第一次的發明，我想到的方法，就是解決這個問題的一個根本辦法。我的辦法，就是像瑞士學者近日的發明一樣，人民對於政府要改變態度，近日這種學理之發明，更足以證明我向來的主張確是不錯。這是什麼辦法呢？就是「權與能要分別」的道理。這個權能分別的道理，從前歐美的學者都沒有發明過。究竟什麼是叫做權與能的分別呢？要講清楚這個分別，便要把我從前對於人類分別的新發明再拿來說一說。

五、建樹民權——改變人民對政府態度的先決條件

我對於人類的分別，是何所根據呢？就是根據於各人天賦的聰明才力，照我的分別，應該有三種人。第一種人叫做先知先覺，這種人有絕頂的聰明，凡見一件事，便能夠想出很多道理，聽一句話，便能夠做出許多事業。有了這種才力的人，才是先知先覺。由於這種先知先覺的人，預先想出了許多辦法，做了許多事業，世界才有進步，人類才有文明，所以先知先覺的人，是世界上的創造者，是人類中的發明家。第二種人叫做後知後覺，這種人的聰明才力，比較第一種人是次一等的，自己不能夠創造發明，只能夠跟隨模仿，第一種

人已經做出來了的事，他便可以學到。第三種人叫做不知不覺，這種人的聰明才力是更次一等的，凡事雖有人指教他，他也不能知，只能去行。照現在政治運動的言詞說，第一種人是發明家，第二種人是宣傳家，第三種人是實行家。天下事業的進步，都是靠實行，所以世界上進步的責任，都在這第三種人的身上。

譬如建築一間大洋樓，不是一種尋常人能夠造成的，先要有一個工程師，把想做的洋樓，關於各種工程材料，都要通盤計算，等到通盤計算好了，便繪一個很詳細的藍圖，再把那個藍圖，交給工頭去看，等到工頭把藍圖看清楚了，才叫工人搬運材料，照那個圖樣去做。做洋樓的工人，都是不能夠看圖樣的，只有照工頭的吩咐，聽工頭的指揮，或者是某處放一塊磚，某處加一片瓦，做那種最簡單的事。工頭又是不能夠通盤計算去繪圖的，只有照工程師所繪的圖，吩咐工人去砌磚蓋瓦。所以繪圖的工程師，是先知先覺，看圖的工頭，是後知後覺；砌磚蓋瓦的工人，是不知不覺。現在各城市的洋樓，都是靠工人工頭和工程師三種人共同做出來的。就是世界大事，也都是全靠那三種人來做成的。但是其中大部分的人，都是實行家，都是不知不覺，次多數的人便是後知後覺，最少數的人才是先知先覺。世界上如果沒有先知先覺，便沒有發起人；如果沒有後知後覺，便沒有贊成人；如果沒有不知不覺，便沒有實行人。世界上的事業，都是先要發起人，然後又要許多贊成人，再然後又要許多實行者，才能夠做成功。所以世界上的進步，都是靠這三種人，無論是缺少了哪一種人，都是不可能的。現在世界上的國家，實行民權，改革政治，那些改革的責任，應該是人人都有分的，先知先覺的人要有一分，後知後覺的人要有一分，就是不知不覺的人也要有一分。我們要知道民權不是天生的，是人工造成的，我們應該造成民權，交到人民，不要等人民來爭，才交到他們。

前幾天有一位在高麗做官的日本人來見我，和我談天，談了許久之後，我順便問他一句話說：「現在高麗的革命，是什麼情形呢？能不能夠成功呢？」那位日本人沒有什麼話可答。我又問他說：「日本在高麗的官吏，對於高麗的民權態度，又是怎麼樣呢？」他說：「只看高麗人將來的民權思想，究竟是怎麼樣，如果高麗人都曉得來爭民權，我們一定要把政權交還他們的，但是現在的高麗人還不曉得爭民權，所以我們日本還是不能不代他們去治理國家。」這種說話，未嘗不是冠冕堂皇，但是我們革命黨對待全國人民，就不可像日本對待高麗一樣，要等到人民曉得爭民權的時候才去給他。因為中國人都是不知不覺的多，就是再過幾千年，恐怕全體人民還不曉得要爭民權。所以自命為先知先覺和後知後覺的人，便不可像日本人一樣，專是為自己打算，要預先去替人民打算，把全國的政權交到人民。

六、建樹權能分開的政府——改變人民對政府態度的具體辦法

照以前所講的情形，歐美對於民權問題，還沒有解決的辦法，今日我們要解決民權問題，如果專仿效歐美，一定是辦不通的。歐美既無從仿效，我們自己便應該想一種新方法，來解決這個問題。這種新方法，是像瑞士的學者最新的發明，人民對於政府要改變態度，更進一步，要改變態度，就是要把權與能來分開，權與能是要怎麼樣分開呢？我們要把他研究清楚，便應該把前幾次所講的情形，重提起來再說一次。第一件什麼是叫做民權呢？簡單的說，民權便是人民去管理政治，詳細推究起來，從前的政治是誰人管理呢？中國有兩句古話說：「不在其位，不謀其政。」又說「庶人不議」。可見從前的政權是完全在皇帝掌握之中，不關人民的事。今日我們主張民權，是要把政權放在人民掌握之中。那麼人民成了一個什麼東西呢？中國自革命以後，成立民主政體，凡事都是應該由人民作主的，所以現在的政治又可以叫做民主政治，換句話說，在共和政體之下，就是用人民來做皇帝。

照中國幾千年的歷史看，實在負政治責任為人民謀幸福的皇帝，只有堯舜禹湯文武，其餘的那些皇帝，都是不能負政治責任為人民謀幸福的，所以中國幾千年的皇帝，只有堯舜禹湯文武能夠負政治責任，上無愧於天，下無怍於民。他們所以能夠達到這種目的，令我們在幾千年之後，都來歌功頌德的原因，是因為他們

有兩種特別的長處：第一種長處，是他們的本領很好，能夠造成一個良政府，為人民謀幸福；第二種長處，是他們的道德很好，所謂「仁民愛物」，「視民如傷」，「愛民若子」，有這種仁慈的好道德。因為他們有這兩種長處，所以對於政治能夠完全負責，完全達到目的。中國幾千年來，只有這幾個皇帝，令後人崇拜，其餘皇帝不知道有多少，甚至於有許多皇帝，後人連姓名都不知道。歷代的皇帝，只有堯舜禹湯文武，有很好的本領、很好的道德，其餘都是沒有本領、沒有道德的多。

那些皇帝，雖然沒有本領沒有道德，但都是很有權力的。大家把中國歷史都是看得很多的，尤其是《三國演義》，差不多人人都是看過了的，我們可以拿《三國演義》來證明。譬如諸葛亮是很有才學的，很有能幹的。他所輔的主，先是劉備，後是阿斗。阿斗是很庸愚的，沒有一點能幹。因為這個原因，所以劉備臨死的時候，便向諸葛亮說：「可輔則輔之，不可輔則取而代之。」劉備死了以後，諸葛亮的道德還是很好，阿斗雖然沒有用，諸葛亮依然是忠心輔佐，所謂「鞠躬盡瘁，死而後已」。由這樣看來，在君權時代，君主雖然沒有能幹，但是很有權力，像三國的阿斗和諸葛亮，便可以明白。諸葛亮是有能沒有權的，阿斗是有權沒有能的，阿斗雖然沒有能，但是把什麼政事都付託諸葛亮去做，諸葛亮很有能，所以在西蜀能夠成立很好的政府，並且能夠六出祁山去北伐，和吳魏鼎足而三。用諸葛亮和阿斗兩個人比較，我們便知道權和能的分別。

專制時代，父兄做皇帝，子弟承繼父兄之業，雖然沒有能幹，也可以做皇帝，所以沒有能的人也是很有權。現在成立共和政體，以民為主，大家試看這四萬萬人是哪一類的人呢？這四萬萬人當然不能都是先知先覺的人，多數的人也不是後知後覺的人，大多數都是不知不覺的人。現在民權政治，是要靠人民作主的，所以這四萬萬人都是很有權的。全國很有權力能夠管理政治的人，就是這四萬萬人。大家想想現在的這四萬萬人，就政權一方面說，是像什麼人呢？照我看起來，這四萬萬人都是像阿斗。中國現在有四萬萬個阿斗，人人都是很有權的，阿斗本是無能的，但是諸葛亮有能，所以劉備死了以後，西蜀還能夠治理。現在歐美人民反對有能的政府，瑞士學者要挽救這種流弊，主張人民改變態度，不可反對有能的政府。但是改變了態度以後，究竟是用什麼辦法呢？他們還沒有發明。我現在所發明的，是要權與能分開，人民對於政府的態度，才可以改變。如果權與能不分開，人民對於政府的態度，總是不能改變。當時阿斗知道自己無能，把國家全權託到諸葛亮，要諸葛亮替他去治理，所以諸葛亮上〈出師表〉，便獻議到阿斗，把宮中和府中的事要分開清楚，宮中的事，阿斗可以去做；府中的事，阿斗自己不能去做。府中的事，是什麼事呢？就是政府的事。諸葛亮把宮中和府中的事分開，就是把權和能分開。所以我們治理國家，權和能一定是要分開的，究竟是怎麼樣才可以分開呢？大家要拿一個遠大眼光和冷靜見解，來看世界上的事，才可以把他分別清楚。大家此時對於政府，有一種特別觀念，這種觀念是怎麼樣發生的呢？是由於幾千年專制政體發生的。因為幾千年的專制政體，多是無能力的人做皇帝，人民都是做皇帝的奴隸。在中國的四萬萬人，就做過了幾千年奴隸。現在雖然是推翻專制，成立共和政體，表面上固然是解放了，但是人民的心目中，還有專制的觀念，還怕有皇帝一樣的政府來專制。因為再怕有皇帝一樣的政府來專制，想要打破他，所以生出反對政府的觀念，表示反抗政府的態度。所以現在人民反抗政府的態度，還是由於從前崇拜皇帝的心理所生反動出來的。換句話說，人民對於政府的態度，就是由於從前崇拜皇帝的心理，一變而為排斥政府的心理。從前崇拜皇帝的心理，固然是不對，現在排斥政府的心理，也是不對的。

我們要打破這種不對的心理，便要回顧到幾萬年和幾千年以前的政治歷史，才可以看破。比方在專制皇帝沒有發達以前，中國的堯舜都是很好的皇帝，他們都是公天下，不是家天下，當時的君權還沒十足發達，中國的君權，是從堯舜以後才發達的，推到堯舜以前，更沒有君權之可言，都是奉有能的人做皇帝，能夠替大家謀幸福的人，才可以組織政府。譬如從前所講人同獸爭的野蠻時代，國家的組織沒有完全，人民都是聚族而居，靠一個有能力的人來保護。在那個時候，人民都怕毒蛇猛獸來侵害，所以要奉一個有能力的人，負保護的責任。當時保護的任務，就是在有能力去打，能夠打勝毒蛇猛獸的人，就是當時很有能幹的人。當時人同獸打，沒有武器，都是靠赤手空拳，要個人的體魄很強壯，所以在當時體魄很強壯的人，大家便奉他做皇帝。除了會打的人可以做皇帝以外，中國還有例外，譬如燧人氏鑽木取火，教人火食，就可避去生食動植物的危險，復可製出種種美味，適於口腹之欲，所以世人便奉他做皇帝。鑽木取火，教人火食，是什麼人的事呢？就是廚子的事，所以燧人氏鑽木取火教人火食便做皇帝，就可以說是廚子做皇帝。神農氏嘗百草，發明了許多藥性，可以治疾病，可以起死回生，便是一件很奇怪、很有功勞的事，所以世人便奉他做皇帝。嘗百草是什麼人的事呢？就是醫生的事，所以神農氏由於嘗百草便做皇帝，就可以說是醫生做皇帝。再推到軒轅氏教民做衣服也是做皇帝，那就是裁縫做皇帝。有巢氏教民營宮室也做皇帝，那就是木匠做皇帝。所以由中國幾千年以前的歷史看起來，都不是專以能夠打得勝的人才做皇帝，凡是有大能幹、有新發明、在人類中立過了功勞的人，都可以做皇帝，都可以組織政府，像廚子、醫生、裁縫、木匠那些有特別能幹的人，都是做過了皇帝的。從前有一位美國教授，叫做丁韙良，有一天到北平西山上去遊玩，遇到了一個農夫，和農夫談起話來，那個農夫便問丁韙良說：「外國人為什麼不到中國來做皇帝呢？」丁韙良反問農夫說：「外國人可以來中國做皇帝嗎？」那個農夫指田邊所掛的電線說：「能做這種東西的人，便可以做中國皇帝了。」那個農夫的思想，以為只有一根鐵線便可以通消息傳書信，做這種鐵線通消息的人，當然是很有本領的，有這樣大本領的人，當然可以做皇帝。由此便可以證明中國人一般心理，都以為是有大本領的人，便可以做皇帝。

中國自堯舜以後，那些歷代皇帝便漸漸變成專制，都要家天下，不許人民自由擁戴有本領的人去做皇帝。假若現在四萬萬人用投票的方法選舉皇帝，如果給以充分的民權，人民能夠自由投票，絲毫不受別種勢力的干涉，同時又有堯舜復生。究竟是選舉誰來做皇帝呢？我想一定是選舉堯舜來做皇帝。中國人對於皇帝的反對心理，不像歐美人對於皇帝的那樣深惡痛絕，因為中國皇帝的專制，沒有歐洲皇帝的那麼厲害。歐洲在兩、三百年以前，皇帝專制，達到了極點，人民都視為洪水猛獸，非常的怕他，所以人民不但是對於皇帝要去排斥，就是和皇帝很相近的東西像政府一樣，也是一齊要排斥。歐美現在實行了民權，人民有了大權，要排斥政府，實在是很容易的。像西蜀的阿斗，要排斥諸葛亮，那還不容易嗎？如果阿斗要排斥諸葛亮，試問西蜀的政府能不能夠長久呢？能不能夠六出祁山去北伐呢？阿斗見到了這一層，所以便把政治的全權都付託到諸葛亮，無論是整頓內部是由他，南征是由他，就是六出祁山去北伐也是由他。我們現在實行民權，四萬萬人都是皇帝，就是有四萬萬阿斗，這些阿斗當然是應該歡迎諸葛亮來管理政事，做國家的大事業。歐美現在實行民權，人民所持的態度，總是反抗政府，根本原因就是由於權和能沒有分開。中國要不蹈歐美的覆轍，應該要照我所發明的學理，要把權和能劃分清楚。人民分開了權與能，才不致反對政府，政府才可以望發展。中國要分開權與能，是很容易的事，因為中國有阿斗和諸葛亮的先例可援。如果政府是好的，我們四萬萬人便把他當做諸葛亮，把國家的全權都交到他們；如果政府是不好的，我們四萬萬人可以實行皇帝的職權，罷免他們，收回國家的大權。歐美人民對於政府不知道分別權與能的界限，所以他們的民權問題，發生了兩、三百年，至今還不能解決。

七、權能分開政府的精義

我們現在主張要分開權與能，再拿古時和現在的事實，比較的來說一說。在古時能打的人，大家便奉他做皇帝。現在的富豪家庭，也請幾位打師來保護，好像上海住的軍閥官僚，在各省剷了地皮，發了大財之後，搬到上海的租界之內去住，因為怕有人去打他、和要他錢，他便請幾個印度巡捕，在他的門口保護。照古時的道理講，能保護人的人便可以做皇帝，那末保護那些官僚軍閥的印度巡捕，便應該做那些官僚軍閥的皇帝。但是現在的印度巡捕，決不能夠問那些官僚軍閥的家事。從前赤手空拳的打師都是做皇帝，現在有長槍的印度巡捕，更是應該要做皇帝，那些官僚軍閥偏不把他們當做皇帝，只把他們當做奴隸，那種奴隸有了槍，雖然是很有能力，那般軍閥官僚只能夠在物質一方面給多些錢，不能夠在名義上叫他做皇帝。像這樣講，古時的皇帝，便可以看做現在守門的印度巡捕，現在守門的印度巡捕，就是古時的皇帝。再進一層說，保護人民的皇帝，既是可以看做守門的印度巡捕，大家又何必要排斥他呢！

現在有錢的那些人，組織公司開辦工廠，一定要請一位有本領的人來做總辦去管理工廠，這種總辦是專門家，就是有能的人，股東就是有權的人，工廠內的事，只有總辦能講話，股東不過是監督總辦罷了。現在民國的人民，便是股東，民國的總統，便是總辦，我們人民對於政府的態度，應該要把他們當做專門家看，如果有了這種態度，股東便能夠利用總辦，整頓工廠，用很少的成本，出很多的貨物，可以令那個公司發大財。現在歐美民權發達的國家，人民對於政府都沒有這種態度，所以不能利用有本領的人去管理政府，因為這個原因，所以弄到在政府之中的人物都是無能，所以弄到民權政治的發達反是很遲，民主國家的進步反是很慢，反不及專制國家的進步，像日本和德國那一樣的迅速。從前日本維新，只有幾十年，便富強起來。從前德國也是很貧弱的國家，到了威廉第一和俾士麥執政，結合聯邦，勵精圖治，不到幾十年，便雄霸歐洲。其他實行民權的國家，都不能像日本和德國的進步，一日千里。推究此中原因，就是由於民權問題的根本辦法沒有解決，如果要解決這個問題，便要把國家的大事，付託到有本領的人。

現在歐美人無論做什麼事，都要用專門家，譬如練兵打仗，便要用軍事家，開辦工廠便要用工程師，對於政治也知道要用專門家，至於現在之所以不能實行用政治專家的原因，就是由於人民的舊習慣，還不能改變。但是到了現在的新時代，權與能是不能不分開的，許多事業一定是要靠專門家的，是不能限制專門家的。像最新發明在人生日用品最便利的東西，是街上的汽車，在二十多年前，初有汽車的時候，沒有駕駛的車夫，沒有修理的工匠。我從前有一個朋友，買了一架汽車，自己一方面要做駕駛的汽車夫，又一方面要做修理的機器匠，那是很麻煩的，是很難得方方面面都做好的。到了現在，有許多的汽車夫和機器匠，有汽車的主人，只要出錢僱他們來，便可以替自己來駕駛，替自己來修理。這種汽車夫和機器匠，就是駕駛汽車和修理汽車的專門家，沒有他們，我們的汽車便不能行動，便不能修理。國家就是一輛大汽車，政府中的官吏就是一些大車夫。歐美人民始初得到了民權，沒有相當的專門家，就像二十多年以前有錢的人，得了一輛汽車一樣，所以事事便非靠自己去修理、自己去駕駛不可。到了現在，有了許多有本領的專門家，有權力的人民便應該要聘請他們，不然就要自己去駕駛、自己去修理，正所謂自尋煩惱，自找痛苦。就這個比喻，更可分別駕駛汽車的車夫是有能而無權的，汽車的主人是無能而有權的，這個有權的主人便應該靠有能的專門家，去代他駕駛汽車，民國的大事，也是一樣的道理。國民是主人，就是有權的人，政府是專門家，就是有能的人。由於這個理由，所以民國的政府官吏，不管他們是大總統、是內閣總理、是各部總長，我們都可以把他們當做汽車夫，只要他們是有本領，忠心為國家做事，我們就應該把國家的大權付託於他們，不限制他們的行動，事事由他們自由去做，然後國家才可以進步，進步才是很快。如果不然，事事都是要自己去做，或者是請了專門家，一舉一動，都要牽制他們，不許他們自由行動，國家還是難望進步，進步還是很慢。要明白這個道理，我有一段很好的故事，可以引來證明：我從前住在上海的時候，一天和一個朋友約定了時間，到虹口去商量一件事。到了那一天，把所約定的時間忽然忘記了，一直到所約定的時間十五分鐘之前，才記憶起來，當時我所住的地方是法國租界，由法國租界到虹口是很遠的，用十五分鐘的時間，很不容易趕到。我便著急起來，找著汽車夫，慌忙的問他說：「在十五分鐘之內，可以不可以趕到虹口呢？」那個車夫答應說：「一定可以趕到。」我便坐上車，由車夫自由去駕駛，向目的地出發。上海的道路，我是很熟悉的，由法國租界到虹口，好比由廣州沙基到東山一樣，一定要經過長堤和川龍口，才是捷徑。但是我的汽車夫從開車以後，所走的路，便不經過長堤和川龍口，他先由豐寧路再繞道德宣路，走小北門然後才到大東門，才抵東山，當時汽車走得飛快，聲音很大，我不能夠和車夫說話，心裡便很奇怪，便非常的恨那個車夫，以為車夫和我搗亂，是故意的走彎曲路阻遲時候。此時的情形，好比是政府有特別原故，要做非常的事，國民不知道，便生出許多誤會來非難政府一樣。至於那個車夫選擇那一條路走，不過十五分鐘便到了虹口，我的忿氣才平。便問那個車夫說：「為什麼要這樣彎彎曲曲走這一條路呢？」那個車夫答應說：「如果走直路，便要經過大馬路，大馬路的電車、汽車、人力車和行人貨物的來往是很擁擠的，是很不容易走通的。」我才明白從前誤會的道理，才曉得我所要走的大馬路和外擺渡橋是從空間上著想，那個車夫是有經驗的，知道汽車能夠走得很快，每小時可以走三、四十英里，雖然走彎曲一點，多走幾里路，但是把汽車的速度加快一點，還是在所限的鐘點以內，可以趕到，他的這樣打算，是從時間上著想。那個車夫不是哲學家，本不知道用什麼時間空間去打算，不過他是專門家，知道汽車有縮地的能力，如果把汽車的速度加快，就是多走彎路，還能夠於十五分鐘之內趕到虹口。假若當時我不給車夫以全權，由他自由去走，要依我的走法，一定是趕不到的。因為我信他是專門家，不掣他的肘，他要走哪一條路便走哪一條路，所以能夠在預約時間之內，可以趕到。不過我不是這種專門家，所以當時那個車夫走彎路，我便發生誤會，便不知道他何以要走彎路的道理。民國的人民都是國家的主人，對於政府的態度，應該要和我那次到虹口對於車夫的態度一樣，把他當做是走路的車夫，能夠有這樣的眼光，人民對於政府的態度，才可以改變。

歐美人民現在對於政府，持反對的態度，是因為權與能沒有分開，所以民權的問題至今不能解決。我們實行民權，便不要學歐美，要把權與能分得清清楚楚。民權思想，雖然是由歐美傳進來的，但是歐美的民權問題，至今還沒有辦法，我們現在已經想出了辦法，知道人民要怎麼樣，才對於政府可以改變態度，但是人民都是不知不覺的多，我們先知先覺的人，便要為他們指導，引他們上軌道去走，那才能夠避開歐美的紛亂，不蹈歐美的覆轍。歐美學者現在只研究到了人民對於政府的態度不對，應該要改變，但是用什麼方法來改變，他們還沒有想到，我現在把這個方法已經發明了，這個方法是要權與能分開。講到國家的政治，根本上是要人民有權，至於管理政府的人，便要付之於有能的專門家，把那些專門家不要看做是很榮耀很尊貴的總統、總長，只把他們當做是趕汽車的車夫，或者是當做看門的巡捕，或者是弄飯的廚子，或者是診病的醫生，或者是做屋的木匠，或者是做衣的裁縫，無論把他們看做是哪一種專門的工人，都是可以的。人民要有這樣的態度，國家才有辦法，政治才能夠進步。

第六講　建設新中國的原則和辦法

諸位：現在歐美的政治家同法律學者，都說政府是機器，法律是機器之中的工具。中國很多的政治法律書籍，都是從日本譯過來的，日本人把政治組織譯作機關，這個機關的意思，就是中國人所常說的機器一樣。我們中國人從前說機關，是機會的意思，從日本人把政治組織譯成了機關之後，就和機器的意思相同。所以從前說政府衙門，現在說是行政機關、財政機關、軍事機關、教育機關，這種種機關的意思，和日本人所說的政府機關，是一樣的解釋，沒有絲毫分別。現在說機關就是機器，好比說機關鎗，就是機器槍一樣，由此便知道機關和機器兩個名詞，是一樣的意思。因為機關和機器的意思相同，所以行政機關，就可以說是行政機器，至於行政機器和製造機器，有什麼分別呢？製造機器，完全是用物質做成的，譬如用木料、鋼鐵和皮帶種種東西，湊合起來，便做成製造機器。行政機器，完全是用人組織成的，種種動作，都是靠人去活動，不是靠物去活動。所以行政機器，和製造機器，有大大的分別，最要緊的分別，就是行政機器，是靠人的能力去發動的；製造機器，是靠物的能力去發動的。

一、歐美物質機器進步很易且快——人為機器的進步很難且慢

照前幾次所講的民權情形，便知道近來的歐美文化，是很發達的，文明是很進步的。分析起來說，他們的物質文明，像製造機器那些東西的進步，是很快的。至於人為機器，像政府機關這些東西的進步，是很慢的。這個理由，是在什麼地方呢？就是物質機器做成了之後，易於試驗，試驗之後，不好的易於放棄，不完備的易於改良。人為機器成立了之後，很不容易試驗，試驗之後，很不容易改良，假若是要改良，除非起革命不可，如果不然，要把他當做不好的物質機器看待，變成廢鐵，那是做不來的。因為這個理由，所以歐美的製造機器進步很快，行政機器進步很慢。譬如民權風潮，在歐美發生了之後，各國都想實行民權，最早的是美國。美國自開國至今，有了一百五十多年，開國時所行的民權，和現在所行的差不多相同。現在所用的憲法，就是開國時候的聯邦憲法，那種聯邦憲法經過了一百多年，根本上沒有大更改，至今還是應用他。至於大多數的製造機器，發明的年代也不過一百多年，在一百多年以前的舊機器，現在有沒有人去用他呢？從前的舊機器，老早變成了廢鐵，現在農工商學兵各界中所有的機器，沒有十年以前的舊東西。因為每過十年，便有很多的新發明，很多的新改良，沒有哪一年不是沒有進步的。說到一百多年以前的行政機關，至今還是應用他，這便是由於用人活動的機關，當中活動的人，固然可以隨時改換，但是全體組織，不容易根本改造，因為習慣太久，陳陳相因，如果不想革命，一次來除舊布新，要在平時去改造，把舊組織完全廢棄，那是做不到的。由於這個道理，歐美的物質機器，近來很容易進步，進步是很快的，人為機器，向來便難於進步，進步是很慢的。

二、歐美民權的內容至今還不充實——缺乏控制政府的力量

我在前兩次講演民權，便說歐美對於民權政治，至今沒有根本辦法；他們為什麼沒有辦法呢？就是因為他們把人為的機器，沒有精良去試驗。說到物質的機器，自最初發明時代以至於現在，不知道古人經過了幾

千次的試驗，和幾千次的改良，才有今日我們所見的機器。由現在所見的機器，回顧到最初發明時代，是什麼情形呢？如果大家讀過了機器史，便知道一段很有趣味的故事。譬如就發動機的歷史說，在最初發明的時候，只有一個方向的動力，沒有和現在一樣兩個方向之動力。現在做種種工作的機器，像火車輪船，都是有來回兩個方向的動力。那個動力的來源，是把水盛在鍋內，再用煤在爐底燒很大的火，把水燒到沸騰，變成蒸氣，到了水變成蒸氣之後，便有很大膨脹力，用一個汽管，把蒸氣由鍋中導入一個機器箱，這個機器箱，中國話叫做活塞，外國話叫做比士頓。這個活塞就是令機器發動的東西，是機器全體中最要緊的一部分。機器之所以發動，是由於活塞之一端，接收了蒸氣以後，由蒸氣之膨脹力，便推動活塞，令活塞前進，蒸氣力在活塞之此一端，消耗盡了以後，更由他端注入新蒸氣，再把活塞推回。由是蒸氣在箱內兩端推動活塞，來往不息，機器的全體便繼續運動不已。運動的原料，從前用水，現在用油，叫做瓦斯油，就是很容易揮發的油，化為氣體去推動活塞。各種機器發動的原料不管他是用水，或者是用油，都是一樣的道理。由於活塞的運動，往返不已，便旋轉機器，我們要想用他來做什麼工作，便可以做什麼工作。

譬如行船拉車，就是走路的機器，一天可以走幾千里，就是運輸的機器，要運多少貨物，便可以載多少貨物，到現在看起來，是奇妙極了的東西。但是推到最初發明的時候，是什麼情形呢？最初發明的活塞，構造極簡單，只能夠在箱之一端接收蒸氣，把活塞推過去，再不能夠在箱之他端接收蒸氣，把活塞推回來，所以當初活塞的運動，只有一個前進的方向，再沒有回頭的方向。因為這個原因，從前是用機器做工，便有許多的不方便。譬如最初用新發明的機器去彈棉花，每用一架機器，便要用一個小孩子，站在機器的旁邊，等到活塞前進之後，小孩子便要用手把活塞棒拉回來，然後才有蒸氣，再把活塞推過去，所以一往一返，便要用小孩子來幫助。比較現在的活塞，往返自如，不要人幫助，該是何等的不便利呢？後來是怎麼樣造成現在這樣往返便利的活塞呢？當中所經過的階段，是什麼情形呢？當時做那種機器的工程師，毫不知道要怎麼樣才能夠把活塞拉回來，至於在那個時候的棉花工廠，本不很大，所用的機器力，雖然是只有一個方向，但是在一個工廠之內，只有十多架機器。不過一架機器，要用一個小孩子去幫助，有了十多架機器，便要用十幾個小孩子。那些小孩子天天去拉那種機器，時時刻刻做一個動作，便覺得很無趣味，很覺得討厭，因為那些小孩子，覺得那種工作討厭，所以要有工頭去監視，那些小孩子才不躲懶，工頭一離開了工廠，那些小孩子，便不拉機器，便去玩耍。其中有一個很聰明又很懶怠的小孩子，不情願總是用手去拉那架機器，想用一個方法代手去拉，於是乎用一條繩和一根棍，綁在那架機器的上面，令活塞推過去了之後，又可以自動的拉回來。那個小孩子，不必動手去拉他，那架機器便可以自動的來回，運轉不已，由於那一個小孩子的發明，便傳到那十幾個小孩子的全體。那些全體的小孩子，因為都得了棍和繩的幫助，機器都可以自動，所以大家都去玩耍，不管機器的工作。等工頭回廠之後，看見那些小孩子，都在玩耍，都沒有站在機器旁邊去拉回活塞棒，便驚訝起來說：「為什麼這些小孩子不拉機器，那些機器還能夠自動的來往，繼續工作呢？這些小孩子是玩的什麼把戲呢？這真是奇怪的很呀！」工頭在當時，因為覺得很奇怪，便去考察機器之所以自動來回的原故，更把考察的結果，去報告工程師，後來工程師明白那個小孩子的方法，是很奇妙的，便照他的方法，逐漸改良，才做成了今日來回自如的機器。

民權政治的機器，至今有了一百多年，沒有改變。我們拿現在民權政治的機器來看，各國所行的民權，只有一個選舉權，這就是人民只有一個發動力，沒有兩個發動力，只能夠把民權推出去，不能夠把民權拉回來，這好像始初的發動機一樣。但是從前有一個幫助機器的懶小孩子，知道了加一條繩和一根棍，借用機關本體的力量，可以令機器自動的來回。至於現在的民權政治中，還沒有這種懶小孩子，發明那種拉回民權的方法。因為這個原因，所以民權政治的機器，用過了一百多年，至今還只有一個選舉權。從有了選舉權以後，許久都沒有別的進步，選舉出來的人，究竟賢與不肖，便沒有別的權去管理他，像這種情形，就是民權政治的機器不完全。因為這種機器不完全，所以民權政治，至今還沒有好辦法，還沒有大進步。

我們要這種機器進步，是從什麼地方做起呢？照前一次所講的道理，是要把權和能分別清楚。現在還是用機器來比喻，機器裡頭各部的權和能，是分得很清楚的，哪一部是做工，哪一部是發動，都有一定的界限。譬如就船上的機器說，現在最大的船有五、六萬噸，運動這樣大船的機器，所發出來的力量，有超過十萬匹馬力的機器，只用一個人，便可以完全管理。那一個管理的人，要全船怎樣開動，便立刻開動；要全船怎樣停止，便立刻停止。現在機器的進步，到了這種妙境。在最初發明機器的時候，如果一種機器發出來的力量，到了幾百匹或者幾千匹馬力，便不敢用他，因為馬力太大，便沒有人能夠管理。通常說機器的大小，都是用馬力做標準。一匹馬力是多少呢？八個強壯人的力合攏起來，便是一匹馬力。如果說一萬匹馬力，便是有八萬個人的力。現在大商船和兵船上的機器所發出的原動力，有從十萬匹到二十萬匹馬力的。像這樣大力的機器，是沒有別樣東西可以抵擋得住的。在尋常機器，一萬匹馬力便有八萬個人的力，若是那麼大的機器，管理的方法不完全，那麼機器全體，一經發動之後，便不能收拾，所謂能發不能收。因為這個理由，所以從前發明機器的人，去試驗機器，常常自己打死自己。由於這種結果，在機器界打死的發明家，世界歷史中不知道有了多少。外國有一個名詞叫做「化蘭京士丁」(Frankenstein) 就是能發不能收的機器。到了後來，機器的構造，天天改造，天天進步，雖然有十萬匹或者二十萬匹馬力的機器，只用一個人，便可以從容去管理，沒有一點危險。說到十萬匹馬力，便是有八十萬個人的力；二十萬匹馬力，便是有一百六十萬個人的力，若是專有這樣大的人力，是不是容易管理呢？現在軍隊的力量，到了一兩萬人，便不容易管理。機器的力量，就是有一百六十萬人之多，一個人還可以從容管理。由此便可見近來的機器，是很進步的；管理的方法，是很完全的。

現在的政治家和法律學者，都以政府為機器，以法律為工具。此刻的民權時代，是以人民為動力；從前的君權時代，是以皇帝為動力，全國的動作，是發源於皇帝。在那個時代，政府的力量越大，皇帝越顯尊嚴，有了強有力的政府，皇帝的號令才容易實行。因為皇帝是發動機器的人，所以政府的權力越大，皇帝高高在上，便可以為所欲為。譬如修內治、勤遠略、整軍經武，他想要做什麼，便可以做什麼。故在君權時代，政府的力越大，對於皇帝，只有利而無害。到了民權時代，人民就是政府的原動力，為什麼人民不願意政府的權力太大呢？因為政府的力量過大，人民便不能管理政府，要被政府來壓迫。從前被政府壓迫太過，所受的痛苦太多，現在要免去那種壓迫的痛苦，所以不能不防止政府的權力。在最初發明機器的時代，一個機器推過去了以後，只用一個小孩子，便可以拉回來，由此便知道在那個時候，一個機器的力量是很小的，最大的不過是幾匹馬力。如果有了一萬匹馬力以上的機器，當然不是一個小孩子可以拉得回來的。當時因為管理機器的方法不完全，一定要有那樣小力的機器，人民才是敢用他；現在是民權初發達的時代，管理政府的方法也是不完全。政府的動力，固然是發源於人民，但是人民發出了動力之後，還要隨時可以收回來，像那樣小力的政府，人民才是敢用他。若是有了幾萬匹馬力的政府，人民不能夠管理，便不敢用他。所以現在歐美各國的人民，恐怕強有力的政府，好比從前的工廠，怕有大馬力的機器是一樣的道理。當初那種小力的機器，如果不想方法來改良，那種機器一定是永遠沒有進步，一定是永遠還要人去拉。但是後來日日求改良，一直到現在，便可以不必用人力去拉，只要機器的自身便可以來回自動。至於政治的機器，人民總不知道想方法來改良，總是怕政府的能力太大，不能拉回，反常常想方法去防止，所以弄到政治不能發達，民權沒有進步。照現在世界的潮流說，民權思想是一天一天的進步，管理民權政治的機器，還是絲毫沒有進步。

所以歐美的民權政治，至今沒有根本辦法，就是這個道理。我前一次所講的根本辦法說，權與能要分別清楚。用機器來做比喻，什麼是有能力的東西呢？機器的本體，就是有能力的東西。譬如十萬匹馬力的機器，供給了相當的煤和水之後，便可以發生相當的能力。什麼是有權的人呢？管理機器的工程師，就是有權的人，無論機器是有多少馬力，只要工程師一動手，要機器開動便立刻開動，要機器停止便立刻停止。工程師管理機器，想要怎麼樣，便可以怎麼樣。好像輪船火車，一開機器，便可以要輪船火車走得很快，一停機器，馬上就可以要他不走。所以機器是很有能的東西，工程師是很有權的人。人民管理政府，如果把權和能分開了，也要像工程師管理機器一樣。在民權極盛的時代，人民管理政府的方法很完全，政府就是有大權力，人民只要把自己的意見，在國民大會上去發表，對於政府加以攻擊，便可以推翻，對於政府加以頌揚，便可以鞏固。但是現在的權與能不分，政府過於專橫，人民沒有方法來管理，不管人民是怎麼樣攻擊，怎麼樣頌揚，政府總是不理，總是不能發生效力。現在世界上的政治不進步，民權思想很發達，無論哪一國的人民，對於政治機器的現狀，總是不合他們心理上的用法。

中國此刻，正是改革時代，我們對於政治主張實行民權，這種民權思想，是由歐美傳進來的，我們近來想學歐美的新思想，造成一個完全的民治國家。最初想造成這個國家的時候，一般革命志士，都以為完全仿效歐美，步歐美的後塵，把歐美的東西完全抄過來，中國的民權便算是發達，便可以算是止境。當初的這種思想，並不是全錯，因為中國從前的專制政體過於腐敗，我們如果實行革命，打破了專制以後，做建設的事業，能夠學到像歐美，就比較上說當然是很好。但是歐美人民對於自己國家社會的現狀是不是心滿意足呢？如果我們細心考察歐美的政治社會，所謂民權革命的先進國家，像美國、法國的人民，現在還是主張改良政治，還是想要再來革命。他們革命不過一百多年，為什麼還要再來革命呢？由此便可以證明我們從前以為學到了像歐美，便算是止境，那便是不對。由此便知就令是我們學到了像美國、法國一樣，法國、美國現在還是要革命，我們到了百十年之後，一定也是免不了再起革命的。因為法國、美國現在的政治機器，還有很多的缺點，還是不能滿足人民的慾望，人民還是不能享圓滿的幸福。像這樣講來，所以我們現在提倡改革，決不能夠說學到了像現在的歐美，便算是止境，便以為心滿意足。我們步他們的後塵，豈不是一代更不如一代，還再要起革命嗎？若是再起革命，那麼此次的革命，豈不是徒勞無功嗎？我們要現在的革命不是徒勞無功，想存一個長治久安之計，所謂一勞永逸以免將來的後患，要怎樣才可以做得到呢？歐美的制度方法，可不可以完全搬到中國來行呢？

我們試拿歐美最新的物質文明說，譬如交通上最要緊的東西是鐵路，東方國家仿造鐵路，最早的是日本，中國近來才知道鐵路的重要，才知道要建築鐵路。所以中國仿造鐵路，是在日本之後。但是用中國和日本現在的鐵路來比較，中國和日本的火車，大家如果都是坐過了的，便知道日本的鐵軌是很窄的，車是很小的。中國的滬寧和京漢鐵路，那些鐵軌都是很寬的，車是很大的。為什麼中國建築鐵路在日本之後，所做的車和軌還是比日本的寬大呢？就是因為中國所學的是歐美的新發明，日本所學的是歐美的舊東西。若是中國建築鐵路，不照歐美的新發明，只學日本的舊東西，可不可以算是滿足呢？歐美從前只有那樣的窄鐵路和小火車，日本最初去學他，便是在無形之中上了大當。我們現在建築鐵路，可不可以也學那種不便利的舊東西呢？但是中國近來建築鐵路，不學日本不便利的舊東西，要學歐美很便利的新發明，所以中國現在的鐵路，好過日本這所謂是後來居上。因為這個原故，我們現在改良政治，便不可學歐美從前的舊東西，要把歐美的政治情形考察清楚，看他們政治的進步究竟是到了什麼程度，我們要學他們的最新發明，才可以駕乎各國之上。

三、歐美民權的研究至今仍不徹底——缺乏完善的機構

我在前一次講過了，歐美對於民權問題的研究，還沒有徹底。因為不徹底，所以人民和政府日日相衝突，因為民權是新力量，政府是舊機器。我們現在要解決民權問題，便要另造一架新機器，造成這種機器的原理，是要分開權和能，人民是要有權的，機器是要有能的。現在有大能的新機器，用人去管理，要開動就開動，要停止就停止。這是由於歐美對於機器，有很完全的發明。但是他們對於政治，還是沒有很完全的發明。我

們現在要有很完全的改革，無從學起，便要自己想出一個新辦法。要我們自己想出一個新辦法，可不可以做得到呢？中國人從經過了義和團之後，完全失掉了自信力，一般人的心理總是信仰外國，不敢信仰自己，無論什麼事，以為要自己去做成、單獨來發明，是不可能的，一定要步歐美的後塵，要仿效歐美的辦法。至於在義和團之前，我們的自信力是很豐富的，一般人的心理，都以為中國固有的文明，中國人的思想才力，都是超過歐美，我們自己要做到什麼新發明，都是可能的事，到了現在，便以為是不可能的事。殊不知歐美的文明，只在物質的一方面，不在其他的政治各方面。專就物質文明的科學說，歐美近來本是很發達的。一個人對於一種學問，固然是有特長，但是對於其餘的各科學問，未必都是很精通的，還有許多都是盲然的。他們的物質科學在一百多年以來，發明到了極點，許多新發明真是巧奪天工，是我們所夢想不到的。如果說到政治學問，他們從前沒有想到的，我們現在也想不到，那便是沒有理由。歐美的機器，近來本有很完全的進步，但是不能說他們的機器是進步，政治也是進步。因為近兩百多年以來，歐美的特長只有科學，大科學家對於本行的學問，固然是有專長，對於其餘的學問，像政治哲學等，未必就有兼長。有一段很好的故事，可以引來證明一證明。

英國從前有一位大科學家，在近來世界上的學問家之中，沒有哪一個能夠駕乎他之上的，是叫做紐頓。紐頓是什麼人呢？他是一個很聰明很有學問的人，他在物理學中，有很多超前絕後的發明，最著名的是「萬有引力」。紐頓推出來的「萬有引力」，是世界上頭一次的發明，是至今科學中的根本原理。近來世界上許多科學原理的新發明，沒有哪一種能夠駕乎「萬有引力」學說之上的。紐頓對於科學，既是有這樣的特別聰明，試看他對於別的事情，是不是一樣的聰明呢？照我看起來，卻有大大的不然。有一件很有趣味的故事，可以證明紐頓做事，不是件件事都是很聰明的。紐頓一生，除了讀書、試驗之外，還有一種嗜好，他的嗜好是愛貓。他養了大小不同的兩個貓，出入總是跟著他。因為他很愛那兩個貓，所以貓要怎樣行動，他便怎樣去侍候。譬如他在房內讀書、試驗，貓要出門，他便停止一切工作，親自去開門讓貓出去。如果貓要進到房內，他又停止一切工作，去打開房門讓貓進來。那兩個貓，終日總是出出入入，弄到紐頓開門關門，是麻煩不堪的。所以有一天紐頓便要想一個方法，讓那兩個貓自己出入自由，不致擾亂他的工作，總是去開門關門。他想出來的是什麼方法呢？就是把房門開兩個孔，一個是很大的，一個是很小的。在紐頓的思想，以為在門上所開的大孔，便可以令大貓出入，在門上所開的小孔，便可以令小貓出入。像這種思想，還是大科學家的聰明，這件事實還是大科學家做出來的。照普通的常識講，開一個大孔，大貓可以出入，小貓也當然可以出入了，那麼開一個大孔便夠了，又何必要枉費工夫多開一個小孔呢？在常人都知道，只要開一個孔，大科學家的紐頓，偏要開兩個孔，這是不是可笑呢？科學家做事，是不是件件事都是很聰明呢？由此便可以證明科學家不是對於件件事都是很聰明的，科學家有了一藝的專長，未必就有種種學問的兼長。

四、矯正歐美政治機器的缺點——要有完美的制度

歐美科學在近幾十年以來，本來是進步到極點，所以做出來的物質機器，有往返的兩面動力，來回可以自動。但是做成的政治機器，還只有一面的動力，人民對於政府的權力，只能夠發出去，不能夠收回來。我們現在主張民權，來改造民國，將來造成的新民國，一定是要徹底。要造成徹底的新民國，在歐美的先進國家，無從完全仿效，我們自己便要另想一個新辦法。這種新辦法，歐美還沒有完全想到，我們能不能夠想到呢？要答覆這個問題，自己便不可以輕視自己，所謂妄自菲薄。

此刻民權潮流傳進中國來了，我們歡迎這種潮流，來改造國家，自己的新辦法，是不是完全的思想到了呢？中國幾千年以來都是一個獨立國家，從前政治上發達，向來沒有假借過外國材料的。中國在世界之中，文化上是先進的國家，外國的材料，向來無可完全仿效。歐美近來的文化，才比中國進步。我們羨慕他們的

新文明，才主張革命，此刻實行革命，當然是要中國駕乎歐美之上，改造成世界上最新型、最進步的國家。我們要達到這種目的，實在是有這種資格，不過歐美現在的民權政府，還是不能完全仿效。他們的政府已經成了舊機器，我們要另外造出一架新機器，才可以達到我們的目的。此刻想要造出一架新機器，世界上有沒有新材料呢？現在散布在各國的新材料是很多的，不過要先定一個根本辦法，我在前一次所主張的分開權與能，便是這一種的根本辦法。根本辦法定了之後，去實行民權，還要分開國家的組織與民權的行使。歐美的根本辦法沒有想通，不能分開權與能，所以政府能力不能擴充。我們的根本辦法已經想通了，更進一步，就是分開政治的機器，要分開政治的機器，先要明白政治的意義。我在第一講中，已經把政治這個名詞，下了一個定義，說政是眾人之事，治是管理眾人之事。現在分開權與能，所造成的政治機器，就是像物質的機器一樣，其中有機器本體的力量，有管理機器的力量，現在用新發明來造新國家，就要把這兩種力量來分別清楚。

要怎麼樣才可以分別清楚呢？根本上還是要再從政治的意義來研究，政是眾人之事，集合眾人之事的大力量，便叫做政權，政權就可以說是民權。治是管理眾人之事，集合管理眾人之事的大力量，便叫做治權，治權就可以說是政府權。所以政治之中，包含有兩個力量，一個是政權，一個是治權。這兩個力量，一個是管理政府的力量，一個是政府自身的力量。這是什麼意思呢？好比有十萬匹馬力的輪船機器，那架機器能夠發生十萬匹馬力來運動輪船，這便是機器本體的力量。這種力量，就好比是政府自身的力量一樣。這種政府自身的力量，就是治權。至於這樣大的輪船，或者是要前進，或者是要後退，或者是要向左右轉，或者是要停止，以及所走的速度，或者是要快，或者是要慢，更要有很好的工程師，用很完全的機器，才可以駕駛，才可以管理。有了很完全的駕駛管理之力量，才可以令那樣大力的輪船，要怎麼樣開動便是怎麼樣開動，要怎麼樣停止便是怎麼樣停止。這種開動、停止的力量，便是管理輪船的力量，這種力量，就好比是管理政府的力量一樣。這種管理的大力量，就是政權。

我們造新國家，好比是造新輪船一樣，船中所裝的機器，如果發生的馬力很小，行船的速度當然是很慢，所載的貨物當然很少，所收的利息當然是很微。反過來說，如果所發生的馬力很大，行船的速度當然是極快，所載的貨物當然是極多，所收的利息也當然是極大。假設有一隻大輪船，其中所裝的機器，可發生十萬匹馬力，每小時可以走二十海里，來往廣州上海一次，在兩個星期之內，可以賺十萬塊錢。如果是另造一隻極大的輪船，其中裝一架新機器，可以發生一百萬匹馬力，每小時可以走五十海里，照比例算起來，那麼來往廣州上海一次，只要一個星期，便可賺一百萬塊錢。現在世界上最快的大輪船，每小時不過走二、三十海里，如果我們所造的新輪船，每小時可以走五十海里，世界上便沒有別的輪船能夠來比賽，我們的輪船，就是世界上最快最大的新輪船。創造新國家，也是一樣的道理。如果在國家之內，所建設的政府，只要他發生很小的力量，是沒有權力的政府，那麼這個政府，所做的事業當然是很小，所成就的功效當然是很微。若是要他發生很大的力量，是強有力的政府，那麼這個政府，所做的事業當然是很大，所成就的功效也當然是極大。假設在世界上的最大國之內，建設一個極強有力的政府，那麼這個國家，豈不是駕乎各國之上的國家，這個政府，豈不是無敵於天下的政府？歐美到了今日，為什麼還是只製造有大馬力的機器之輪船，不製造極強有力的政府之國家呢？因為他們現在的人民，只有方法來管理大馬力的機器，沒有方法來管理強有力的政府。而且不要小馬力的舊船，另外造一隻大馬力的新船，是很容易的事。至於國家，已經是根深蒂固，有了沒有力量的舊政府，要另外造成一個強有力的新政府，那是很不容易的事。

說到我們中國人口，有了四萬萬，是世界上人口最多的國家，領土寬闊，物產豐富，都要在美國之上。美國成了現世界上最富最強的國家，沒有哪一國可以和他並駕齊驅。就天然的富源來比較，中國還應該要駕乎美國之上。但是現在的國情，不但是不能駕乎美國之上，並且不能夠和美國相提並論。此中原因，就是我們中國只有天然的資格，缺少人為的工夫，從來沒有很好的政府。如果用這種天然的資格，再加以人為的工夫，建設一個很完全很有權力的政府，發生極大力量去運動全國，中國便可以和美國馬上並駕齊驅。

五、建設新國家的原理——從新創造政權和治權分開的民權政府

中國有了強有力的政府之後，我們便不要像歐美的人民，怕政府的力量太大，不能夠管理。因為在我們的計畫之中，想造成的新國家，是要把國家的政治大權分開成兩個。一個是政權，要把這個大權，完全交到人民的手內，要人民有充分的政權，可以直接去管理國事，這個政權，便是民權。一個是治權，要把這個大權完全交到政府的機關之內，要政府有很大的力量，治理全國事務，這個治權，便是政府權。人民有了很充分的政權，管理政府的方法很完全，便不怕政府的力量太大，不能夠管理。歐美從前不敢造十萬匹馬力以上的機器，只敢造十萬匹馬力以下的機器，就是因為機器的構造不完全，管理的方法不周密，所以便怕機器的力量太大，不敢管理。到了現在，機器很進步，機器本體的構造，既是很完全，管理機器的方法，又是很周密，所以便製造極大馬力的機器。我們要製造政治的機器，要政治的機器進步，也是要跟這一樣的路走，要有構造很完全和有大力量的政府機關，同時又要有管理這個機關很周密的民權方法。歐美人民對於政府，因為沒有管理很周密的方法，所以他們的政府機關，至今還是不發達。我們要不蹈他們的覆轍，根本上要人民對於政府的態度，分開權與能，把政治的大權分開成兩個，一個是政府權，一個是人民權。像這樣的分開，就是把政府當做機器，把人民當做工程師，人民對於政府的態度，就好比是工程師對於機器一樣。

現在機器的構造很進步，不但是有機器知識的人，可以來管理，就是沒有機器知識的小孩子，也是可以來管理。譬如現在所用的電燈，從前發明的時候，是什麼情形呢？因為電和雷一樣，是很危險的東西，如果管理的方法不好，便打死人。因為這個原故，從前發明電的科學家不知道受過了多少犧牲，因為所受的犧牲太多，危險太大，所以發明電光很久，還不敢來做電燈用。後來發明了管理電的方法很周密，只要一轉接電

鈕，便可以開閉，這樣一轉手之勞，是很便利很安全的，無論是哪一種沒有電學知識的人，不管他是城市的小孩子，或者是鄉下極無知識的愚民，都可以用手來轉他，所以現在便把極危險的電光，拿來做燈用。

其他各種機器的進步，也是和這一樣的情形，比方最新發明的大機器，是飛天的機器，也是一種很危險的東西，最初發明的時候，不知道死了多少人。像從前廣東的馮如，他是什麼人呢？就是製造飛機的人，就是駕駛飛機跌死了的人。在從前發明飛機的時候，沒有人知道用這個機器去飛，所以製造飛機的人，又要做飛機師。最初做飛機師的人，一來由於管理這種機器的方法不周密，二來由於向來沒有經驗，不知道怎麼樣來使用這種機器，所以飛到天空之中，常常跌到地下，死了許多人。因為死了很多的人，所以普通人便不敢去坐飛機。現在管理這種飛機的方法很周密，許多人都知道飛到了天空中，像鳥雀一樣，來往上下，非常的便利，非常的安全，所以就是普通人，都敢去坐飛機。因為普通人都敢去坐這種機器，所以近來便把他用作交通的機器。好像我們由廣東到四川，道路很遠，當中又有敵人，水陸路的交通很不便利，便可坐飛機，由天空之中，一直飛到四川。

現在中國有了民權的思想，但是關於這種思想的機器，世界上還沒有發明完全，一般人民都不知道用他，我們先知先覺的人，便應該先來造好這種機器，做一個很便利的放水制，做一個很安全的接電鈕，只要普通人一轉手之勞便知道使用他，然後才可以把這種思想做成事實。中國人得到民權思想本是在歐美之後，好像築鐵路是在日本之後一樣。日本築鐵路，雖然是在我們之先，但是所築的鐵路是舊東西，不合時用；我們新築成的鐵路，是很合時用的新東西。至於我們在歐美之後，要想有什麼方法，才可以來使用民權呢？這種方法想通了，民權才可以供我們的使用。若是這種方法沒有想通，民權便不能供我們的使用。如果一定要去使用，便是很危險，便要打死人。現在世界上有沒有這種方法呢？在歐洲有一個瑞士國，已經有了這幾部分的方法，已經試驗了這幾部分的方法，這是徹底的方法，是直接的民權，不過不大完全罷了。至於歐洲的那些大國，就是這不完全的方法，還是沒有試驗。因為試驗這幾部分之方法的國家，只有瑞士的一個小國，沒有別的大國，所以許多人便懷疑起來，說這幾部分的方法，只有在小國才能夠使用，在大國便不能夠用。歐洲的大國為什麼不用這幾部分的方法呢？這個理由，就是像日本，已經有了小鐵路，再要改造大鐵路，便要費很久的時間，花很多的錢，是很不經濟的事。因為畏難苟安，注重經濟，所以他們民權的先進國家，就是知道了這些新式的發明，還是不採用他。說到我們中國，關於民權的機器，從前沒有舊東西，現在很可以採用最近最好的新發明。

六、政權的種類和應用原則

關於民權一方面的方法，世界上有了一些什麼最新式的發明呢？第一個是選舉權，現在世界上所謂先進的民權國家，普遍的只實行這一個民權。專行這一個民權，在政治之中是不是夠用呢？專行這一個民權，好比是最初的舊式機器，只有把機器推到前進的力，沒有拉回來的力。現在新式的方法除了選舉權之外，第二個就是罷免權。人民有了這個權，便有拉回來的力，這兩個權是管理官吏的，人民有了這兩權，對於政府之中的一切官吏，一面可以放出去，又一面可以調回來，來去都可以從人民的自由，這好比是新式的機器，一推一拉，都可以由機器的自動。國家除了官吏之外，還有什麼重要東西呢？其次的就是法律，所謂有了治人，還要有治法。人民要有什麼權，才可以管理法律呢？如果大家看到了一種法律，以為是很有利於人民的，便要有一種權，自己決定出來，交到政府去執行，關於這種權，叫做創制權，這就是第三個民權。若是大家看到了從前的舊法律，以為是很不利於人民的，便要有一種權，自己去修改，修改好了之後，便要政府執行修正的新法律，廢止從前的舊法律，關於這種權，叫做複決權，這就是第四個民權。人民有了這四個權，才算是充分的民權，能夠實行這四個民權，才算是徹底的直接民權。從前沒有充分民權的時候，人民選舉了官吏、議員之後，便不能夠再問，這種民權是間接民權，間接民權就是代議政體用代議士去管理政府，人民不能直接去管理政府。要人民能夠直接管理政府，便要人民能夠實行這四個民權，人民能夠實行這四個民權，才叫做全民政治。

全民政治是什麼意思呢？就是從前講過了的，用四萬萬人來做皇帝，四萬萬人要怎麼樣才可以做皇帝呢？就是要有這四個民權，來管理國家的大事，所以這四個民權，就是四個放水制，或者是四個接電鈕。我們有了放水制，便可以直接管理自來水；有了接電鈕，便可以直接管理電燈；有了這四個民權，便可以直接管理國家的政治。這四個民權，又叫做政權，就是管理政府的權。至於政府自己辦事的權，又可以說是做工權，就是政府替人民做工夫的權。人民有了大權，政府能不能夠做工夫，要做什麼樣的工夫，都要隨人民的志願，就是政府有了大權，一經發動做工夫之後，可以發生很大的力量，人民隨時要他停止，他便要停止。

總而言之，要人民真有直接管理政府之權，便要政府的動作，隨時受人民的指揮。好像外國的舊兵船，從前如果是裝了十二門大砲，便分成六個砲臺，要瞄準放砲，打什麼敵人，都是由許多砲手去分別執行，做指揮的人不能直接管理。現在的新兵船，要測量敵人的遠近，在桅頂便有測量機，要瞄準放砲，在指揮官的房中，便有電機直接管理。如果遇到了敵人，不必要許多砲手去瞄準放砲，只要做指揮官的人，坐在房中，就測量機的報告，按距離的遠近撥動電機。要用哪一門砲，打哪一方的敵人，或者是要十二門砲，同時瞄準，同時放砲，都可以如願，都可以命中。像這樣才叫做是直接管理。但是要這樣來直接管理，並不是要管理的人，自己都來做工夫，不要自己來做工夫的機器，才叫做靈便機器。

七、治權的種類和應用原則

人民有了這四個大權，來管理政府，要政府去做工夫，在政府之中要用什麼方法呢？要政府有很完全的機關，去做很好的工夫，便要用五權憲法。用五權憲法所組織的政府，才是完全的民權政府，才是完全的政府機關。有了這種政府機關，去替人民做工夫，才可以做很好很完全的工夫。從前據說美國有一位學者，對於政治學理上的最新發明，是說在一國之內，最怕的是有了一個萬能政府，人民不能管理。最希望的是要一個萬能政府，為人民使用，以謀人民的幸福，有了這種政府，民治才算是最發達。我們現在分開權與能，說人民是工程師，政府是機器，在一方面要政府的機器是萬能，無論什麼事都可以做；又在他一方面要人民的工程師，也有大力量，可以管理萬能的機器。那麼在人民和政府的兩方面，彼此要有一些什麼的大權，才可以彼此平衡呢？在人民一方面的大權，剛才已經講過了，是要有四個政權，這四個政權，是選舉權、罷免權、創制權、複決權。在政府一方面的，是要有五個治權，這五個治權，就是行政權、立法權、司法權、考試權、監察權。用人民的四個政權，來管理政府的五個治權，那才算是一個完全的民權政治機關。有了這樣的政治機關，人民和政府的力量，才可以彼此平衡互相調劑，不相衝突。我們要詳細明白這兩種大權的關係，可以用一個圖來說明。就這個圖來看，在上面的政權，就是人民權；在下面的治權，就是政府權。人民要怎麼樣管理政府，就是實行選舉權、罷免權、創制權、和複決權。政府要怎麼樣替人民做工夫，就是實行行政權、立法權、司法權、考試權、和監察權。有了這九個權，彼此保持平衡，民權問題才算是真解決，政治才算是有軌道。至於這九個權的材料，並不是我今日才發明的。譬如就政權說，在瑞士已經實行過了三個權，不過是沒有罷官權。在美國的西北幾省，現在除採用瑞士的三個政權以外，並加入一個罷免權。至於選舉權，更是世界上各國最通行的民權。所以就世界上民權的情形說，瑞士已經實行過了三權，美國有四分之一的省分已經實行過了四權，他們在那幾部分的地方，實行這四個民權，有了很周密的辦

- 政權
  - 選舉權
  - 罷免權
  - 創制權
  - 複決權
- 治權
  - 司法權
  - 立法權
  - 行政權
  - 考試權
  - 監察權

法，得了很好的成績。就是這四個民權，實在是人類經驗中的事實，不是假設來的理想，我們現在來採用，是很穩健的，並沒有什麼危險。

八、完善的民權政治機關

至於說到政府權，從前都是由皇帝一個人壟斷，革命之後才分開成三個權，像美國獨立之後便實行三權分立，後來得了很好的成績，各國便都學美國的辦法。不過外國從前只有三權分立，我們現在為什麼要五權分立呢？其餘兩個權是從什麼地方來的呢？這兩個權是中國固有的東西。中國古時舉行考試和監察的獨立制度，也有很好的成績。像滿清的御史，唐朝的諫議大夫，都是很好的監察制度。舉行這種制度的大權，就是監察權，監察權就是彈劾權，外國現在也有這種權，不過把他放在立法機關之中，不能夠獨立成一種治權罷了。至於歷代舉行考試，拔取真才，更是中國幾千年的特色。外國學者近來考察中國的制度，便極讚美中國考試的獨立制度，也有仿效中國的考試制度去拔取真才。像英國近來舉行文官考試，便是說從中國仿效過去的，不過英國的考試制度，只考試普通文官，還沒有達到中國考試權之獨立的真精神。所以就中國政府權的情形講，只有司法、立法、行政三個權是由皇帝拿在掌握之中，其餘監察權和考試權還是獨立的。就是中國的專制政府，從前也可以說是三權分立的，和外國從前的專制政府便大不相同。從前外國在專制政府的時候，無論是什麼權，都是由皇帝一個人壟斷；中國在專制政府的時候，關於考試權和監察權，皇帝還沒有壟斷，所以分開政府的大權，便可以說外國是三權分立，中國也是三權分立。中國從前實行君權、考試權和監察權的分立，有了幾千年；外國實行立法權、司法權和行政權的分立，有了一百多年。不過外國近來實行這種三權分立，還是不大完全，中國從前實行那種三權分立，更是有很大的流弊。我們現在要集合中外的精華，防止一切的流弊，便要採用外國的行政權、立法權、司法權，加入中國的考試權和監察權，連成一個很好的完璧，造成一個五權分立的政府。像這樣的政府，才是世界上最完全、最良善的政府，國家有了這樣的賢良政府，才可以做到民有、民治、民享的政府。

我們在政權一方面，主張四權，在治權一方面，主張五權；這四權和五權，各有各的統屬，各有各的作用，要分別清楚，不可紊亂。現在許多人都不能分別，不但是平常人不能分別，就是專門學者，也是一樣的不能分別。像近來我會見了一個同志，他是新從美國畢業回來的，我問他說：「你對於革命的主義是怎樣呢？」他說：「我是很贊成的。」我又問他說：「你是學什麼東西呢？」他說：「我是學政治法律。」我又問他說：「你對於我所主張的民權，有什麼意見呢？」他說：「五權憲法是很好的東西呀，這是人人都歡迎的呀。」像這位學政治法律的專門學者，所答非所問，便可以知道他把四權和五權，還沒有分別清楚，對於人民和政府的關係，還是很糊塗。殊不知道五權是屬於政府的權，就他的作用說，就是機器權，一個極大的機器，發生了極大的馬力，要這個機器所做的工夫很有成績，便要把他分成五個做工的門徑。民權就是人民用來直接管理這架大馬力的機器之權，所以四個民權，就可以說是機器上的四個節制，有了這四個節制，便可以管理那架機器的動靜。政府替人民做事，要有五個權，就是要有五種工作，要分成五個門徑去做工。人民管理政府的動靜，要有四個權，就是要有四個節制，要分成四方面來管理政府，政府有了這樣大的能力，有了這些做工的門徑，才可以發出無限的威力，才是萬能政府，人民有了這樣大的權力，有了這樣多的節制，便不怕政府到了萬能，沒有力量來管理，政府的一動一靜，人民隨時都是可以指揮的。像有了這種情形，政府的威力便可以發展，人民的權力也可以擴充，有了這種政權和治權，才可以達到美國學者的目的，造成萬能政府，為人民謀幸福。中國能夠實行這種政權和治權，便可以破天荒在地球上造成一個新世界。

至於民權之實情與民權之行使，當待選舉法、罷免法、創制法、和複決法規定之後，乃能詳悉其真相與底蘊，在講演此民權主義之中，固不能盡述。閱者欲知此中詳細情形，可參考廖仲愷君所譯《全民政治》。

民生主義

第一講　民生主義和馬克思主義的異同

一、「民生」的意義——民生主義的意義

諸君：今天來講民生主義。什麼是叫做民生主義呢？民生兩個字是中國向來用慣了的一個名詞；我們常說什麼國計民生，不過我們所用的這句話，怕多是信口而出，不求甚解，未見得含有多少意義的。但是今日科學大明，在科學範圍之內，拿這個名詞來用之於社會經濟上，就覺得是意義無窮了。我今天就拿這個名詞來下一個定義，可以說民生就是人民的生活，社會的生存，國民的生計，群眾的生命。我現在就是用民生這兩個字，來講外國近百十年來所發生的一個最大問題，這個問題就是社會問題；故民生主義就是社會主義，又名共產主義，即是大同主義。欲明白這個主義，斷非幾句定義的話可以講得清楚的，必須把民生主義的演講從頭聽到尾，才可以徹底明白了解。

二、民生問題的發生因素

民生問題，今日成了世界各國的潮流；推到這個問題的來歷，發生不過一百幾十年。為什麼近代發生這個問題呢？簡單言之，就是因為這幾十年來，各國的物質文明極進步，工業很發達，人類的生產力忽然增加；著實言之，就是由於發明了機器，世界文明先進的人類，便逐漸不用人力來做工，而用天然力來做工，就是用天然的汽力、火力、水力及電力來替代人的氣力，用金屬的銅鐵來代替人的筋骨。機器發明之後，用一個人管理一副機器，便可以做一百人或一千人的工夫，所以機器的生產力和人工的生產力便有大大的分別。在沒有機器以前，一個最勤勞的人，最多不過是做兩、三個人的工夫，斷不能做得十個人以上的工夫。照此推

論起來，一個人的生產力，就本領最大體魄、最強和最勤勞的人說，也不過是大過普通人的十倍，平常人的生產力，都是相等的，沒有什麼大差別。至於用機器來做工的生產力，和用人做工的生產力兩相比較，便很不相同。用人來做工，就是極有能幹而兼勤勞的人，最多不過是駕乎平常人的十倍；但是用機器來做工，就是用一個很懶惰和很尋常的人去管理，他的生產力也可以駕乎一個人力的幾百倍，或者是千倍。所以這幾十年來機器發明了之後，生產力比較從前就有很大的差別。

我們拿眼前可以證明的事實來說一說，比方現在廣州市街上所見最多的人，莫如運送東西的苦力，這種苦力叫做挑夫，這種挑夫的人數，占廣州市工人中一大部分。挑夫中之體魄最強壯的人，最重只可以挑二百斤東西，每日不過是走幾十里路遠，這種挑夫是很不容易得的；尋常的挑夫，挑了幾十斤重，走了幾十里路遠，便覺得很辛苦。如果拿挑夫和運輸機器來比較，是怎麼樣的情形呢？像廣州市黃沙的火車，運送貨物，一架火車頭可以拖二十多架貨車，一架貨車可以載幾百擔重的貨物，一架貨車能夠載幾百擔，二十多架貨車便能夠載一萬擔；這一萬擔貨物，用一架火車頭去拉，只要一兩個人管理火車頭的機器，或者要幾個人管理貨車，一日便可以走幾百里。譬如廣東的粵漢鐵路，由黃沙到韶關，約有五百里的路程，像從前專用人力去運貨物，一個人挑一擔，一百人挑百擔；如果有一萬擔貨物，就要有一萬個工人。用工人所走的路程計算，一個人一天大概只能夠走五十里的路程，就要走十天的時間。所以一萬擔貨物，從前專用人工去運送，就要一萬個工人，走十天之久。現在用火車去運送，只要八點鐘的時間，一直便由黃沙運到韶關，所用的工人最多不過是十個人。由此便知道用十個人所做的工，便可以替代一萬人，用八點鐘便可替代十天。機器和工人比較的相差，該是有多少呢？用火車來做運送的工作，不但是用一個人可以替代一千人，用一點鐘可以替代一日，是很便利迅速的；就是以運貨的工錢來說，一個工人挑一擔貨物，走五十里路遠，每天大約要一元，要用一萬工人，挑一萬擔貨物，走十天的路，統共就要十萬元，如果用火車來運送，頂多不過是幾千元。機器和人工的比較，單拿挑夫來講，便有這樣的大差別。其他耕田、織布、做房屋以及其他種種工作，也是有幾百倍或千倍的差別。所以機器發明了之後，世界上的生產力便生出一個大變動；這個大變動，就是機器占了人工，有機器的人便把無機器人的錢都賺去了。

再像廣州沒有經過鴉片戰爭以前，是中國獨一的通商口岸，中國各省的貨物，都是先運來廣州，然後再由廣州運出外洋；外國的貨物也是先運到廣州，然後再由廣州運進各省。所以中國各省的進出口貨物，都是經過湖南、江西，走南雄、樂昌，才到廣州。因為這個原因，所以南雄、樂昌到韶關的這兩條路，在當時沿途的挑夫是很多的，兩旁的茶館飯店也是很熱鬧的。後來海禁大開，各省的貨物或者是由海船運到廣東，或者是由上海、天津直接運送到外洋，都不經過南雄、樂昌到韶關的這兩條路；所以由南雄、樂昌到韶關那兩條路上的工人，現在都減少了，從前那兩條路的繁盛，現在都變成很荒涼了。到了粵漢鐵路通了火車之後，可以替代工人，由廣州到韶關的挑夫更是絕跡。其他各地各國的情形都是一樣。所以從機器發明了之後，便有許多人一時失業，沒有工做，沒有飯吃。這種大變動，外國叫做實業革命。因為有了這種實業革命，工人便受很大的痛苦，因為要解決這種痛苦，所以近幾十年來，便發生社會問題。

三、用「民生主義」代替社會主義的理由

這個社會問題，就是我今天所講的民生主義。我今天為什麼不學外國直接來講社會主義，要拿民生這個中國古名詞來替代社會主義呢？這是很有道理，我們應該要研究的。因為機器發明以後，經過了實業革命，成為社會問題，便發生社會主義，所以社會主義之發生，已經有了幾十年。但是這幾十年中，歐美各國對於社會主義，還沒有找出一個解決的方法，現在還是在劇烈戰爭之中。這種學說和思想，現在流入中國來了，中國一班新學者也是拿他來研究。社會主義之中，又有叫做共產主義的；因為社會主義，現在中國很流行，

所以共產主義之名現在中國也是很流行。中國學者拿社會主義和共產主義來研究，想尋出一個解決的方法，也是很艱難的。因為外國發明這種學理，已經有了幾十年，到現在還不能夠解決，此時傳入中國，我們就想要解決，當然是不容易的。

我們要研究這個問題，便要先把他的原委、性質和定義來研究清楚。共產主義和社會主義兩個名詞，現在外國是一樣並稱的；其中辦法雖然各有不同，但是通稱的名詞，都是用社會主義。現在中國有人把社會主義同社會學兩個名詞作一樣的看待，這實在是混亂。這種混亂，不但是中國人有的，就是外國人也是一樣有的。因為社會這個名詞，在英文是「梳西乙地」(society)；社會學是「梳西柯羅之」(sociology)；社會主義是「梳西利甚」(socialism)；這三個字頭一半的英文串字，都是相同的，所以許多人便生出混亂。其實英文中的社會主義「梳西利甚」那個字，是從希臘文變出來的；希臘文社會主義的原意是「同志」，就像中國俗話說是「夥計」兩個字一樣。至於說到社會學的範圍，是研究社會的情狀，社會的進化和群眾結合的現象；社會主義的範圍，研究社會經濟和人類生活的問題，就是研究人民生計問題。所以我用民生主義來替代社會主義，始意就是在正本清源，要把這個問題的真性質表明清楚，要一般人一聽到這個名詞之後，便可以了解。因為社會主義發生了幾十年，研究這種學理的學者，不知道有幾千百家，所出的書籍，也不知道有幾千百種；其中關於解決社會問題的學說之多，真是聚訟紛紜。所以外國的俗語說「社會主義有五十七種，究竟不知哪一種才是的確」。由此便可見普通人對於社會主義真是無所適從的心理了。

歐戰發生了之後，各國社會的進步很快，世界潮流已經到了解決社會問題的時期；凡是從前不理社會主義的人，在此時也跟上社會主義的路來走。就時勢的機會講，社會黨應該可以做很多事，應該可以完全解決社會問題；但是社會黨的內部，便生出許多紛爭。在各國的社會黨，一時風起雲湧，發生種種派別，其中最著名的有所謂共產黨、國家社會黨和社會民主黨，各黨派之複雜，幾乎不只五十七種。所以從前旁觀者，對於社會黨派別複雜的批評，至此時正所謂不幸而言中！至於歐戰沒有發生以前，世界各國只有贊成社會主義和反對社會主義的兩種人；反對的那種人，大多數都是資本家，所以從前只有反對社會主義的資本家同社會黨來戰爭。到歐戰發生了之後，反對的人都似降服了，社會黨似乎可以乘機來解決社會問題；不過當時贊成社會主義的人，在事前沒有想到好辦法，所以社會黨內部，便臨時生出許多紛爭。這種紛爭，比較從前反對派和贊成派的紛爭，更要厲害。所以社會問題，至今不能解決，我們到了今日，還是要來研究。在從前資本家、工人和學者反對社會主義的時候，所有世界各國贊成社會主義的人，不論是本國外國，都是認為同志。到了近來，不但是德國的社會黨反對俄國的社會黨，或者是俄國的社會黨反對英國、美國的社會黨，有國際的紛爭；就是一國的社會黨內部，也演出種種紛爭，所以社會問題越演越紛亂，到現在還找不出一個好方法來解決。

四、民生主義和社會主義的分別之一——社會進步的重心問題

今天我所講的民生主義，究竟和社會主義有沒有分別呢？社會主義中的最大問題，就是社會經濟問題，這種問題，就是一班人的生活問題。因為機器發明了以後，大部分人的工作都是被機器奪去了，一班工人不能夠生存，便發生社會問題；所以社會問題之發生，原來是要解決人民的生活問題。故專就這一部分的道理講，社會問題便是民生問題，所以民生主義，便可說是社會主義的本題。現在各國的社會主義，各有各的主張。所以各國解決社會問題的方法，也是各有不同。社會主義到底是民生主義中的一部分呀，或者是民生主義是社會主義的一部分呢？

實業革命以後，研究社會問題的人，不下千百家，其中研究最透徹和最有心得的，就是大家所知道的馬克思 (K. Marx)，馬克思對於社會問題，好像盧梭 (Rousseau) 對於民權問題一樣。在一百多年以前，歐美研究

民權問題的人，沒有哪一個不是崇拜盧梭為民權問題中的聖人，好像中國崇拜孔子一樣；現在研究社會問題的人，也沒有哪一個不是崇拜馬克思做社會主義中的聖人。在馬克思的學說沒有發表以前，世界上講社會主義的，都是一種陳義甚高的理論，離事實太遠；而馬克思專從事實與歷史方面用工夫，原原本本把社會問題的經濟變遷，闡發無遺。所以後來學者把講社會主義的人分作兩派：一是叫做「烏托邦派」，這個烏托邦和中國黃老所說的華胥氏之國，意思相同；一是叫做「科學派」，專從科學方法去研究社會問題之解決。至於烏托邦派是專從理想上要把社會來改良，成一個安樂的國家，便有這種子虛烏有的寄託。這種寄託，是由於人類受了很多痛苦，那些極有道德和悲天憫人的人，見了很不忍心，但是又沒有力量去改良，所以只好說理想上的空話，作一種寄託。

中國俗語說：「天生一條蟲，地生一片葉；天生一隻鳥，地生一條蟲。」這幾句話的意思，就是說有了蟲就有葉來養，有了鳥就有蟲來養。但是人類的天然形體不完全，生來沒有羽毛。必需衣以禦寒，必需食以養生。在太古吃果實的時候，地廣人稀，人人都是很容易覓食，不必做很多的工就可以生活。到了漁獵時代，人民就要打魚獵獸，才可以有魚肉吃，才可以生活，就是要做工才有飯吃。到了游牧時代，人類要從事畜牧才可以生活；當時人人都是逐水草而居，時常遷徙，所有的工作便是很辛苦勤勞的。至於農業時代，人類要樹藝五穀才可以生活，彼時人類的生活更是複雜，所有的工作更是辛苦勤勞。到了工商時代，遇事都是用機器，不用人力，人類雖然有力，也沒有用處，想去賣工，找不到僱主。在這個時候，便有很多人沒有飯吃，甚至於餓死，所受的痛苦，不是一言可盡了。

一般道德家，見得天然界的禽獸，不用受痛苦，尚且可以得衣食；人類受了痛苦，反不容易得衣食，這是很可憫的。想要減少這些痛苦，令人人都可以得衣食，便發明了社會主義的學說，來解決這個問題。所以從前一般社會主義的人，多半是道德家，就是一般贊成的人，也是很有良心、很有道德的；只有在經濟上已經成功、自私自利不顧群眾生活的資本家，才去反對，才不理社會問題。這個問題既然是為世界大多數謀生活的問題，先知先覺的人，發明這個道理之後，自然可以取得多數人的同情心來表示贊成。所以這個學說一經出世之後，便組織了社會黨；社會黨一經成立之後，團體便一天發達一天，一天加大一天，擴充到各國。但是從前講社會主義的人，都是烏托邦派，只希望造一個理想上的安樂世界，來消滅人類的痛苦；至於怎樣去消滅的具體方法，他們毫沒有想到。到了馬克思出世之後，便用他的聰明才智和學問經驗，對於這些問題，作一種極透徹的研究，把古人所不知道和所不能解決的，都通通發明出來。他的發明是全憑著經濟原理，他照經濟原理作透徹的研究之後，便批評從前主張社會主義的人，不過是有個人的道德心，和群眾的感情作用；其實經濟問題，不是道德心和感情作用可以解決得了的，必須把社會的情狀和社會的進化，研究清楚了之後，才可以解決。這種解決社會問題的原理，可以說是全憑事實，不尚理想。至於馬克思所著的書，和所發明的學說，可說是集幾千年來人類思想的大成。所以他的學說一出來之後，便舉世風從，各國學者都是信仰他，都是跟住他走，好像盧梭發明了民權主義之後，凡是研究民權問題的人，都信仰盧梭一樣。

從馬克思以後，社會主義裡頭便分兩派：一個是烏托邦派，一個是科學派。烏托邦派的情形，剛才已經講過了。至於科學派是主張用科學的方法來解決社會問題，因為近幾十年來，物質文明極發達，科學很昌明，凡事都是要憑科學的道理才可以解決，才可以達到圓滿的目的；就是講到社會問題的解決方法，也是要從科學一方面研究清楚了之後，才可以得出結果。講到這裡，便要歸宿到我的學說「知難行易」；天下事情，如果真是知道了，便容易行得到。比方今天講堂裡很熱，我們不用人力，只用電氣風扇可以解熱。這件事如果是古人或者是鄉下毫沒有知識的人看見了，一定以為是神鬼從中搖動，所謂巧奪天工，對於這種奇怪的風扇，一定要祈禱下拜。現在大家雖然不明白電氣風扇的詳細構造，但是已經明白電與磁互相吸引的道理。因為由電能夠吸引風扇，所以風扇能夠轉動，決不以為是奇怪的事。難道古人的聰明不及我們嗎？推論這個原因，就是由於古人不知道科學，故不能發明電扇，不是古人沒有本領，不能用風扇。近來因為知道科學，有了科學家，能夠發明風扇，所以大家便能夠用這種風扇來享清涼。如果古人知道科學，以古人的聰明才智，所做出來的東西，或者比我們的還要巧妙得多。

講到社會問題，在馬克思以前，以為是一種希望，是做不到的事。到馬克思本人，也以為單靠社會主義的理想去研究，還是一種玄想，就是全世界人都贊成，也是做不成功，一定要憑事實，要用科學的方法去研究清楚，才可以做得到。所以他一生研究社會主義，便在科學方法上去做工夫。他研究社會主義的工作，更是很辛苦的。當他亡命在英國的時候，英國是近代世界上頂文明的國家，沒有哪一國可以駕乎英國之上的；至於英國在當時，關於文化的設備也是很齊備的；有一間圖書館，其中所藏的書籍，總有好幾百萬種，無論關於什麼問題的書籍，都是很豐富的。馬克思便每天在那間圖書館內去研究，用了二、三十年的工夫，費了一生的精力，把關於社會主義的書籍，不管他是古人著作的，或者是時人發表的，都搜集在一處，過細參考比較，想求出一個結果。這樣研究社會問題的辦法，就是科學方法；故馬克思所求出解決社會問題的方法，就是科學的社會主義。由於他這種詳細深奧的研究，便求出一個結果說：世界上各種人事的動作，凡是用文字記載下來，令後人看見的，都可以作為歷史。他在這種歷史中所發明的最重要之一點，就是說：世界一切歷史都是集中於物質，物質有變動，世界也隨之變動。並說：人類行為，都是由物質的境遇所決定，故人類文明史，只可說是隨物質境遇的變遷史。馬克思的這種發明，有比之於紐頓所發明天文學的重心學說一樣。

現在馬克思發明「物質是歷史的重心」，因為他的研究透徹，理由充足，所以從前許多反對社會主義的人，後來都變為贊成社會主義。如果是過細研究了馬克思學說的人，更是信仰他。經過歐戰以後，世界上差不多沒有反對社會主義的人，社會黨可以為所欲為，本來可以解決各國的社會問題了。當時勢力最大的社會黨是馬克思派，馬克思派是科學派，從前的是烏托邦派。在當時各國的社會，秩序一亂，社會黨內的科學派和烏托邦派，固然是發生了衝突；就是科學派的社會黨，也是互相衝突，因為社會黨內部有衝突，所以歐戰之後，至今還不能解決社會問題。

至於推到社會黨的聖人馬克思，以物質為歷史的重心，這個道理，究竟是怎麼樣？馬克思的門徒，於一千八百四十八年，在比利時開了一個國際社會黨大會，定了許多辦法；現在各國馬克思派的社會黨所用的辦法，許多還是奉行那年所定的大綱。當歐戰發生了以後，俄國便拿那種主義去實行；現在俄國已經把那種主義改變了。其中理由到底是怎麼樣？我們研究俄國的情形不多，不敢判斷。但是照俄國人自己說：俄國從前所行的革命辦法，並不是馬克思主義，只是一種戰時政策。這種戰時政策，並不是俄國所獨行的，就是英國、德國和美國當歐戰時候，把全國的大實業，像鐵路、輪船和一切大製造廠都收歸國有，同是一樣的辦法。為什麼英國、美國實行出來，就說是戰時政策，在俄國實行出來，大家便說是馬克思主義呢？其理由就由於俄國革命黨是信仰馬克思主義，而欲施之於實行的原故。照俄國人說，俄國現在的實業和經濟，還沒有大發達，實在夠不上實行馬克思主義；要像英國、美國之實業經濟的那樣發達，才可以實行馬克思主義。所以在理論一方面講，馬克思的信徒，在歐戰以後，便大家爭論起來。德國、法國和俄國的社會黨，本來都是服從馬克思主義，成了國際派。但是到了爭論的時候，彼此互相攻擊詆毀，攻擊的人總是說被攻擊的人不是服從馬克思主義；這一派攻擊那一派，這一國的社會黨攻擊那一國的社會黨。由於這些攻擊詆毀，馬克思的學說便發生了嚴重問題。就是物質到底是不是歷史的重心呢？紐頓考究得太陽在宇宙之間，是我們的中心，照天文學和各種科學去研究，那個道理是很對的。馬克思發明物質是歷史的重心，到底這種道理是對不對呢？經過歐戰後幾年的試驗以來，便有許多人說是不對。

到底什麼東西才是歷史的重心呢？我們中國國民黨提倡民生主義，已經有了二十多年，不講社會主義，只講民生主義。社會主義和民生主義的範圍是什麼關係呢？近來美國有一位馬克思的信徒威廉氏（Maurig

Williams)，深究馬克思的主義，見得自己同門互相紛爭，一定是馬克思學說還有不充分的地方，所以他便發表意見說：馬克思以物質為歷史的重心是不對的，社會問題才是歷史的重心；而社會問題中又以生存問題為重心，那才是合理。民生問題就是生存問題，這位美國學者的最近發明，是恰恰和本黨的主義，若合符節。這種發明，就是民生是社會進化的重心，社會進化又是歷史的重心，歸結到歷史的重心是民生，不是物質。我們提倡民生主義二十多年，當初詳細研究，反覆思維，總是覺得用民生這兩個字來包括社會問題，較之用社會或共產等名詞為適當，而又切實又明瞭，故採用這個名詞。不料歐戰發生以後，事理更明，學問更進，馬克思的宗徒也發明了相同之點；由此足見本黨提倡民生主義，是正合乎社會進化的原理，不是像時髦學者所說的人云亦云。

五、民生主義和社會主義的分別之二——社會進化的動因問題

照這位美國學者的主張，他說：古今人類的努力，都是求解決自己的生存問題，人類求解決生存問題，才是社會進化的定律，才是歷史的重心。馬克思的唯物主義，沒有發明社會進化的定律，不是歷史的重心。我們要明白這兩家的學說，究竟哪一家的主張是對的，便要詳細研究他們的主義，和近世社會進化的事實，是不是相符合。馬克思研究社會問題，是專注重物質的，要講到物質，自然不能不先注重生產，沒有過量的生產，自然不至有實業革命，所以生產是近世經濟上的頭一件事，要知道近世的經濟情形，必先要知道近世的生產情形。近世的生產情形是怎麼樣呢？生產的東西，都是用人工和機器，由資本家與機器合作，再利用工人，才得近世的大生產。至於這種大生產所得的利益，資本家獨得大分，工人分得少分，所以工人和資本家的利益，常常相衝突；衝突之後，不能解決，便生出階級戰爭。照馬克思的觀察，階級戰爭不是實業革命之後才有的，凡是過去的歷史都是階級戰爭史。古時有主人和奴隸的戰爭，有地主和農奴的戰爭，有貴族和

平民的戰爭；簡而言之，有種種壓迫者和被壓迫者的戰爭。到了社會革命完全成功，這兩個互相戰爭的階級，才可以一齊消滅。由此便可知馬克思認定要有階級戰爭，社會才有進化，階級戰爭是社會進化的原動力。這是以階級戰爭為因，社會進化為果。我們要知道這種因果的道理，是不是社會進化的定律，便要考察近來社會進化的事實。近幾十年社會是很進化的，各種社會進化的事實更是很複雜的；就是講到經濟一方面的事實，也不是一言可盡。

但是用概括的方法來講，歐美近年來之經濟進化可以分作四種：第一是社會與工業之改良；第二是運輸與交通收歸公有；第三是直接徵稅；第四是分配之社會化。這四種社會經濟事業，都是用改良的方法進化出來的，從今以往，更是日日改良，日日進步的。這四種社會經濟事業，是些什麼詳細情形呢？譬如就第一種說，就是要用政府的力量改良工人的教育，保護工人的衛生，改良工廠和機器，以求極安全和極舒服，工業能夠這樣改良，工人便有做工的大能力，便極願意去做工，生產的效率便是很大。這種社會進化事業，在德國施行最早，並且最有成效；近來英國、美國也是一樣的仿行，也是一樣的有成效。

就第二種的情形說，就是要把電車、火車、輪船以及一切郵政、電訊、交通的大事業，都由政府辦理。用政府的大力量去辦理那些大事業，然後運輸才是很迅速，交通才是很靈便；運輸迅速，交通靈便，然後各處的原料，才是很容易運到工廠內去用，工廠內製造的出品，才是很容易運到市場去賣；便不至多費時間，令原料與出品在中道停滯，受極大的損失。如果此事不由政府去辦，要由私人去辦，不是私人的財力不足，就是壟斷的阻力極大；歸結到運輸，一定是不迅速，交通一定是不靈便，令全國的各種經濟事業，都要在無形之中受很大的損失。這種事業的利弊，在德國明白最早，所以他們的各種大運輸交通事業，老早都是由國家經營。就是美國私有的大運輸交通事業，在歐戰期內也是收歸政府辦理。

至於第三種直接徵稅，也是最近進化出來的社會經濟方法。行這種方法，就是用累進稅率，多徵資本家的所得稅和遺產稅等。施行這種稅法，就可以令國家的財源，多是直接由資本家而來；資本家的入息極多，國家直接徵稅，所謂多取之而不為虐。從前的舊稅法，只是錢糧和關稅兩種；施行那種稅法，就是國家的財源，完全取之於一般貧民，資本家對於國家，只享權利，毫不盡義務，那是很不公平的。德國、英國老早發現這種不公平的事實，所以他們老早便行直接徵稅的方法。德國政府的歲入，由所得稅和遺產稅而來的，占全國收入約自百分之六十至百分之八十。英國政府關於這種收入，在歐戰開始的時候，也到百分之五十八。美國實行這種稅法，較為落後，在十年之前才有這種法律；自行了這種法律以後，國家的收入，便年年大形增加；在一千九百一十八年，專就所得稅一項的收入而論，便約有美金四十萬萬。歐美各國近來實行直接徵稅，增加了大財源，所以更有財力來改良種種社會事業。

第四種分配之社會化，更是歐美社會最近的進化事業。人類自發明了金錢，有了買賣制度以後，一切日常消耗貨物，多是由商人間接買來的。商人用極低的價錢，從出產者買得貨物，再賣到消耗者，一轉手之勞，便賺許多佣錢。這種貨物的分配制度，可以說是買賣制度，也可說是商人分配制度。消耗者在這種商人分配制度之下，無形之中，受很大的損失。近來研究得這種制度，可以改良，可以不必由商人分配，可以由社會組織團體來分配，或者是由政府來分配，譬如英國新發明的消費合作社，就是由社會組織團體來分配貨物。歐美各國最新的市政府，供給水電、煤氣以及麵包、牛奶、牛油等食物，就是用政府來分配貨物。像用這種分配的新方法，便可以省去商人所賺的佣錢，免去消耗者所受的損失。就這種新分配方法的原理講，就可以說是分配之社會化，就是行社會主義來分配貨物。

以上所講的社會與工業之改良，運輸與交通收歸公有，直接徵稅與分配之社會化；這四種社會經濟進化，便打破了種種舊制度，發生了種種新制度。社會上因為常常發生新制度，所以常常有進化。至於這種社會進化，是由於什麼原因呢？社會上何以要起這種變化呢？如果照馬克思的學說來判斷，自然不能不說是由於階級戰爭。社會上之所以要起階級戰爭的原故，自然不能不說是資本家壓制工人，資本家和工人的利益，總是相衝突，不能調和，所以便起戰爭。社會因為有這種戰爭，所以才有進化。但是照歐美近幾十年來，社會上進化的事實看，最好的是分配之社會化，消滅商人的壟斷；多徵資本家的所得稅及遺產稅，增加國家的財富；更用這種財富，來把運輸和交通收歸公有，以及改良工人的教育、衛生和工廠的設備，來增加社會上的生產力。因為社會上的生產力很大，一切生產都是很豐富，資本家固然是發大財，工人也可以多得工錢。像這樣看來，資本家改良工人的生活，增加工人的生產力；工人有了大生產力，便為資本家多生產；在資本家一方面可以多得出產，在工人一方面可以多得工錢，這是資本家和工人的利益相調和，不是相衝突。社會之所以有進化，是由於社會上大多數的經濟利益相調和，不是由於社會上大多數的經濟利益有衝突。社會上大多數的經濟利益相調和，就是為大多數謀利益，大多數有利益，社會才有進步。

社會上大多數的經濟利益之所以要調和的原因，就是因為要解決人類的生存問題。古今一切人類之所以要努力，就是因為要求生存；人類因為要有不間斷的生存，所以社會才有不停止的進化。所以社會進化的定律，是人類求生存，人類求生存，才是社會進化的原因。階級戰爭，不是社會進化的原因，階級戰爭，是社會當進化的時候，所發生的一種病症。這種病症的原因，是人類不能生存；因為人類不能生存，所以這種病症的結果，便起戰爭。馬克思研究社會問題所有的心得，只見得社會進化的毛病，沒有見到社會進化的原理；所以馬克思可說是一個社會病理家，不能說是一個社會生理家。

六、民生主義和社會主義的分別之三——剩餘價值的發生問題

再照馬克思階級戰爭的學說講，他說資本家的盈餘價值，都是從工人的勞動中剝奪來的。把一切生產的功勞，完全歸之於工人的勞動，而忽略社會上其他各種有用份子的勞動。譬如中國最新的工業，是上海、南

通州和天津、漢口各處所辦的紗廠布廠。那些紗廠布廠，當歐戰期內紡紗織布都是很賺錢的，各廠每年所賺的盈餘價值，少的有幾十萬，多的有幾百萬。試問這樣多的盈餘價值，是屬於何人的功勞呢？是不是僅僅由於紗廠布廠內紡紗織布的那些工人的勞動呢？就紡紗織布而論，我們便要想到布和紗的原料，由此我們便要推及於棉花；因為要研究棉花的來源，我們便要推到種種農業問題。要詳細講到棉花的農業問題，便不能不推到研究好棉花種子，和怎麼種植棉花的那些農學家。當未下棉種之初，便不能不用各種工具和機器去耕耘土地；及下棉種之後，又不能不用肥料去培養結棉花的枝幹。我們一想到那些器械和肥料，便不能不歸功到那些器械和肥料的製造家和發明家。棉花收成之後，再要運到工廠內來紡紗織布；布和紗織成之後，再運到各處市場去賣，自然要想到那些運輸的輪船火車。要研究到輪船火車之何以能夠運動，首先便要歸功到那些蒸氣和電氣的發明家。要研究到構造輪船火車是些什麼材料，自然不能不歸功於金屬的採礦冶金家和製造木料的種植家，就是布和紗製成之後，社會上除了工人之外，假若其餘各界的人民都不穿那種布用那種紗，布和紗當然不能暢銷；布和紗沒有大銷路，紗廠布廠的資本家，怎麼樣可以多賺錢，可以多取盈餘價值。就那種種情形設想，試問那些紗廠布廠的資本家，所取得的盈餘價值，究竟是屬於誰的呢？試問紗廠布廠內的工人，怎麼能夠說專以他們的勞動便可以生出那些布和紗的盈餘價值呢？不徒是紗布工廠之盈餘價值的情形是這樣，就是各種工業盈餘價值的情形都是一樣。由此可見所有工業生產的盈餘價值，不專是工廠內工人勞動的結果；凡是社會上各種有用有能力的份子，無論是直接間接，在生產方面或者是在消費方面，都有多少貢獻。那種有用有能力的份子，在社會上要占大多數。如果專講工人，就是在工業極發達的美國，工人的數目，也不過是二千多萬，只占全美國人口五分之一。至於其他工業不發達的國家，像我們中國做工的人數，更是很少。

像這樣講，就令在一個工業極發達的國家，全國的經濟利益不相調和，發生衝突，要起戰爭，也不是一個工人階級和一個資本階級的戰爭，是全體社會大多數有用有能力的份子和一個資本階級的戰爭。這些社會上大多數有用有能力的份子，因為都要求生存，免去經濟上的戰爭，所以才用公家來分配貨物，多徵資本家的所得稅遺產稅，來發達全國的運輸和交通事業，以及改良工人的生活和工廠的工作，做種種大多數的經濟利益相調和的事業。歐美各國從這種種經濟利益相調和的事業發達以後，社會便極有進化，大多數便享幸福。所以馬克思研究社會問題，只求得社會上一部分的毛病，沒有發明社會進化的定律。這位美國學者所發明人類求生存才是社會進化的定律，才是歷史的重心。人類求生存是什麼問題呢？就是民生問題，所以民生問題才可說是社會進化的原動力。我們能夠明白社會進化的原動力，再來解決社會問題，那才很容易。

七、馬克思學說的批評之一——勞資關係論的錯誤

馬克思認定階級戰爭才是社會進化的原因，這便是倒果為因。因為馬克思的學說，顛倒因果，本源不清楚，所以從他的學說出世之後，各國社會上所發生的事實，便與他的學說不合，有的時候並且相反。譬如他的門徒在一千八百四十八年開過一次國際共產黨大會，發表了種種主張；這次所組織的國際共產黨，在普法戰爭的時候，就被消滅了，後來又成立第二次的國際共產黨。第二次國際共產黨和第一次國際共產黨不同的地方，是第一次國際共產黨要完全本階級戰爭的原理，用革命手段來解決社會問題，主張不與資本家相調和，所謂不妥協。至於黨員加入國會去活動，是共產黨所不許可的，以為這不是科學的方法。但是後來德國的共產黨，通同走到國會去活動；延到今日，英國工黨又在君主立憲政府之下組織內閣。照那些事件來看，世界上所發生許多的政治經濟變動，都不是第一次國際共產黨所定的辦法。因為第一次國際共產黨和第二次國際共產黨的主張，大不相同，所以後來馬克思黨徒的紛爭更是厲害，這都是馬克思在當時所沒有料到的。由於這些不能料到的事情，便知道我的學說是知難行易。

馬克思主張用科學方法來解決社會問題，他致力最大的地方，在第一次國際共產黨沒有成立以前，用很多工夫把從前的歷史和當時的事實，都研究得很清楚。由於他研究從前的歷史和當時的事實所有的心得，便下一個判斷說，將來資本制度一定要消滅。他以為資本發達的時候，資本家之中，彼此因為利害的關係，大資本家一定是吞滅小資本家，弄到結果，社會上便只有兩種人：一種是極富的資本家，一種是極窮的工人。到資本發達到了極點的時候，自己便更行破裂，成一個資本國家；再由社會主義順著自然去解決，成一個自由社會式的國家。依他的判斷，資本發達到極點的國家，現在應該到消滅的時期，應該要起革命。但是從他至今有了七十多年，我們所見歐美各國的事實和他的判斷，剛剛是相反。當馬克思的時代，英國工人要求八點鐘的工作時間，用罷工的手段，向資本家要挾。馬克思便批評以為這是一種夢想，資本家一定是不許可的；要得到八點鐘的工作時間，必須用革命手段，才可以做得到，到了後來英國工人八點鐘的要求，不但是居然成為事實，並且由英國國家定為一種通行的法律，令所有全國的大工廠銀行鐵路中的工人都是做工八點鐘。其他許多事實，在馬克思當時，自以為是料到了的，後來都是不相符合，令馬克思自己也說所料不中。別的事實不說，只就資本一項來講：在馬克思的眼光，以為資本發達了之後，便要互相吞併，自行消滅；但是到今日，各國的資本家，不但不消滅，並且更加發達，沒有止境，便可以證明馬克思的學理了。

我們再來講德國社會問題的情形，德國當俾士麥執政的時代，用國家力量去救濟工人的痛苦，做工時間是由國家規定了八點鐘；青年和婦女做工的年齡與時間，國家定了種種限制；工人的養老費和保險費，國家也有種種規定；要全國的資本家擔任去實行。當時雖然有許多資本家反對，但是俾士麥是一位鐵血宰相，他便用鐵血的手腕，去強制執行。當實行的時候，許多人以為國家保護工人的辦法改良，做工的時間減少，這是一定於工人有利，於資本家有損的。再照比例的理想來推，從前十六點鐘的生產力，自然要比八點鐘的生產力大得多。但是實行了之後的結果是怎麼樣呢？事實上八點鐘的工作，比較十六點鐘的工作，還要生產得多。這個理由，就是因為工人一天作八點鐘的工作，他的精神體魄，不至用盡，在衛生上自然是健康得多；因為工人的精神體魄健康，管理工廠內的機器，自然是很周到，機器便很少損壞；機器很少損壞，便不至於停工修理，便可以繼續的生產，生產自然是加多。如果工人一天做十六點鐘的工，他們的精神體魄，便弄到很衰弱，管理機器不能周到，機器便時常損壞，要停工修理，不能繼續生產，生產力自然要減少。如果大家不信，我可以舉一個比喻，請諸君各人自己去試驗。比方一個人一日要讀十五六點鐘的書，弄到精神疲倦，就是勉強讀得多，也不容易記清楚。如果一日只讀八點鐘的書，其餘的時間，便去休息遊戲，保養精神，我想讀過了的書，一定是很容易記得，很容易了解。講到時間的關係，馬克思在當時所想到了的，以為工作八點鐘，生產力一定要減少。後來德國實行減少時間政策，生產力反為加多，駕乎各國之上。於是英國、美國便奇怪起來，以為工作時間減少，工人保護費加多，生產力應該要減少，何以德國行這種政策，生產力反加多呢？因為奇怪，便去考察德國的情形，後來英國、美國也明白這個道理，便仿效德國的辦法。馬克思在當時總是不明白這個道理，所以他便判斷錯誤了。

再照馬克思的研究，他說資本家要能夠多得盈餘價值，必須有三個條件：一是減少工人的工錢；二是延長工人做工的時間；三是抬高出品的價格。這三個條件是不是合理，我們可以用近來極賺錢的工業來證明。大家知道美國有一個福特汽車廠 (H. Ford Co.)，那個工廠極大，汽車的出品極多，在世界各國都是很銷行的，那個廠內每年所賺的錢，要超過萬萬元。至於那個廠內製造和營業的情形是怎麼樣呢？不管是製造廠，或者是辦事房，所有一切機器陳設，都是很完備，都是很精緻，很適合工人的衛生。工人在廠內做事，最勞動的工作，最久不過是做八點鐘。至於工錢，雖極不關重要的工人，每日工錢都有美金五元，合中國錢便有十元；稍為重要的職員，每日所得的薪水，更不止此數。廠內除了給工人的工錢薪水以外，還設備得有種種遊戲場，供工人的娛樂；有醫藥衛生室，調治工人的疾病；開設得有學校，教育新到的工人和工人的子弟；並代全廠的工人保人壽險，工人死亡之後，遺族可以得保險費，又可以得撫恤金。說到這個車廠所製出來的汽車之價格，這是大家買過汽車的人都是很知道的，凡是普通汽車，要值五千元，福特汽車最多不過值一千五百元。這種汽車價值，雖然是很便宜，機器還是很堅固，最好的是能夠走山路，雖使用極久，還不至於破壞。因為這個車廠的汽車有這樣的價廉物美，所以風行全球。因為這種汽車銷路極廣，所以這個廠主便發大財。我們用這個發財車廠所持的工業經濟原理，來和馬克思盈餘價值的理論相比較，至少有三個條件，恰恰是相反。就是馬克思所說的，是資本家要延長工人做工的時間，福特車廠所實行的是縮短工人做工的時間；馬克思所說的資本家減少工人的工錢，福特車廠所實行的是增加工人的工錢；馬克思所說的是資本家要抬高出品的價格，福特車廠所實行的是減低出品的價格。像這些相反的道理，從前馬克思都是不明白，所以他從前的主張便是大錯特錯了。

馬克思研究社會問題，用功幾十年，所知道的都是已往的事實；至於後來的事實，他一點都沒有料到，所以他的信徒，要變更他的學說。又推到馬克思社會主義的目的，根本上主張要推倒資本家。究竟資本家應該不應該推倒，還要後來詳細研究，才能夠清楚。由此更可見知是很艱難的，行是很容易的。

八、馬克思學說的批評之二——資本家先商人消滅判斷的錯誤

就馬克思盈餘價值的精華說，資本家所賺得的錢是剝奪工人的盈餘。由此便推到資本家生產要靠工人，工人生產要靠物質，物質買賣要靠商人。凡是一種生產，資本家同商人總是從中取利剝奪工人的血汗錢。由此便知資本家和商人，都是有害於工人，有害於世界的，都應該要消滅！不過馬克思的判斷，以為要資本家先消滅，商人才能夠消滅。現在世界天天進步，日日改良，像以前所講的分配之社會化，是一種新發明，這種發明叫做合作社；這種合作社是由許多工人聯合起來組織的。工人所需要的衣服飲食，如果要向商人間接

買來，商人便從中取利，賺很多的錢；工人所得的物品，一定是要費很多的錢。工人因為想用賤價去得好物品，所以他們便自行湊合，開一間店子；店子內所賣的貨物，都是工人所需要的。所以工人常年需要貨物，都是向自己所開的店子內去買；供給既便利，價值又便宜。到了每年年底，店中所得的盈利，便依顧主消費的多少，分派利息。這種店子分利，因為是根據於顧主消費的比例，所以就叫做消費合作社。現在英國許多銀行和生產的工廠，都是由這種消費合作社去辦理。由於這種合作社之發生，便消滅了許多商店；所以從前視此種合作社為不關重要的商店，現在便看做極有效力的組織。英國因為這種組織很發達，所以國內的大商家，現在都變成生產家。就是像美國的美孚火油公司，在中國雖然是一家賣油的商店，在美國便是製造火油的生產家。其他英國的各種大商家，現在都有變成生產家的趨勢。用這種合作社來解決社會問題，雖然是旁枝的事情；但是照馬克思當時的判斷，以為要資本家先消滅，商人才可以消滅，現在合作社發生，商人便先消滅。馬克思的判斷，和這種事實，又是不相符合。馬克思的判斷，既然是和事實不對，可見我的學說，知難行易，是的確不能磨滅的。

九、馬克思學說的批評之三——實業中心問題的解釋錯誤

再照馬克思的學理說，世界上的大工業，要靠生產，生產又要靠資本家。這幾句話的意思，就是有了好生產和大資本家，工業便可以發展，便可以賺錢。就我們中國工業的情形來證明，是怎麼樣呢？中國最大的工業是漢冶萍公司，漢冶萍公司是專製造鋼鐵的大工廠。這個公司內最大的資本家，從前是盛宣懷。這個工廠每年所出的鋼鐵，在平常的時候，或者是運到美洲舍路埠(Seattle)去賣，或者是運到澳洲去賣；當歐戰的時候，都是運到日本去賣。鋼鐵本來是中國的大宗進口貨，中國既是有了漢冶萍，可以製造鋼鐵，為什麼還要買外國的鋼鐵呢？因為中國市面所需要的鋼鐵，都是極好的建築鋼槍砲鋼和工具鋼，漢冶萍公司所製造的，

只是鋼軌和生鐵，不合市面的用途，所以市面要買外來的進口貨，不買漢冶萍公司的鋼鐵。至於美國每年所出的鋼，有四千萬噸，鐵有四千萬噸。中國只有漢冶萍，每年出鐵二十萬噸，出鋼十幾萬噸。中國所出這種少數的鋼鐵，為什麼還要運到美國去賣呢？美國出那樣多的鋼鐵，為什麼還可以銷受中國的鋼鐵呢？就是因為漢冶萍沒有好鍊鋼廠，所出的生鐵，要經過許多方法的製造，才可以有用。在中國不合用途，所以要運到外國去賣。美國有極多的製鋼廠，只要有便宜鐵，不管他是哪裡來的，便可以消納，便可以製造好鋼來賺錢。所以本國雖然出好多的鋼鐵，就是中國運去的便宜鐵，還可以買。漢冶萍公司所出的鋼鐵，因為運到外國去賣，所以在歐戰的時候，對於工人減時間，加工價，還是很賺錢；現在是虧本，許多工人失業。照馬克思的學理講，漢冶萍公司既是有鋼鐵的好出產，又有大資本，應該要賺錢，可以大發展，為什麼他還是要虧本呢？由漢冶萍這個公司的情形來考究。實業的中心，是在什麼地方呢？就是在消費的社會，不是專靠生產的資本。漢冶萍雖然有大資本，但是生產的鋼鐵，在中國沒有消費的社會，所以不能發展，總是不能賺錢。因為實業的中心，要靠消費的社會，所以近來世界上的大工業，都是照消費者的需要，來製造物品。近來有知識的工人，也是幫助消費者。消費是什麼問題呢？就是解決眾人生存的問題，也就是民生問題，所以工業實在是要靠民生。民生就是政治的中心，就是經濟的中心，和種種歷史活動的中心，好像天空以內的重心一樣。從前的社會主義，錯認物質是歷史的中心，所以有了種種紛亂。這好像從前的天文學，錯認地球是宇宙的中心，所以計算曆數，每三年便有一個月的大差；後來改正太陽是宇宙的中心，每三年後的曆數，才只有一日之差一樣。我們現在要解除社會問題中的紛亂，便要改正這種錯誤，再不可說物質問題是歷史的中心，要把歷史上的政治和社會經濟種種中心，都歸之於民生問題，以民生為社會歷史的中心；先把中心的民生問題研究清楚了，然後對於社會問題，才有解決的辦法。

第二講 民生主義的具體方法

一、各國解決社會問題的方法——派別

民生主義這個問題，如果要從學理上詳細來講，就是講十天或二十天也講不完全。況且這種學理，現在還是沒有定論的，所以單就學理來講，不但是虛耗很多時間，恐怕講演理論，越講越難明白。所以我今天先把學理暫且放下不說，專拿辦法來講。

民生主義的辦法，中國國民黨在黨綱裡頭，老早是確定了的。中國國民黨對於民生主義，定了兩個辦法：第一個是平均地權；第二個是節制資本。只要照這兩個辦法，便可以解決中國的民生問題。至於世界各國，因為情形各不相同，資本發達的程度也是各不相同，所以解決民生問題的辦法，各國也是不能相同。我們中國學者，近來從歐美得了這種學問，許多人以為解決中國民生問題，也要仿效歐美的辦法。殊不知歐美社會黨解決社會問題的辦法，至今還是紛紛其說，莫衷一是。照馬克思派的辦法，主張解決社會問題，要平民和生產家專制，用革命手段來解決一切政治經濟問題；這種是激烈派。還有一派社會黨，主張和平辦法，用政治運動和妥協的手段去解決。這兩派在歐美常常大相衝突，各行其是。用革命手段來解決政治經濟問題的辦法，俄國革命時候，已經採用過了。不過俄國革命六年以來，我們所看見的是他們用革命手段，只解決了政治問題；用革命手段解決政治問題，在俄國可算是完全成功。但是說到用革命手段來解決經濟問題，在俄國還不能說是成功；俄國近日改變一種新經濟政策，還是在試驗之中，由此便知純用革命手段不能完全解決經濟問題。因為這個原因，歐美許多學者便不贊成俄國用革命手段去解決經濟問題的方法，主張要用政治運動去解決這種問題。行政治運動去解決政治經濟問題，不是一日可以做得到的，所以這派人都主張緩進。

這派主張緩進的人，就是妥協家同和平派。他們所想的方法，以為英美資本發達的國家，不能用馬克思那種方法，立時來解決社會問題，要用和平的方法才可以完全解決。這種方法就是前一次已經講過了的四種方法：第一是社會與工業之改良；第二是運輸與交通事業收歸公有；第三是直接徵稅，就是收所得稅；第四是分配之社會化，就是合作社。這四種方法，都是和馬克思的辦法不同。要主張實行這四種方法，來改良經濟問題，就是反對馬克思用革命手段來解決經濟問題的辦法。歐美各國已經陸續實行這四種方法，不過還沒有完全達到所期望的目的。但是大家都以為用這四種方法，社會問題便可以解決，所以英美便有許多社會黨很贊成這四種方法。這四種方法都是和平手段，所以他們便很反對馬克思的革命手段。

俄國當初革命的時候，本來想要解決社會問題，政治問題還在其次。但是革命的結果，政治問題得了解決，社會問題不能解決，和所希望的恰恰是相反。由於這種事實，反對馬克思的一派，便說：「俄國實行馬克思辦法，經過這次試驗，已經是辦不通，歸於失敗。」至於馬克思的黨徒，便答覆說：「俄國行革命手段來解決社會問題，不是失敗，是由於俄國的工商業還沒有發達到英美那種程度，俄國的經濟組織，還沒有成熟，所以不能行馬克思的方法。如果在工商業極發達，經濟組織很成熟的國家，一定可以行馬克思的辦法。所以馬克思的方法，若是在英美那種國家去實行，一定是能夠成功的，社會問題是一定可以根本解決的。」照這兩派學說比較起來，用馬克思的方法，所謂是快刀斬亂麻的手段；反對馬克思的方法，是和平手段。我們要解決社會問題，究竟用快刀斬亂麻的手段好呢，還是用和平手段，像上面所講的四種政策好呢？這兩派的辦法，都是社會黨所主張的，是和資本家相反對的。

二、歐美資本主義國家解決社會問題方法的大勢

現在歐美的工商業進步得很快，資本發達到極高，資本家專制到了極點，一般人民都不能忍受，社會黨

想為人民解除這種專制的痛苦，去解決社會問題，無論是採用和平的辦法或者是激烈的辦法，都被資本家反對。到底歐美將來解決社會問題，是採用什麼方法，現在還是看不出，還是料不到。不過主張和平辦法的人，受了資本家很多的反對，種種的刺激，以為用和平手段來改良社會，於人類極有利益，於資本家毫無損害，尚且不能實行，便有許多人漸漸變更素來的主張，去贊成激烈的辦法，也一定要用革命手段來解決社會問題。照馬克思的黨徒說，如果英國工人真能夠覺悟，團結一致，實行馬克思的辦法，來解決社會問題，在英國是一定可以成功的。美國的資本發達和英國相同，假若美國工人能行馬克思主義，也可達到目的。但是現在英美各國的資本家，專制到萬分，總是設法反對解決社會問題的進行，保守他們自己的權利。現在資本家保守權利的情形，好像從前專制皇帝，要保守他們的皇位一樣。專制皇帝因為要保守他們的皇位，恐怕反對黨來搖動，便用很專制的威權，極殘忍的手段，來打消他們的反對黨。現在資本家要保守自己的私利，也是用種種專制的方法，來反對社會黨，橫行無道。歐美社會黨，將來為勢所迫，或者都要採用馬克思的辦法，來解決經濟問題，也是未可定的。

三、民生主義的精義——和共產主義的異同

共產這種制度，在原始時代已經是實行了；究竟到什麼時代才打破呢？依我的觀察，是在金錢發生之後。大家有了金錢，便可以自由買賣，不必以貨易貨；由交易變成買賣，到那個時候，共產制度便漸漸消滅了。由於有了金錢，可以自由買賣，便逐漸生出大商家。當時工業還沒有發達，商人便是資本家。後來工業發達，靠機器來生產，有機器的人便成為資本家。所以從前的資本家是有金錢，現在的資本家是有機器。由此可見古代以貨易貨，所謂日中為市、交易而退、各得其所的時候，還沒有金錢，一切交換，都不是買賣制度，彼此有無相通，還是共產時代。後來有了貨幣，金錢發生，便以金錢易貨，便生出買賣制度，當時有金錢的商

人，便成為資本家。到近世發明了機器，一切貨物，都靠機器來生產，有機器的人，更駕乎有金錢的人之上。所以由於金錢發生，便打破了共產；由於機器發明，便打破了商家。現在資本家有了機器，靠工人來生產，掠奪工人的血汗錢，生出貧富極相懸殊的兩個階級，這兩個階級，常常相衝突，便發生階級戰爭。一般悲天憫人的道德家，不忍見工人痛苦，要想方法來解除這種戰爭，減少工人的痛苦，是用什麼方法呢？就是想把古代的共產制度恢復起來。因為從前人類頂快活的時代，是最初脫離禽獸時代所成的共產社會；當時人類的競爭，只有和天鬥，或者是和獸鬥。後來工業發達，機器創出，便人與人鬥。從前人類戰勝了天同獸之後，不久有金錢發生，近來又有機器創出，那些極聰明的人把世界物價，都壟斷起來，圖他個人的私利，要一般人都做他的奴隸，於是變成人與人爭極劇烈時代。這種爭鬥要到什麼時候才可以解決呢？必要再回復到一種新共產時代，才可以解決。所謂人與人爭究竟是爭什麼呢？就是爭麵包，爭飯碗。到了共產時代，大家都有麵包和飯吃，便不至於爭，便可以免去人與人爭；所以共產主義就是最高的理想，來解決社會問題的。我們中國國民黨所提倡的民生主義，不但是最高的理想，並且是社會的原動力，是一切歷史活動的重心，民生主義能夠實行，社會問題才可以解決；社會問題能夠解決，人類才可享很大的幸福。我今天來分別共產主義和民生主義，可以說共產主義是民生的理想，民生主義是共產的實行；所以兩種主義沒有什麼分別，要分別的，還是在方法。

四、民生主義解決社會問題的根據——事實

我們中國國民黨在中國所占的地位所處的時機，要解決民生問題，應該用什麼方法呢？這個方法，不是一個玄妙理想，不是一種空洞學問，是一種事實。這種事實，不但是外國所獨有的，就是中國也是有的。我們要拿事實做材料，才能夠定出方法；如果單拿學理來定方法，這個方法是靠不住的。這個理由，就是因為

學理有真有假的，要經過試驗才曉得對與不對。好像科學上發明一種學理，究竟是對與不對，一定要做成事實，能夠實行，才可以說是真學理。科學上最初發明的許多學理，一百種之中，有九十九種是不能夠實行的，能夠實行的學理，不過是百分之一。如果通通照學理去定辦法，一定是不行的。所以我們解決社會問題，一定是要根據事實，不能單憑學理，在中國的這種事實是什麼呢？就是大家所受貧窮的痛苦。中國人大家都是貧，並沒有大富的特殊階級，只有一般普通的貧。中國人所謂貧富不均，不過在貧的階級之中，分出大貧與小貧。其實中國的頂大資本家，和外國資本家比較，不過是一個小貧，其他的窮人都可以說是大貧。中國的大資本家，在世界上既然不過是一個貧人，可見中國人通通是貧，並沒有大富，只有大貧小貧的分別。我們要把這個分別弄到大家平均，都沒有大貧，要用什麼方法呢？

大概社會變化和資本發達的程序，最初是由地主，然後由地主到商人，再由商人才到資本家。地主之發生，是由於封建制度，歐洲現在還沒有脫離封建制度，中國自秦以後，封建制度便已經打破了。當封建制度的時候，有地的貴族便是富人，沒有地的人便是貧民。中國到今日脫離封建制度，雖然有了二千多年，但是因為工商業沒有發達，今日的社會情形，還是和二千多年以前的社會情形一樣。中國到今日，雖然沒有大地主，還有小地主。在這種小地主時代，大多數地方，還是相安無事，沒有人和地主為難。不過近來歐美的經濟潮流，一天一天的侵進來了，各種制度都是在變動，所受的頭一個最大的影響，就是土地問題。比方現在廣州市的土地，在開闢了馬路之後，長堤的地價，和二十年以前的地價，相差是有多少呢？又像上海黃浦灘的地價，比較八十年以前的地價，相差又有多少呢？大概可說相差一萬倍。就是從前的土地，大概一塊錢可買一方丈，現在的一方丈便要賣一萬塊錢；好像上海黃浦灘的土地，現在每畝要值幾十萬，廣州長堤的土地，現在每畝要值十幾萬。所以中國土地，先受歐美經濟的影響，地主便變成了富翁，和歐美的資本家一樣了。經濟發達土地受影響的這種變動，不獨中國為然，從前各國也有這種事實。不過各國初時不大注意，沒有去理會，後來變動越大，才去理會，便不容易改動，所以積重難返了。我們中國國民黨對於中國這種地價的影響，思患預防，所以要想方法來解決。

講到土地問題，在歐美社會主義的書中，常說得有很多有趣味的故事。像澳洲有一處地方，在沒有成立市場以前，地價是很平的。有一次政府要拍賣一塊土地，這塊土地，在當時是很荒蕪的，都是作垃圾堆之用，沒有別的用處，一般人都不願意出高價去買。忽然有一個醉漢闖入拍賣場來了，當時拍賣官正在叫賣價，眾人所還的價，有一百元的，有二百元的，還有到二百五十元的，到了還到二百五十元的時候，便沒有人再加高價。拍賣官就問有沒有加到三百元的？當時那個醉漢，醉到很糊塗，便一口答應，說我出價三百元。他還價之後，拍賣官便照他的姓名定下那塊地皮。地既賣定，眾人散去，他也走了，到了第二天，拍賣官開出賬單，向他要地價的錢。他記不起昨天醉後所做的事情，便不承認那一筆賬；後來回憶他醉中所做的事，就大生悔恨。他對於政府，既不能賴賬，只可費了許多籌劃，盡其所有，才湊夠了三百元來給拍賣官。他得了那塊地皮之後，許久也沒有能力去理會。相隔十多年，那塊地皮的周圍，都建了高樓大廈，地價都是高到非常。有人向他買那塊地皮，還他數百萬的價錢，他還不放手。他只是把那塊地分租與人，自己總是收地租。更到後來，這塊地便漲價到幾千萬，這個醉漢便變成了澳洲第一個富家翁。推到這位澳洲幾千萬元財產的大富翁，還是由買三百元的地皮來的，講到這種事實，在變成富翁的地主，當然是很快樂的；但是考究這位富翁原來只有三百元買得那塊地皮，後來沒有加工改良，毫沒有理會，只有睡覺，便坐享其成，得了幾千萬元。這幾千萬元是誰人的呢？依我看來，是大家的。因為社會上大家要用那處地方來做工商事業的中心點，便去把他改良，那塊地方的地價，才逐漸增加到很高。好像我們現在用上海方面做中國中部工商業的中心點，所以上海的地價比從前要增漲幾萬倍。又像我們用廣州做中國南部工商業的中心點，廣州的地價也比從前要增漲幾萬倍。上海的人口不過一百多萬，廣州的人口也是一百多萬；如果把上海的人完全遷出上海，廣州的人完全遷出廣州，或者另外發生天災人禍，令上海的人或廣州的人都消滅，試問上海廣州的地價，還值不值現在這樣高的價錢呢？由此可見土地價值之能夠增加的理由，是由於眾人的功勞，眾人的力量；地主對於地價漲跌的功勞，是沒有一點關係的。所以外國學者認地主由地價增高所獲的利益，名之為不勞而獲的利，比較工商業的製造家，要勞心勞力，買賤賣貴要費許多打算許多經營，才能夠得到的利益，便大不相同。工商業家壟斷物質的價值來賺錢，我們已經覺得是不公平；但是工商業家還要勞心勞力，地主只要坐守其成，毫不用心力，便可得很大的利益。但是地價是由什麼方法才能夠增漲呢？是由於眾人改良那塊土地，爭用那塊土地，地價才是增漲。地價一增漲，在那塊地方之百貨的價錢，都隨之而漲，所以就可以說眾人在那塊地方經營所賺的錢，在間接無形之中，都是被地主搶去了！

五、民生主義比共產主義優美

至於中國社會問題，現在到了什麼情形呢？一般研究社會問題和提倡解決社會問題的人，所有的這種思想學說，都是從歐美得來的。所以講到解決社會問題的辦法，除了歐美各國所主張的和平辦法和馬克思的激烈辦法以外，也沒有別的新發明。此刻講社會主義，極時髦的人是贊成馬克思的辦法，所以一講到社會問題，多數的青年便贊成共產黨，要拿馬克思主義在中國來實行，到底贊成馬克思主義的那般青年志士，用心是什麼樣呢？他們的用心是很好的。他們的主張，是要把社會從根本上解決。以為政治社會問題要正本清源，非從根本上解決不可；所以他們便極力組織共產黨，在中國來活動。我們國民黨的舊同志，現在對於共產黨，生出許多誤會，以為中國國民黨提倡三民主義，是與共產主義不相容的。不知道我們一般同志，在二十年前，都是贊成三民主義互相結合。在沒有革命以前，大多數人的觀念，只知道有民族主義；譬如當時參加同盟會的同志，各人的目的，都是在排滿，在進會的時候，我要他們宣誓，本是贊成三民主義；但是他們本人的心理，許多都是注意在民族主義，要推翻清朝。以為只要推翻滿清之後，就是中國人來做皇帝，他們也是歡迎的。就他們宣誓的目的，本是要實行三民主義，同時又贊成中國人來做皇帝，這不是反對民權主義嗎？就是極有思想的同志，贊成三民主義，明白三民主義是三個不同的東西，想用革命手段來實行三民主義；在當時以為只要能夠排滿，民族主義能夠達到目的，民權主義和民生主義便自然跟住做去，沒有別樣枝節。所以他們對於民權主義和民生主義，在當時都沒有過細研究。在那個時候，他們既是不過細研究，所以對於民權主義固然是不明白，對於民生主義更是莫名其妙。革命成功以後，成立民國，採用共和制度，此時大家的思想，對於何以要成立民國，都是不求甚解。就是到現在，真是心悅誠服實行民權贊成共和的同志，還是很少。

大家為什麼當初又來贊成民國，不去反對共和呢？這個頂大的原因，是由於排滿成功以後，各省同志，由革命所發生的新軍人，或者由滿清投降到革命黨的舊軍人，都是各據一方，成了一個軍閥，做了一個地方的小皇帝，想用那處地盤做根本，再行擴充。像拿到了廣東地盤的軍人，便想把廣東地盤去擴充；拿到雲南、湖南地盤的軍人，便想把雲南、湖南的地盤去擴充；拿到了山東、直隸的軍人，也想把山東、直隸的地盤去擴充。擴充到極大的時候，羽毛豐滿了之後，他們便拿自己的力量來統一中國，才明目張膽來推翻共和。這種由革命所造成的軍閥，或由滿清投降到民國的軍閥，在當時都是懷抱這種心事。他們以為自己一時的力量，不能統一中國，又不願意別人來統一中國，大家心裡便沉機觀變，留以有待。所以這種軍閥，在當時既不明白共和，又來贊成民國，實在是想做皇帝，不過拿贊成民國的話來做門面語，等待他們的地盤擴充到了極大之後，時機一到，便來反對民國，解決國家問題。因為這個原因，所以當初的民國還能夠成立。在這十三年之後的民國，便有許多人想來推翻，但是他們的力量，都不甚大，所以民國的名義還能夠苟延殘喘，繼續到現在。由此便可見當時同盟會人的心理，對於民權主義，便有許多都是模稜兩可；對於民生主義更是毫無心得！

現在再來詳細解剖，革命成功之後，改大清帝國為中華民國，我們中國國民黨至今還是尊重民國。一般革命同志對於國民黨的三民主義，是什麼情形呢？民國政治上經過這十三年的變動，和十三年的經驗，現在各位同志對於民族、民權那兩個主義，都是很明白的；但是對於民生主義的心理，好像革命以後革命黨有兵權的人對於民權主義一樣，無所可否，都是不明白的。為什麼我敢說我們革命同志對於民生主義還沒有明白呢？就是由於這次中國國民黨改組，許多同志因為反對共產黨，便居然說共產主義與三民主義不同，在中國只要行三民主義便夠了，共產主義是決不能容納的。然則民生主義到底是什麼東西呢？我在前一次講演，有一點發明：是說社會的文明發達，經濟的組織改良，和道德進步，都是以什麼為重心呢？就是以民生為重心；民生就是社會一切活動中的原動力。因為民生不遂，所以社會的文明不能發達，經濟的組織不能改良，和道德退步，以及發生種種不平的事情。像階級戰爭和工人痛苦，那種種壓迫，都是由於民生不遂的問題沒有解決。所以社會中的各種變態都是果，民生問題才是因。照這樣判斷，民生主義究竟是什麼東西呢？民生主義就是共產主義，就是社會主義；所以我們對於共產主義，不但不能說是和民生主義相衝突，並且是一個好朋友，主張民生主義的人，應該要細心去研究的。

共產主義既是民生主義的好朋友，為什麼中國國民黨黨員要去反對共產黨呢？這個原因，或者是由於共產黨員也有不明白共產主義為何物，而常有反對三民主義之言論，所以激成中國國民黨之反感。但是這種無知妄作的黨員，不得歸咎於其全黨及其黨中之主義，只可說是他們個人的行為；所以我們決不能夠以共產黨員個人不好的行為，便拿他們來做標準去反對共產黨。既是不能以個人的行為，便反對全體主義；那麼，我們同志中何以發生這種問題呢？原因就是由於不明白民生主義是什麼東西；殊不知民生主義，就是共產主義。這種共產主義的制度，並不是由馬克思才發明出來的，當原始人類發生的時候，便有這種制度，便是實行共產。照生物進化家說，人類是由禽獸進化而來的，先由獸類進化之後，便逐漸成為部落。在那個時候，人類的生活，便與獸類的生活不同；人類最先成的社會，就是一個共產社會。所以原人時代，已經是共產時代。那時原人的情形，究竟是怎麼樣，我們可以考察現在非洲和南洋群島的土人生番，毫未有受過文明感化的社會，是什麼制度？那些土人生番的社會制度，通通是共產，由於現在那些沒有受過文明感化的社會都是共產，可見我們祖先的社會，一定也是共產的。

六、解決土地問題的方法之一——照地價收稅和收買

近來歐美經濟的潮流侵入中國，最先所受的影響就是土地。許多人把土地當做賭具，做投機事業，俗語說是炒地皮，原來有許多地皮毫不值錢，要到十年、二十年之後，才可以值高價錢的。但是因為有投機的人，從中操縱，便把那塊地價預先抬高；這種地價的昂貴，更是不平均。由於土地問題所生的弊病，歐美還沒有完善方法來解決。我們要解決這個問題，便應該趁現在的時機；如果等到工商發達了以後，更是沒有方法可以解決。中國現在受歐美的影響，工商業大變遷，不但是大家貧富不齊，就是向來有土地的人，也生出不齊。比方甲有一畝地是在上海黃浦灘，乙有一畝地是在上海鄉下。乙的土地，如果是自己耕種，或者每年可以得一、二十元，如果租與別人，最多不過得五元、十元；但是甲在上海的土地，每畝可租得一萬幾千元。由此便可見上海的土地，可以得幾千倍，鄉下的土地，只能夠得一倍；同是有一畝土地，便生出這樣大的不平。我們中國國民黨的民生主義，目的就是要把社會上的財源弄到平均，所以民生主義就是社會主義，也就是共產主義，不過辦法各有不同。

我們的頭一個辦法，是解決土地問題。解決土地問題的辦法，各國不同，而且各國有很多繁難的地方。現在我們所用的辦法，是很簡單很容易的；這個辦法，就是平均地權。講到解決土地問題，平均地權，一般地主自然是害怕，好像講到社會主義，一般資本家都是害怕，要起來反對一樣。所以說到解決土地問題，如

果我們的地主是像歐洲那種大地主，已經養成了很大的勢力，便很不容易做到。不過中國今日沒有那種大地主，一般小地主的權力，還不甚大，現在就來解決，還容易做到。如果現在失去了這個機會，將來更是不能解決。講到了這個問題，地主固然要生一種害怕的心理，但是照我們中國國民黨的辦法，現在的地主還是很可以安心的。這種辦法是什麼呢？就是政府照地價收稅和照地價收買。究竟地價是照什麼樣定法呢？依我的主張，地價應該由地主自己去定；比方廣州長堤的地價，有值十萬元一畝的，有值一萬元一畝的，都是由地主自己報告到政府。至於各國土地的稅法，大概都是值百抽一：地價值一百元的，抽稅一元；值十萬元的，便抽一千元；這是各國通行的地價稅。我們現在所定的辦法，也是照這種稅率來抽稅。地價都是由地主報到政府，政府照他所報的地價來抽稅。許多人以為地價由地主任意報告，他們以多報少，政府豈不是要吃虧嗎？譬如地主把十萬元的地皮，到政府只報告一萬元，照十萬元的地價，政府應該抽一千元；照地主所報一萬元的地價來抽稅，政府只抽一百元；在抽稅機關一方面，自然要吃虧九百元。但是政府如果定了兩種條例，一方面照價抽稅，一方面又可以照價收買，那麼地主把十萬元的地皮，只報一萬元，他騙了政府九百元的稅，自然是占便宜；如果政府照一萬元的價錢去收買那塊地皮，他便要失去九萬元的土地，這就是大大的吃虧了。所以照我的辦法，地主如果以多報少，他一定怕政府要照價收買，吃地價的虧；如果以少報多，他又怕政府要照價抽稅，吃重稅的虧。在利害兩方面互相比較，他一定不情願多報，也不情願少報，要定一個折中的價值，把實在的市價報告政府。地主既是報折中的市價，那麼政府和地主自然是兩不吃虧。

七、解決土地問題的方法之二——地價的增值歸公

地價定了以後，我們更要有一種法律的規定，這種規定是什麼呢？就是從定價那年以後，那塊地皮的價格，再行漲高，各國都是要另外加稅，但是我們的辦法，就是以後所加之價完全歸為公有。因為地價漲高，

是由於社會改良，和工商業進步。中國的工商業，幾千年都沒有大進步，所以土地價值常常經過許多年代，都沒有大改變；如果是一有進步，一經改良，像現在的新都市一樣，日日有變動，那種地價便要增加幾千倍，或者是幾萬倍了。推到這種進步和改良的功勞，還是由眾人的力量經營而來的；所以由這種改良和進步之後，所漲高的地價，應該歸之大眾，不應該歸之私人所有。比方有一個地主，現在報一塊地價是一萬元。到幾十年之後，那塊地價漲到一百萬元，這個所漲高的九十九萬元，照我們的辦法，都收歸眾人公有，以酬眾人改良那塊地皮周圍的社會，和發達那塊地皮周圍的工商業之功勞。這種把以後漲高的地價收歸眾人公有的辦法，才是中國國民黨所主張的平均地權，才是民生主義。這種民生主義，就是共產主義；所以中國國民黨黨員既是贊成了三民主義，便不應該反對共產主義，因為三民主義之中的民生主義，其大目的所在就是要眾人能夠共產；不過我們所主張的共產，是共將來不是共現在。這種將來的共產，是很公道的辦法，以前有了產業的人，決不至吃虧；和歐美所謂收歸國有，把人民已經有了的產業都搶去政府裡頭，是大不相同。地主真明白了我們平均地權辦法的道理，便不至害怕；因為照我們的辦法，把現在所定的地價，還是歸地主私有。

土地問題能夠解決，民生問題便可以解決一半了。文明城市實行地價稅，一般平民可以減少負擔，並有種種利益。像現在的廣州市，如果是照地價收稅，政府便有一宗很大的收入；政府有了大宗的收入，行政經費有了著落，便可以整理地方。一切雜稅固然可以豁免，就是人民所用的自來水和電燈費用，都可由政府來負擔，不必由人民自己去負擔。其他馬路的修理費和警察的給養費，政府也可向地稅項下撥用，不必另外向人民來抽警捐和修路費。但是廣州現在漲高的地價，都是歸地主私人所有，不是歸公家所有；政府沒有大宗收入，所以一切費用便不能不向一般普通人民來抽種種雜捐。一般普通人民負擔的雜捐太重，總是要納稅，所以便很窮，所以中國的窮人很多。這樣窮人負擔太重的原故，就是由於政府抽稅不公道，地權不平均，土地問題沒有解決。如果地價稅完全實行，土地問題可以解決，一般平民便沒有這種痛苦。外國的地價，雖然是漲得很高，地主的收入固然是很多；但是他們科學進步機器發達，有機器的資本家便有極大的生產，這種資本家所有極大生產的收入，比較地主的收入更要多得厲害。中國現在最大收入的資本家，只是地主，並無擁有機器的大資本家。所以我們此時來平均地權，節制資本，解決土地問題，便是一件很容易的事。

講到照價抽稅和照價收買，還有一個重要事件，要分別清楚：就是我們所說的地價，是單指素地而言；其他人工之改良及地面之建築，不算在內。比方有一塊地，價值是一萬元的，地面上的樓宇，另外值一百萬元；那麼，照價抽稅，照值百抽一來算，只能抽一百元，如果照價收買，就要給一萬元地價之外，還要補回樓宇的價值一百萬元了；其他在地面上，若有種樹、築堤、開渠各種人工之改良的，也要照此類推。

八、解決資本問題的方法之一——發達國家資本

我們在中國要解決民生問題，想求一勞永逸，單靠節制資本的辦法，是不足的。現在外國所行的所得稅，就是節制資本之一法。但是他們的民生問題，究竟解決了沒有呢？中國不能和外國比，單行節制資本是不足的。因為外國富，中國貧；外國生產過剩，中國生產不足。所以中國不單是節制私人資本，還是要發達國家資本。我們的國家，現在四分五裂，要發達資本，究竟是從哪一條路走？現在似乎看不出料不到。不過這種四分五裂，是暫時的局面，將來一定是要統一的。統一了之後，要解決民生問題，一定要發達國家資本振興實業。振興實業的方法很多，第一是交通事業，像鐵路、運河，都要興大規模的建築。第二是礦產，中國礦產極其豐富，貨藏於地，實在可惜，一定是要開闢的。第三是工業，中國的工業，非要趕快振興不可，中國工人雖多，但是沒有機器，不能和外國競爭。全國所用的貨物，都是靠外國製造輸運而來，所以利權總是外溢。我們要挽回這種利權，便要趕快用國家的力量來振興工業，用機器來生產，令全國的工人都有工做。到全國的工人都有工做，都能夠用機器生產，那便是一種很大的新財源。如果不用國家的力量來經營，任由中

國私人或者外國商人來經營，將來的結果，也不過是私人的資本發達，也要生出大富階級的不平均。所以我們講到民生主義，雖然是很崇拜馬克思的學問，但是不能用馬克思的辦法，到中國來實行，這個理由很容易明白，就是俄國實行馬克思的辦法，革命以後，行到今日，對於經濟問題還是要改用新經濟政策。俄國之所以要改用新經濟政策，就是由於他們的社會經濟程度還比不上英國美國那樣發達，還是不夠實行馬克思的辦法。俄國的社會經濟程度尚且比不上英國美國，我們中國的社會經濟程度，怎樣能夠比得上呢？又怎麼能夠行馬克思的辦法呢？所以照馬克思的黨徒，用馬克思的辦法來解決中國的社會問題，是不可能的。

九、解決資本問題的方法之二——節制私人資本

我記得三十多年前，我在廣州做學生的時候，西關的富家子弟，一到冬天便穿起皮衣。廣州冬天的天氣本來不大冷，可以用不著皮衣的；但是那些富家子弟，每年到冬天總是要穿皮衣，表示他們的豪富。在天氣初冷的時候，便穿小毛，稍為再冷便穿大毛；在深冬的時候，無論是什麼天氣，他們都是穿大毛。有一天他們都是穿了大毛皮衣，到一個會場，天氣忽然變暖。他們便說道：「現在這樣的天氣，如果不翻北風，便會壞人民了！」照這樣說法，以不翻北風，便會壞人民；在他們的心理，以為社會上大家都是有皮衣穿，所以不翻北風，大家便要受熱，是於大家衛生有害的。其實社會上哪裡個個人都有皮衣穿呢？廣州人民在冬天，有的是穿棉衣，有的是穿夾衣，甚至於有許多人只是穿單衣，哪裡還怕不翻北風呢？現在一般青年學者信仰馬克思主義，一講到社會主義，便主張用馬克思的辦法來解決中國社會經濟問題，這就是無異不翻北風就壞人民一樣的口調。

不知中國如今是患貧，不是患不均。在不均的社會，當然可用馬克思的辦法，提倡階級戰爭去打平他；但在中國實業尚未發達的時候，馬克思的階級戰爭和無產階級專制便用不著，所以我們今日師馬克思之意即

可，用馬克思之法則不可。我們主張解決民生問題的方法，不是先提出一種毫不合時用的劇烈辦法，再等到實業發達以求適用；是要用一種思患預防的辦法，來阻止私人的大資本，防備將來社會貧富不均的大毛病。這種辦法才是正當解決今日中國社會問題的方法，不是先穿起大毛皮衣，再來希望翻北風的方法。

我在先講過，中國今日單是節制資本，仍恐不足以解決民生問題，必要加以製造國家資本，才可以解決這個問題。何謂製造國家資本呢？就是發展國家實業。這項發展實業的計畫，已詳於《建國方略》第二卷的物質建設，又名曰《實業計畫》。這本書把製造國家資本的大概，講得是很清楚了。上面說：商業時代的資本是金錢，工業時代的資本是機器；所以當由國家經營，設備種種的生產機器，為國家所有。好像歐戰時候，各國所行的戰時政策，把大實業和工廠都收歸國有一樣；不過他們試行這種政策不久便停止罷了。中國本來沒有大資本家，如果由國家管理資本，發達資本，所得的利益歸人民大家所有，照這樣的辦法，和資本家不相衝突，是很容易做得到的。照美國發達資本的門徑，第一是鐵路；第二是工業；第三是礦產。要發達這三種大實業，照我們中國的資本學問和經驗，都是做不到的，便不能不靠外國已成的資本。我們要拿外國已成的資本，來造成中國將來的共產世界，能夠這樣做去才是事半功倍。

如果要等待我們自己有了資本之後，才去發展實業，那便是很迂緩了，中國現在沒有機器，交通上不過是六、七千英里的鐵路，要能夠敷用，應該十倍現在的長度，至少要有六、七萬英里，才能敷用。所以不能不借助外資，來發展交通運輸事業，又不能不借外國有學問經驗的人才，來經營這些實業。至於說到礦產，我們尚未開闢。中國人民，比美國多，土地比美國大；美國每年產煤有六萬萬噸，鋼鐵有九千萬噸，中國每年所產的煤鐵，不及美國千分之一。所以要趕快開採礦產，也應該借用外資。其他建造輪船發展航業，和建設種種工業的大規模工廠，都是非借助外國資本不可。如果交通礦產和工業的三種大實業，都是很發展，這三種收入，每年都是很大的。假若是由國家經營，所得的利益歸大家共享，那麼全國人民便得享資本的利；

不致受資本的害，像外國現在的情形一樣。外國因為大資本是歸私人所有，便受資本的害，大多數人民，都是很痛苦，所以發生階級戰爭來解除這種痛苦。

十、民生主義的目的——大同世界

我們要解決中國的社會問題，和外國是有相同的目標。這個目標，就是要全國人民都可以得安樂，都不致受財產分配不均的痛苦。要不受這種痛苦的意思，就是要共產，所以我們不能說共產主義與民生主義不同。我們三民主義的意思，就是民有、民治、民享；這個民有、民治、民享的意思，就是國家是人民所共有，政治是人民所共管，利益是人民所共享。照這樣的說法，人民對於國家，不只是共產，什麼事都可以共的。人民對於國家要什麼事都是可以共，才是真正達到民生主義的目的，這就是孔子所希望的大同世界。

第三講　吃飯問題

一、吃飯問題的重要

今天所講的是吃飯問題。大家聽講吃飯問題，以為吃飯是天天做慣了的事，常常有人說：天下無論什麼事都沒有容易過吃飯的，可見吃飯是一件很容易的事，是一件常常做慣了的事。為什麼一件很容易又是做慣了的事，還有問題呢？殊不知道吃飯問題就是頂重要的民生問題；如果吃飯問題不能夠解決，民生主義便沒有方法解決，所以民生主義的第一個問題，便是吃飯問題。古人說：國以民為本，民以食為天；可見吃飯問題是很重要的。未經歐戰以前，各國政治家總沒有留意吃飯問題。在這個十年之中，我們留心歐戰的人，研究到當時德國為什麼失敗呢？正當歐戰劇烈的時候，德國都是打勝仗；凡是兩軍交鋒，無論是陸軍的步隊砲隊和騎兵隊，海軍的驅逐艦、潛水艇和一切戰鬥艦，空中的飛機、飛艇，都是德國戰勝，自始至終，德國都沒有打過敗仗；但是歐戰結果，德國終歸於大敗，這是為什麼原因呢？德國之所以失敗，就是為吃飯問題。因為德國的海口都被聯軍封鎖，國內糧食逐漸缺乏，全國人民和兵士都沒有飯吃，甚至於餓死，不能支持到底，所以終歸失敗。可見吃飯問題，是關係國家之生死存亡的。

近來有飯吃的國家，第一個是美國；美國每年運送許多糧食去接濟歐洲。其次是俄國；俄國地廣人稀，全國出產糧食也是很多。其他像澳洲、加拿大和南美洲阿根廷那些國家，都是靠糧食做國家的富源，每年常有很多糧食運到外國去賣，補助各國糧食之不足。不過當歐戰時候，平時許多供運輸的輪船，都是被國家收管，作軍事的轉運，至於商船是非常缺乏，所以澳洲和加拿大、阿根廷那些地方多餘的糧食，便不能運到歐洲，歐洲的國家便沒有飯吃。中國當歐戰的時候，幸而沒有水旱天災，農民得到了好收成，所以中國沒有受到饑荒。如果當時遇著像今年的水災，農民沒有收成，中國一定也是沒有飯吃的，當時中國能夠逃過這種災害，不至沒有飯吃，真是一種天幸了。現在世界各國有幾國是有飯吃的，有許多國是沒有飯吃的。像西方三島的英國，一年之中所出的糧食，只夠三個月吃；有九個月所吃的糧食，都是靠外國運進去的。所以當歐戰正劇烈的時候，德國的潛水艇把英國的海口封鎖了，英國便幾乎沒有飯吃。東方三島的日本國，每年也不夠飯吃；不過日本所受糧食缺乏的憂愁，沒有像英國那樣厲害。日本本國的糧食，一年之中可以供給十一個月，不夠的約有一個月。德國的糧食，一年之中可以供給十個月，還相差約兩個月。其他歐洲各小國的糧食，有許多都是不夠的。德國的糧食，在平時已經是不夠，當歐戰時候，許多農民都是去當兵士，生產減少，糧食更是不夠。所以大戰四年，歸到結果，便是失敗。由此可見全國的吃飯問題是很重要的。

二、中國的吃飯問題——糧食不足的原因

如果是一個人沒有飯吃，便容易解決；一家沒有飯吃，也很容易解決。至於要全國人民都有飯吃，像要中國四萬萬人都是足食，提到這個問題，便是很重要，便不容易解決。到底中國糧食是夠不夠呢？中國人有沒有飯吃呢？像廣東地方每年進口的糧食要值七千萬元，如果在一個月之內，外間沒有米運進來，廣東便馬上鬧饑荒，可見廣東是不夠飯吃的。這是就廣東一省而言，其他有許多省分，都是有和廣東相同的情形。至於中國土地的面積，是比美國大得多，人口比美國多三四倍；如果就吃飯這個問題，用中國和美國來討論，中國自然比不上美國。但是和歐洲各國來比較，德國是不夠飯吃的，故歐戰開始之後兩、三年，國內便有饑荒。法國是夠飯吃的，故平時不靠外國運進糧食，還可足食。用中國和法國來比較，法國的人口是四千萬，中國的人口是四萬萬；法國土地的面積，為中國土地面積的二十分之一；所以中國的人口比法國是多十倍，中國的土地是比法國大二十倍。法國四千萬人口，因為能夠改良農業，所以得中國二十分之一的土地，還能夠有飯吃。中國土地的面積，比法國大二十倍，如果能仿效法國來經營農業，增加出產，所生產的糧食，至少要比法國多二十倍。法國現在可以養四千萬人，我們中國至少也應該可以養八萬萬人；全國人口不但是不怕饑荒，並且可以得糧食的剩餘，可以供給他國。但是中國現在正是民窮財盡，吃飯問題的情形到底是怎麼樣呢？全國人口現在都是不夠飯吃，每年餓死的人數，大概過千萬，這還是平時估算的數目，如果遇著了水旱天災的時候，餓死的人數更是不止千萬了，照外國確實的調查，今年中國的人數，只有三萬萬一千萬；中國的人數在十年以前是四萬萬，現在只有三萬萬一千萬，這十年之中，便少了九千萬。這是一件很可怕的事，是應該要研究的一個大問題。中國人口在這十年之中，所以少了九千萬的原故，簡而言之，就是由於沒有飯吃。

中國之所以沒有飯吃，原因是很多的。其中最大的原因，就是農業不進步；其次就是由於受外國經濟的壓迫。在從前講民族問題的時候，我曾說外國用經濟勢力來壓迫中國，每年掠奪中國的利權，現在有十二萬萬元；就是中國因為受外國經濟的壓迫，每年要損失十二萬萬元。中國把這十二萬萬元，是用什麼方法貢獻到外國呢？是不是把這十二萬萬元的金錢運送到外國呢？這十二萬萬元的損失，不是完全用金錢，有一部分是用糧食。中國糧食供給本國已經是不足，為什麼還有糧食運送到外國去呢？從什麼地方可以看得出來呢？照前幾天外國的報告，中國出口貨中，以雞蛋一項，除了製成蛋白質者不算外，只就有殼的雞蛋而論，每年運進美國便有十萬萬個，運進日本及英國的也是很多，大家如果是到過了南京的，一抵下關便見有一所很宏偉的建築；那所建築，是外國人所辦的製肉廠，把中國的豬雞鵝鴨各種家畜，都在那個製肉廠內製成肉類，運送到外國。再像中國北方的大小麥和黃豆，每年運出口的也是不少。前三年中國北方本是大旱，沿京漢京奉鐵路一帶，餓死的人民本是很多；但是當時牛莊、大連還有很多的麥豆運出外國，這是什麼原故呢？就是由於受外國經濟的壓迫。因為受了外國經濟的壓迫，沒有金錢送到外國，所以寧可自己餓死，還要把糧食送到外國去，這就是中國的吃飯問題還不能夠解決。

現在我們講民生主義，就是要四萬萬人都有飯吃，並且要有很便宜的飯吃；要全國的個個人都有便宜飯吃，那才算是解決了民生問題。要能夠解決這個問題，究竟是從什麼地方來研究起呢？吃飯本來是很容易的事，大家天天都是睡覺吃飯，以為沒有什麼問題。中國的窮人常有一句俗話說：「天天開門七件事，柴米油鹽醬醋茶」；可見吃飯是有問題的。我們要解決這個問題，便要詳細來研究。

三、吃飯的重要和食料的種類

我們人類究竟是吃一些什麼東西才可以生存呢？人類所吃的東西有許多是很重要的材料，我們每每是忽略了。其實我們每天所靠來養生活的糧食，分類說起來，最重要的有四種。第一種是吃空氣，淺白言之，就是吃風。我講到吃風，大家以為是笑話，俗語說：「你去吃風」，是一句輕薄人的話，殊不知道吃風比較吃飯還要重要得多。第二種是吃水。第三種是吃動物，就是吃肉。第四種是吃植物，就是吃五穀果蔬。這個風水動植四種東西，就是人類的四種重要糧食。現在分開來講：第一種吃風，大家不可以為是笑話，如果大家不相信吃風是一件最重要的事，大家不妨把鼻孔口腔都閉住起來，一分鐘不吃風，試問要受什麼樣的感覺呢？可不可以忍受呢？我們吃風每分鐘是十六次，就是每分鐘要吃十六餐。每天吃飯最多不過是三餐，像廣東人吃飯，連消夜算來，也不過每天吃四餐。至於一般窮人吃飯，大概都是兩餐，沒有飯吃的人就是一餐也可以度生活。至於吃風，每日就要吃二萬三千零四十餐，少了一餐便覺得不舒服；如果數分鐘不吃，必定要死，可見風是人類養生第一種重要的物質。第二種是吃水；我們單獨靠吃飯不吃水，是不能夠養生的。一個人沒有飯吃還可以支持過五、六天，不至於死，但是沒有水吃，便不能支持過五天；一個人有五天不吃水，便要死。第三種是吃植物；植物是人類養生之最要緊的糧食。人類謀生的方法很進步之後，才知道吃植物，中國是文化很老的國家，所以中國人多是吃植物，至於野蠻人多是吃動物，所以動物也是人類的一種糧食。風水動植這四種物質，都是人類養生的材料。不過風和水是隨地皆有的，有人居住的地方，無論是在河邊或者是在陸地，不是有河水，便有泉水，或者是井水，或者是雨水，到處皆有水；風更是無處不有。所以風和水雖然是很重要的材料，很急需的物質，但是因為取之無盡用之不竭，是天給與人類，不另煩人力的，所謂是一種天賜。因為這個情形，風和水這種物質，不成問題，但是動植物質便成為問題。原始時代的人類和現在的野蠻人都是在漁獵時代，謀生的方法只是打魚獵獸，捉水陸的動物做食料；後來文明進步，到了農業時代，便知道種五穀，便靠植物來養生。中國有了四千多年的文明，我們食飯的文化是比歐美進步得多，所以我們的糧食多是靠植物。植物雖然是靠土地來生長，但是更要費許多工夫，經過許多生產方法，才可以得到；所以要解決植物的糧食問題，便先要研究生產問題。

四、解決糧食問題——增加生產、解放農民、耕者有其田

中國自古以來都是以農立國，所以農業就是生產糧食的一件大工業，我們要把植物的生產增加，有什麼方法可以達到目的呢？中國的農業，從來都是靠人工生產；這種人工生產在中國是很進步的，其收穫的各種出品，都是很優美的，所以各國學者都極力讚許中國的農業。中國的糧食生產既然是靠農民，中國的農民又是很辛苦勤勞，所以中國要增加糧食的生產，便要在政治、法律上制出種種規定，來保護農民。中國的人口農民是占大多數，至少有八、九成；但是他們由很辛苦勤勞得來的糧食，被地主奪去了大半，自己得到手的幾乎不能夠自養，這是很不公平的。我們要增加糧食生產，便要規定法律，對於農民的權利，有一種鼓勵，有一種保障，讓農民自己可以多得收成。我們要怎麼樣能夠保障農民的權利，要怎麼樣令農民自己才可以多得收成，那便是關於平均地權的問題。前幾天我們中國國民黨在這個高等師範學校，開了一個農民聯歡大會，做農民的運動，不過是想解決這個問題的起點。至於將來民生主義真是達到目的，農民問題真是完全解決，是要「耕者有其田」，那才算是我們對於農民問題的最終結果。中國現在的農民，究竟是怎麼樣的情形呢？中國現在雖然是沒有大地主，但是一般農民，有九成都是沒有田的；他們所耕的田，大都是屬於地主的，有田的人自己多不去耕。照道理來講，農民應該是為自己耕田，耕出來的農品，要歸自己所有。現在的農民，都不是耕自己的田，都是替地主來耕田；所生產的農品，大半是被地主奪去了。這是一個很重大的問題，我們應該馬上用政治和法律來解決，如果不能夠解決這個問題，民生問題便無從解決。農民耕田所得的糧食，據最近我們在鄉下的調查，十分之六是歸地主，農民自己所得到的不過十分之四，這是很不公平的。若是長此以往，到了農民有知識，還有誰人再情願辛辛苦苦去耕田呢？假若耕田所得的糧食，完全歸到農民，農民一定是更高興去耕田的；人人都高興去耕田，便可以多得生產。但是現在的多數生產，都是歸於地主，農民不

過得回四成。農民在一年之中，辛辛苦苦所收穫的糧食，結果還是要多數歸到地主；所以許多農民便不高興去耕田，許多田地便漸成荒蕪不能生產了。

五、增加生產的方法之一——機器問題

我們對於農業生產，除了上面所說之農民解放問題之外，還有七個增加生產的方法要研究：第一是機器問題；第二是肥料問題；第三是換種問題；第四是除害問題；第五是製造問題；第六是運送問題；第七是防災問題。第一個方法就是機器問題；中國幾千年來耕田是用人工，沒有用過機器；如果用機器來耕田，生產上至少可以多加一倍，費用可減輕十倍或百倍。向來用人工生產，可以養四萬萬人；若是用機器生產，便可養八萬萬人。所以我們對於糧食生產的方法，若用機器來代人工，則中國現在有許多荒田不能耕種，因為地勢太高，沒有水灌溉，用機器抽水，把低地的水抽到高地，高地有水灌溉，便可以開闢來耕種。已開闢的良田，因為沒有旱災，更可以加多生產。那些向來不能耕種的荒地，既是都能夠耕種，糧食的生產自然大大增加了。現在許多耕田抽水的機器，都是靠外國輸運進來的；如果大家都用機器，需要增加，更要我們自己可以製造機器，挽回外溢的權利。

六、增加生產的方法之二——肥料問題

第二個方法就是肥料問題；中國向來所用肥料，都是人與動物的糞料和各種腐壞的植物，沒有用過化學肥料的。近來才漸漸用智利硝做肥料，像廣東、河南有許多地方，近來都是用智利硝來種甘蔗。甘蔗因為得了智利硝的肥料，生長的速度便加快一倍，長出來的甘蔗也加大幾倍。凡是沒有用過智利硝做肥料的甘蔗，不但是長得很慢，並且長得很小。但是智利硝是由南美洲智利國運來的，成本很高，賣價很貴，只有種甘蔗

的人才能夠買用，其他普通的農業都用不起。除了智利硝之外，海中各種甲殼動物的磷質，和礦山岩中的鈣質，也是很好的肥料。如果硝質、磷質和鈣質三種東西，再混合起來，更是一種很好的肥料，栽培什麼植物，都很容易生長，生產也可以大大的增加。比方耕一畝田，不用肥料的，可以收五籮穀；如果用了肥料，便可以收多二、三倍。所以要增加農業的生產，便要用肥料，要用肥料，我們便要研究科學，用化學的方法來製造肥料。製造肥料的原料，中國到處都有，像智利硝那一種原料，中國老早便用來造火藥。世界向來所用的肥料，都是南美洲智利國所產；近來科學發達，發明了一種新方法，到處可以用電來造硝，所以現在各國便不靠智利運進來的天然硝，多是用電去製造人工硝。這種人工硝和天然硝的功用相同，而且成本又極便宜，所以各國便樂於用這種肥料。但是電又是用什麼造成呢？普通價錢極貴的電，那是用蒸氣力造成的；至於近來價錢便宜的電，完全是水力造成的。近來外國利用瀑布和河灘的水力來運動發電機，發生很大的電力，再用電力來製造人工硝；瀑布和河灘的天然力，是不用費錢的，所以發生電力的價錢是很便宜。電力既然是很便宜，所以由此製造出來的人工硝也是很便宜。這種瀑布和河灘，在中國是很多的；像西江到梧州以上，便有許多河灘。將近南寧的地方，有一個伏波灘，這個灘的水力，是非常之大，對於來往船隻是很阻礙危險的。如果把灘水蓄起來，發生電力，另外開一條航路給船舶往來，豈不是兩全其利嗎？照那個灘的水力計算，有人說可以發生一百萬匹馬力的電。其他像廣西的撫河、紅河也有很多河灘，也可以利用來發生電力，再像廣東北部之翁源江，據工程師的測量說，可以發生數萬匹馬力的電力；用這個電力，來供給廣州各城市的電燈和各工廠中的電機之用；甚至於把粵漢鐵路照外國最新的方法，完全電化，都可以足用。又像揚子江上游夔峽的水力，更是很大。有人考察由宜昌到萬縣一帶的水力，可以發生三千餘萬匹馬力的電力；像這樣大的電力，比現在各國所發生的電力都要大得多。不但是可以供給全國火車電車和各種工廠之用，並且可以用來製造大宗的肥料。又像黃河的龍門也可以生幾千萬匹馬力的電力，由此可見中國的天然富源是很大的。如果把揚子江和黃河的水力，用新方法來發生電力，大約可以發生一萬萬匹馬力；一匹馬力是等於八個強壯人的力，有一萬萬匹馬力便是有八萬萬人的力，一個人力的工作，照現在各國普通的規定，每天是八點鐘；如果用人力做工，多過了八點鐘，便於工人的衛生有礙，生產也因之減少。這個理由，在前一回已經是講過了，用人力做工，每天不過八點鐘；但是用馬力做工，每天可以作足二十四點鐘。照這樣計算，一匹馬力的工作，在一日夜之中，便可等於二十四個人的工作；如果能夠利用揚子江和黃河的水力，發生一萬萬匹馬力的電力，那便是有二十四萬萬個工人做工。到了那個時候，無論是行駛火車、汽車製造肥料和種種工廠的工作，都可以供給。韓愈說：「工之家一，而用器之家六」，國家便一天窮一天。中國四萬萬人到底有多少人做工呢？中國年輕的小孩和老年的人，固然是不做工；就是許多少年強壯的人，像收田租的地主，也是靠別人做工來養他們。所以中國人大多數都是不做工，都是分利，不是生利，所以中國便很窮。如果能夠利用揚子江和黃河的水力，發生一萬萬匹馬力，有了一萬萬匹馬力，就是有二十四萬萬個人力；拿這麼大的電力，來替我們做工，那便有很大的生產，中國一定是可以變窮為富的。所以對於農業生產，要能夠改良人工，利用機器，更用電力來製造肥料，農業生產自然是可以增加。

七、增加生產的方法之三——換種問題

第三個方法就是換種問題；像一塊地方，今年種這種植物，明年改種別種植物；或者同是種一樣的植物，在今年是種廣東的種子，明年便種湖南的種子，後年便種四川的種子。用這樣交換種子的方法，有什麼好處呢？就是土壤可以交替休息，生產力便可以增加，而種子落在新土壤，生於新空氣，強壯力亦因之而增加，結實必夥。所以能夠換種，就能夠增加生產。

八、增加生產的方法之四——除害問題

第四個方法是除物害問題；農業上還有兩種物害：一是植物的害；一是動物的害。像稻田本來是要種穀，但是當種穀的時候，常常生許多秕和野草；那些草和秕比禾生長得快，一面阻止禾的生長，一面吸收田中的肥料，於禾稻是很有害的。農民應該用科學的道理，研究怎樣治療那些秕草，以去植物之災害；同時又要研究怎麼樣去利用秕草，來增加五穀的結實。至於動物的害是些什麼呢？害植物的動物很多，最普通的是蝗蟲，和其他各種害蟲。當植物成熟的時候，如果遇著了害蟲，便被蟲食壞了，沒有收成。像今年廣東的荔枝，因為結果的時候，遇著了毛蟲，把那些荔枝花都食去了，所以今年荔枝的出產是非常之少。其他害植物的蟲是很多的，國家要用專門家對於那些害蟲來詳細研究，想方法來消除。像美國現在把這種事當做是一個大問題，國家每年耗費許多金錢來研究消除害蟲的方法；美國農業的收入，每年才可以增加幾萬萬元。現在南京雖然是設了一個昆蟲局，來研究消除這種災害，但是規模太小，沒有大功效。我們要用國家的大力量，仿效美國的辦法，來消除害蟲，然後全國農業的災害才可以減少，全國的生產才可以增加。

九、增加生產的方法之五——製造問題

第五個方法就是製造問題；要把糧食留存得長久，要可以運送到遠方，必須經過一度的製造，才便於保存和運送。我們最普通的製造方法是有兩種：一種是曬乾；一種是醃鹹。好像菜乾、魚乾、肉乾、鹹菜、鹹魚、鹹肉等便是，近來外國製造食物的新法，有把他是煮熟的，或是烘熟的，然後放在洋鐵罐內，封存起來，無論是怎麼長久，到打開來吃的時候，滋味總像新鮮的一樣；這是製造食物的最好方法。無論什麼魚肉果蔬餅食，都可以製為罐頭，分配全國或賣出外洋。

十、增加生產的方法之六——運送問題

第六個方法就是運送問題；糧食到了有餘的時候，我們還要彼此調劑，拿此地的有餘去補彼處的不足。像東三省和北方是有豆有麥沒有米，南方各省是有米沒有豆和麥；我們就把北方東三省多餘的豆麥拿來供給南方，更要把南方多餘的米拿去供給北方和東三省。要這樣能夠調劑糧食，便要靠運輸。現在中國最大的問題就在運輸；因為運輸不方便，所以生出許多耗費。現在中國許多地方，運送貨物都是靠挑夫。一個挑夫的力量，頂強壯的每日只能夠挑一百觔，走一百里路遠，所需要的工錢總要費一元。這種耗費，不但是空花金錢，並且空費時間；所以中國財富的大部分，於無形中便在運輸這一面消耗去了。講到中國農業問題，如果真是能夠做到上面所說的五種改良方法，令生產加多；但是運輸不靈，又要成什麼景象呢？像前幾年我遇著一個雲南土司，他是有很多的土地的，每年收入很多租穀。他告訴我說：「每年總要燒去幾千擔穀」。我說：「穀是很重要的糧食，為什麼把他來燒去呢？」他說：「每年收入的穀太多，自己吃不完，在附近的人民都是足食，又無商販來買；轉運的方法，只能夠挑幾十里路遠，又不能運到遠方去賣。因為不能轉運到遠方去賣，所以每年總是新穀壓舊穀，又沒有多的倉庫可以儲蓄。等到新穀上了市，人民總是愛吃新穀，不愛吃舊穀，所以舊穀便沒有用處。因為沒有用處，所以每年收到新穀的時候，只好燒去舊穀，騰出空倉來儲新穀。」這種燒穀的理由，就是由於生產過剩運輸不靈的原故。中國向來最大的耗費，就是在挑夫。像廣州這個地方，從前也有很多挑夫；現在城內開了馬路，有了手車，許多事便可以不用挑夫。一架手車可以抵得幾個挑夫，可以省得幾個挑夫的錢；一架自動車，更可以抵得十幾個挑夫，可以省十幾個挑夫的錢。有手車和自動車來運送貨物，不但是減少耗費，並且省少時間。至於西關沒有馬路的地方，還是要用挑夫來搬運；若是在鄉下，要把一百觔東西運到幾十里路遠，更是不可不用挑夫；甚至於有錢的人走路，都是用轎夫。中國從前因為這

種運輸方法不完全，所以就是極重要的糧食還是運輸不通；因為糧食運輸不通，所以吃飯問題便不能解決。

中國古時運送糧食最好的方法是靠水道及運河。有一條運河是很長的，由杭州起，經過蘇州、鎮江、揚州、山東、天津以至北通州，差不多要到北京，有三千多里路遠，實為世界第一長之運河，這種水運是很便利的，如果加多近來的大輪船和電船，自然更加便利。不過近來對於這條運河，都是不大理會；我們要解決將來的吃飯問題，可以運輸糧食，便要恢復運河制度。已經有了的運河，便要修理，沒有開闢運河的地方，更要推廣去開闢；在海上運輸，更是要用大輪船。因為水運是世界上運輸最便宜的方法，其次便宜的方法便是鐵路。如果中國十八行省和新疆、滿洲、青海、西藏、內外蒙古都修築了鐵路，到處聯絡起來，中國糧食便可以四處交通，各處的人民便有便宜飯吃，所以鐵路也是解決吃飯問題的一個好方法。但是鐵路只可以到繁盛的地方，才能夠賺錢，如果到窮鄉僻壤的地方去經過，便沒有什麼貨物可以運輸，也沒有很多的人民來往；在鐵路一方面，不但是不能夠賺錢，反要虧本了。所以在窮鄉僻壤的地方，便不能夠築鐵路，只能夠築車路；有了車路，便可以行駛自動車。在大城市有鐵路，在小村落有車路，把路線聯絡得很完全，於是在大城市運糧食便可以用大火車，在小村落運糧食便可以用自動車。像廣東的粵漢鐵路，由黃沙到韶關，鐵路兩旁的鄉村是很多的；如果這些鄉村都是開了車路，和粵漢鐵路都是聯絡起來，不但是粵漢鐵路可以賺許多錢，就是各鄉村的交通也是很方便。假若到兩旁的各鄉村也要築許多支鐵路，用火車去運送，不用自動車去輸送，那就是一定虧本。所以現在外國鄉下就已經築成了鐵路，火車可以通行，但是因為沒有多生意，便不用火車，還是改用自動車。因為每開一次火車要燒許多煤，所費成本太大，不容易賺錢；每開一次自動車，耗費的成本很少，很容易賺錢；這是近來辦交通事業的人不可不知道的。又像由廣州到澳門，向來都是靠輪船，近來有人要籌辦廣澳鐵路。但是由廣州到澳門，不過二百多里路程遠，如果築了鐵路，每天來往行車，能開三次，還不能夠賺錢，至於每天只開車兩次，那便要虧本了。而且為節省經費，每天少開幾次車，對於交通還是不大方便。所以由廣州到澳門，最好是築車路，行駛自動車，因為築車路比築鐵路的成本是輕得多；而且火車開行一次，一個火車頭至少要拖七、八架車，才不致虧本，耗費的人工和煤炭的消耗是很多的，如果乘客太少，便不能夠賺錢，不比在車路上行駛自動車，隨便可以開多少架車，乘客多的時候便可開一架大車，更多的時候，可多開兩、三架大車，乘客少的時候，可以開一架小車，隨時有客到，便可以隨時開車。不比火車開車的時候有一定，如果不照開車的一定時候，便有撞車的危險。所以由廣州到澳門築車路和築鐵路比較起來，築車路是便宜得多。有了車路之後，更有窮鄉僻壤，是自動車不能到的地方，才用挑夫。由此可見我們要解決運輸糧食的問題，第一是運河，第二是鐵路，第三是車路，第四是挑夫。要把這四個方法做到圓滿的解決，我們四萬萬人才有很便宜的飯吃。

十一、增加生產的方法之七——防災問題

第七個方法就是防天災問題；像今年廣東水災，在十幾天之內，便可以收頭次穀；但是頭次穀將成熟的時候，便完全被水淹沒了。一畝田的穀最少可以值十元，現在被水淹浸了，便是損失了十元。今年廣東全省受水災的田，該是有多少畝呢？大概總有幾百萬畝，這種損失便是幾千萬元。所以要完全解決吃飯問題，防災便是一個很重大的問題。關於這種水災，是怎麼樣去防呢？現在廣東防水災的方法，設得有治河處，已經在各江兩岸各低處地方，修築了許多高堤；那種築堤的工程，都是很堅固的，所以每次遇到大水，便可以抵禦，便不至讓大水氾濫到兩岸的田中。我去年在東江打仗，看見那些高堤，都是築得很堅固，可以防水患，不至被水衝破，這是築堤來防水災的方法，是一種治標的方法。這種治標的方法，只可以說是防水災的方法之一半，還不是完全治水的方法。治水之法，除了築高堤之外，還要把河道和海口一帶來浚深，把沿途的淤積沙泥都要除去；海口沒有淤積來阻礙河水，河道又很深，河水便容易流通，有了大水的時候，便不至氾濫

到各地，水災便可以減少。所以浚深河道和築高堤岸兩種工程要同時辦理，才是完全治水的方法。至於防水災的治本方法，是怎麼樣呢？近來的水災，為什麼是一年多過一年呢？古時的水災為什麼是很少呢？這個原因，就是由於古代有很多森林。現在人民採伐木料過多，採伐之後，又不行補種，所以森林很少；許多山嶺都是童山，一遇了大雨，山上沒有森林來吸收雨水和阻止雨水，山上的水便馬上流到河裡去，河水便馬上泛漲起來，即成水災。所以要防水災，種植森林是很有關係的；多種森林，便是防水災的治本方法。有了森林，遇到大雨的時候，林木的枝葉可以吸收空中的水，林木的根株可以吸收地下的水，如果有極隆密的森林，便可吸收很大量的水。這些大水，都是由森林蓄積起來然後慢慢流到河中，不是馬上直接流到河中，便不至於成災。所以防水災的治本方法，還是森林。所以對於吃飯問題，要能夠防水災，便先要造森林；有了森林便可以免去全國的水禍。我們講到了種植全國森林的問題，歸到結果，還是要靠國家來經營；要國家來經營，這個問題才容易成功。今年中國南北各省，都有很大的水災，由於這次大水災，全國的損失，總在幾萬萬元。現在已經是民窮財盡，再加以這樣大的損失，眼前的吃飯問題便不容易解決。

水災之外，還有旱災。旱災問題是用什麼方法解決呢？像俄國在這次大革命之後，有兩、三年的旱災；因為那次大旱災，人民餓死了甚多，俄國的革命幾乎要失敗，可見旱災也是很厲害的。這種旱災，從前以為是天數不能夠挽救，現在科學昌明，無論是什麼天災，都有方法可以救，不過這種防旱災的方法，要用全國大力量通盤計畫來防止。這種方法是什麼呢？治本方法也是種植森林。有了森林，天氣中的水量便可以調和，便可以常常下雨，旱災便可以減少。至於地勢高和水源很少的地方，我們更要用機器抽水，來救濟高地的水荒。這種防止旱災的方法，好像是築堤防水災，同是一樣的治標方法。有了這種治標的方法，一時候的水旱天災，都可以挽救，所以我們研究到防止水災與旱災的根本方法，都是要造森林，要造全國大規模的森林；至於水旱兩災的治標方法，都是要用機器來抽水，和建築高堤與浚深河道。這種治標與治本兩個方法，能夠完全做到，水旱天災才可以免，那麼糧食的生產便不致有損失之患了。

十二、分配問題和生產問題要同時解決

中國如果能解放農民和實行以上七個增加生產的方法，那麼吃飯問題到底是解決了沒有呢？就是以上種種的生產問題能夠得到了圓滿解決的時候，吃飯問題還是沒有完全解決。大家都知道歐美是以工商立國，不知道這些工商政府，對於農業上也是有很多的研究。像美國對於農業的改良和研究，便是無微不至；不但對於本國的農業有很詳細的研究，並且常常派專門家到中國內地並滿洲、蒙古各處來考察研究，把中國農業工作的方法和一切種子，都帶回美國去參考應用。美國近來是很注重農業的國家，所有關於農業運輸的鐵路、防災的方法，和種種科學的設備，都是很完全的。但是美國的吃飯問題，到底是解決了沒有呢？依我看起來，美國的吃飯問題還是沒有解決。美國每年運輸很多糧食到外國去發賣，食糧是很豐足的，為什麼吃飯問題還沒有解決呢？這個原因，就是由於美國的農業，還是在資本家之手，美國還是私人資本制度。在那些私人資本制度之下，生產的方法太發達，分配的方法便完全不管，所以民生問題便不能夠解決。

我們要完全解決民生問題，不但是要解決生產的問題，就是分配的問題，也是要同時注重的。分配之公平方法，在私人資本制度之下，是不能夠實行的；因為在私人資本制度之下，種種生產的方法，都是向同一個目標來進行。這種目標是什麼呢？就是賺錢。因為糧食的生產是以賺錢做目標，所以糧食在本國沒有高價的時候，便運到外國去賣，要賺多錢。因為私人要賺多錢，便是本國有饑荒，人民沒有糧食，要餓死很多人，那些資本家也是不去理會。像這樣的分配方法，專是以賺錢為目標，民生問題便不能完全解決。我們要實行民生主義，還要注重分配問題。我們所注重的分配方法，目標不是在賺錢，是要供給大家公眾來使用。中國的糧食，現在本來是不夠，但是每年還有數十萬萬個雞蛋和許多穀米大豆運到日本和歐美各國去；這種現象，

是和印度一樣。印度不但是糧食不夠，且每年都是有饑荒；但是每年運到歐洲去的糧食數目，印度還占了第三個重要位置。這是什麼原因呢？這個原因就是由於受了歐洲經濟的壓迫；印度尚在資本制度時代，糧食生產的目標是在賺錢。因為生產的目標是在賺錢，印度每年雖是有饑荒，那般生產的資本家，知道拿糧食來救濟饑民，是不能夠賺錢的，要把他運到歐洲各國去發賣，便可以賺錢；所以那些資本家寧可任本地的饑民餓死，也要把糧食運到歐洲各國去賣。我們的民生主義，目的是在打破那些資本制度。中國現在是已經不夠飯吃，每年還要運送很多的糧食到外國去，就是因為一般資本家要賺錢。如果實行民生主義，便要生產糧食的目標不在賺錢，要在給養人民。我們要達到這個目的，便要把每年生產有餘的糧食，都儲蓄起來，不但是今年的糧食很足，就是明年後年的糧食都是很足。等到三年之後的糧食，都是很充足，然後才可以運到外國去賣；如果在三年之後，還是不大充足，便不准運出外國去賣。要能夠照這樣做去來實行民生主義，以養民為目標，不以賺錢為目標，中國的糧食才能夠很充足。所以民生主義和資本主義，根本上不同的地方，就是資本主義是以賺錢為目的，民生主義是以養民為目的。有了這種以養民為目的的好主義，從前不好的資本制度，便可以打破。但是我們實行民生主義來解決中國吃飯的問題，對於資本制度，只可以逐漸改良，不能夠馬上推翻。我們的目的，本是要中國糧食很充足，等到中國糧食充足了之後，更進一步便容易把糧食的價值弄到很便宜。現在中國正是米珠薪桂，這個米珠薪桂的原因，就是由於中國的糧食被外國奪去了一部分，進出口貨的價值不能相抵，受外國的經濟壓迫沒有別的貨物可以相消，只有人民要吃的糧食來作抵。因為這個道理，所以中國現在有很多人沒有飯吃；因為沒有飯吃，所以已生的人民要死亡，未生的人民要減少。全國人口逐漸減少，由四萬萬減到三萬萬一千萬，就是由於吃飯問題沒有解決，民生主義沒有實行。

十三、解決吃飯分配問題的要義

對於吃飯的分配問題，到底要怎麼樣呢？吃飯就是民生的第一個需要。民生的需要，從前經濟學家都是說衣食住三種。照我的研究，應該有四種，於衣食住之外，還有一種就是行。行也是一種很重要的需要；行就是走路。我們要解決民生問題，不但是要把這四種需要弄到很便宜，並且要全國的人民都能夠享受。所以我們要實行三民主義來造成一個新世界，就要大家對於這四種需要，都不可短少，一定要國家來擔負這種責任。如果國家把這四種需要供給不足，無論何人都可以來向國家要求。

國家對於人民的需要，固然是要負責任；至於人民對於國家又是怎麼樣呢？人民對於國家應該要盡一定的義務。像做農的要生產糧食，做工的要製器具，做商的要通有無，做士的要盡才智。大家都能各盡各的義務，大家自然可以得衣食住行的四種需要。我們研究民生主義，就要解決這四種需要的問題。今天先講吃飯問題，第一步是解決生產問題；生產問題解決了之後，便在糧食的分配問題。要解決這個問題，便要每年儲蓄，要全國人民有三年之糧；等到有了三年之糧以後，才能夠把盈餘的糧食運到外國去賣。這種儲蓄糧食的方法，就是古時的義倉制度；不過這種義倉制度，近來已經是打破了，再加以歐美的經濟壓迫，中國就變成民窮財盡，所以這是解決民生問題最急切的時候；如果不趁這個時候來解決民生問題，將來再去解決，便是更難了！

我們中國國民黨主張三民主義來立國，現在講到民生主義，不但是要注重研究學理，還要注重實行事實。在事實上頭一個最重要的問題，就是吃飯。我們要解決這個吃飯問題，是先要糧食的生產很充足，次要糧食的分配很平均；糧食的生產和分配都解決了，還要人民對於國家都盡義務。人民對於國家能夠大家盡義務，自然可以得到家給人足，吃飯問題才算是真解決。吃飯問題能夠解決，其餘的別種問題，也就可以隨之而解決。

第四講　穿衣問題

一、穿衣問題和衣料種類

今天所講的是穿衣問題。在民生主義裡頭，第一個重要問題是吃飯，第二個重要問題是穿衣；所以在吃飯問題之後，便來講穿衣問題。我們試拿進化的眼光來觀察宇宙間的萬物，便見得無論什麼動物植物，都是要吃飯的，都是要靠養料才能夠生存，沒有養料便要死亡，所以吃飯問題，不但是在動物方面是很重要，就是在植物那方面也是一樣的重要。至於穿衣問題，宇宙萬物之中，只是人類才有衣穿，而且只是文明的人類才是有衣穿，他種動物植物都沒有衣穿，就是野蠻人類也是沒有衣穿；所以吃飯是民生的第一個重要問題，穿衣是民生的第二個重要問題。現在非洲和南洋各處的野蠻人，都是沒有衣穿，可見我們古代的祖宗，也是沒有衣穿；由此更可見穿衣是由文明進化而來，文明越進步，穿衣問題就越複雜。原人時代的人類所穿的衣服是「天衣」，什麼叫「天衣」呢？像飛禽走獸，有天生的羽毛來保護身體，那種羽毛便是禽獸的天然衣服；那種羽毛是天然生成的，所以叫做「天衣」。原人時代的人類，身上也生長得有許多毛，那些毛便是人類的「天衣」。後來人類的文明進化，到了游牧時代，曉得打魚獵獸，便拿獸皮做衣，有了獸皮來做衣，身上生長的毛漸漸失了功用，便逐漸脫落。人類文明越進步，衣服越完備，身上的毛越少。所以文明越進步的人類，身上的毛便是很少；野蠻人和進化不久的人，身上的毛才是很多。拿中國人和歐洲人來比較，歐洲人身上的毛都是比中國人多；這個原因就是歐洲人在天然進化的程度，還不及中國人，由此可見衣的原始，最初是人類身上天然生長的毛；後來人類進化，便打死猛獸，拿獸肉來吃，拿獸皮來穿，獸皮便是始初人類所穿的衣。有一句俗語說：「食肉寢皮」，這是一句很古的話。這句話的意思，本是罵人做獸類；但由此便可證明古代人打死獸類之後，便拿他的肉來做飯吃，拿他的皮來做衣穿。後來人類漸多，獸類漸少，單用獸皮便不夠衣穿，便要想出別的材料來做衣服，便發明了別種衣服的材料。什麼是做衣服的材料呢？我前一回講過吃飯的普通材料，是動物的肉和植物的果實；穿衣的材料，和吃飯的材料，是同一來源的。吃飯材料要靠動物和植物，穿衣材料也是一樣的要靠動物和植物；除了動物和植物以外，吃飯穿衣便沒有別的大來源。

二、衣料之一——絲

我們現在要解決穿衣問題，究竟達到什麼程度呢？穿衣是人類的一種生活需要，人類生活的程度，在文明進化之中，可以分作三級：第一級是需要；人生不得需要，固然不能生活，就是所得的需要不滿足，也是不能充分生活，可說是半死半活。所以第一級需要，是人類的生活不可少的。人類得了第一級需要生活之外，更進一步便是第二級。這一級叫做安適；人類在這一級的生活，不是為求生活的需要，是於需要之外，更求安樂，更求舒服。所以在這一級的生活程度，可以說是安適。得了充分安適之後，再更進一步，便想奢侈；比方拿穿衣來講：古代時候的衣服所謂是夏葛冬裘，便算滿足了需要。但是到了安適程度，不只是夏葛冬裘，僅求需要，更要適體，穿到很舒服。安適程度達到了之後，於適體之外，還更進一步，又求美術的雅觀；夏葛要得到輕綃幼絹，冬裘要取到海虎貂鼠。這樣穿衣由需要一進而求安適，由安適再進而求雅觀；便好像是吃飯問題，最初只求清菜淡飯的飽食，後來由飽食便進而求有酒、有肉、有肥甘美味，更進而求山珍海味。好像現在廣東酒席，飛禽走獸，燕窩魚翅，無奇不有，無美不具，窮奢極慾，這就是到了極奢侈的程度。

我們現在要解決民生問題，並不是要解決安適問題，也不是要解決奢侈問題，只要解決需要問題；就是要全國四萬萬人都可以得衣食的需要，要四萬萬人都是豐衣足食。我在前一回講過，中國人口的數目是由四萬萬減到三萬萬一千萬；我們現在對於這三萬萬一千萬人的穿衣問題，要從生產上和製造上通盤計畫，研究一種方法來解決。如果現在沒有方法來解決，這三萬萬一千萬人，恐怕在一、兩年之後，還要減少幾千萬。今年的調查，已經只有三萬萬一千萬；再過幾年，更是不足。現在只算三萬萬人，我們對這三萬萬人便要統籌一個大計畫來解決這些人數的穿衣問題；要求解決這種問題的方法，首先當要研究材料的生產。就穿衣問題來講，穿衣需要的原料是靠動物和植物，動物和植物的原料一共有四種。這四種原料，有兩種是從動物得來的，有兩種是從植物得來的。這四種原料之中：第一種是絲；第二種是麻；第三種是棉；第四種是毛。棉和麻是從植物得來的原料，絲和毛是從動物得來的原料。絲是由於一種蟲叫做蠶吐出來的；毛是由於一種駱駝及他種獸類生出來的。絲毛棉麻這四種物件，就是人生穿衣所需要的原料。

現在先就絲來講：絲是穿衣的一種好材料，這種材料是中國最先發明的。中國人在極古的時候便穿絲，現在歐美列強的文化，雖然是比我們進步得多，但是中國發明絲的那個時候，歐美各國還是在野蠻時代，還茹毛飲血。不但是沒有絲穿；而且沒有衣穿；不但是沒有衣穿，並且身上還有許多毛，是穿著「天衣」，是一種野蠻人。到近兩百年來，他們的文化才是比我們進步，才曉得用絲來做好衣服的原料。他們用絲不只是用來做需要品，多是用來做奢侈品。

中國發明絲來做衣服的原料，雖然有了幾千年，但是我們三萬萬人的穿衣問題，還不是在乎絲的問題；我們穿衣的需要品並不是絲，全國人還有許多用不到絲的。我們每年所產的絲，大多數都是運到外國，供外國做奢侈品；在中國最初和外國通商的時候，出口貨物之中，第一大宗便是絲。當時中國出口的絲很多，外國進口的貨物很少，中國出口的貨物和外國進口的貨物之價值比較，不但是可以相抵，而且還要超過進口貨。中國出口貨物，除了絲之外第二宗便是茶；絲茶這兩種貨物，在從前外國都沒有這種出產，所以便成為中國最大宗的出口貨。外國人沒有茶以前，他們都是喝酒；後來得了中國的茶，便喝茶來代酒。以後喝茶成為習慣，茶便成了一種需要品。因為從前絲和茶，只有中國才有這種出產，外國沒有這種貨物，當時中國人對於外國貨物的需要，也不十分大，外國所出產的貨物又不很多；所以通商幾十年，和外國交換貨物，我們出口絲茶的價值，便可以和外國進口貨的價值相抵消，這就是出口貨和進口貨的價值兩相平均。但是近來外國進口的貨物天天加多，中國出口的絲茶天天減少，進出口貨的價值便不能相抵消。中國所產的絲，近來被外國學去了，像歐洲的法蘭西和意大利現在就出產許多絲，他們對於養蠶繅絲和製絲種種方法，都有很詳細的研究，很多的發明，很好的改良。日本的絲業，不但是仿效中國的方法，而且採用歐洲各國的新發明，所以日本絲的性質便是很進步，出產要比中國多，品質又要比中國好。由於這幾個原因，中國的絲茶，在國際貿易上便沒有多人買，便被外國的絲茶奪去了。現在出口的數量，更是日日減少。中國絲茶的出口既是減少，又沒有別的貨物可以運去外國來抵消外國進口貨的價值；所以每年便要由通商貿易上，進貢於各國的約有五萬元之多，這就是受了外國經濟的壓迫。中國受外國經濟壓迫越厲害，民生問題越不能夠解決。中國絲在國際貿易上，完全被外國絲奪去了，品質沒有外國絲那麼好，價值也沒有外國絲那麼高；但是因為要換外國的棉布棉紗，來做我們的需要品，所以自己便不能夠拿絲來用，要運去外國交換便宜的洋布和洋紗。

至於講到絲的工業，從前發明的生產和製造的方法，都是很好的；但是一成不易，總不知道改良，後來外國學了去，加以近來科學昌明，更用科學方法來改良，所以製出的絲，便駕乎中國之上，便侵占中國蠶絲的工業。我們考究中國絲業之所以失敗的原因，是在乎生產方法不好。中國所養的蠶，很多都是有病的，一萬條蠶蟲裡頭，大半都是結果不良，半途死去；就是幸而不死，這些病蠶所結的繭、所出的絲，也是品質不佳，色澤不好。而且繅絲的方法不完全，斷口太多，不合外國織綢機器之用。由於這些原因，中國絲更漸漸失敗，便不能敵外國絲。在幾十年前，外國養蠶的方法也是和中國一樣。中國農民養蠶，有時成績優良，有時完全失敗。這樣結果，一時好一時不好，農民沒有別的方法去研究，便歸之於命運；養蠶的收成不好，便說命運不佳，外國初養蠶的時候，也有許多病蠶，遇著失敗，沒有方法去挽救，也是安於命運。後來科學家發明生物學，把一切生物留心考察，不但是眼所能看見的生物，要詳細考究，就是眼看不見，要用幾千倍顯微鏡才能看見的生物，也要過細去考究。

由於這樣考究，法國有一位科學家叫做拍斯多便得了一個新發明；這個發明，就是一切動物的病，無論是人的病或蠶的病，都是由於一種微生物而起。生了這種微生物，如果不能夠除去，受病的動物便要死。他用了很多功夫，經過了許多研究，把微生物考究得很清楚。發明了除去那種微生物來治療蠶疾的方法，傳到法國、意國的養蠶家，法國、意國人民得了這個方法知道醫蠶病，於是病蠶便少了很多；到繅絲的時候，成績便很好，絲業便很進步。後來日本學了這個方法，他們的絲業也是逐漸進步。中國的農家，一向是守舊不想考究新法，所以我們的絲業便一天一天退步。現在上海的絲商，設立了一間生絲檢查所，去考究絲質，想用方法來改良。廣州嶺南大學也有用科學方法來改良蠶種，把蠶種改良了之後，所得絲的收成是很多，所出絲的品質也是很好。但是這樣用科學方法去改良蠶種，還只是少數人知道，大多數的養蠶家還沒有知道。中國要改良絲業來增加生產，便要一般養蠶家都學外國的科學方法，把蠶種和桑葉都來改良；蠶種和桑葉改良之後，更要把紡絲的方法過細考究，把絲的種類品質和色澤都分別改良；中國的絲業便可以逐漸進步，才可以和外國絲去競爭。如果中國的桑葉蠶種和絲質沒有改良，還老守舊法，中國的絲業不止是失敗，恐怕要歸天然的淘汰，處於完全消滅！現在中國自己大多數都不用絲，要把絲運出口去換外國的洋布洋紗；如果中國的絲質不好，外國不用中國絲，中國絲便沒有銷路，不但是失了一宗大富源，而且因為沒有出口的絲去換外國洋布洋紗，中國便沒有穿衣的材料。所以中國要一般人有穿衣的材料，來解決穿衣問題，便要保守固有的工業，改良蠶種桑葉，改良紡織的方法。至於中國的綾羅綢緞，從前都很好，是外國所不及的，現在外國用機器紡織所製出的絲織品，比中國更好得多。近來中國富家所用頂華美的絲織品，都是從外國來的。可見我們中國的國粹工業，現在已經失敗了。我們要解決絲業問題，不但是要改良桑葉蠶種，改良養蠶和繅絲方法來造成很好的絲，還要學外國用機器繩絲織造綢緞，才可以造成頂華美的絲織品，來供應大眾使用；等到大眾需要充足之後，才把有餘的絲織品運去外國去換取別種貨物。

三、衣料之二——麻

穿衣所需要的材料除了絲之外，第二種便是麻；麻也是中國最先發明的。中國古代時候，便已經發明了用麻製布的方法，到今日大家還是沿用那種舊方法。中國的農業總是沒有進步，所以製麻工業，近來也被外國奪去了。近日外國用新機器來製麻，把麻製成麻紗，這種用機器製出來的麻紗，所有的光澤都和絲差不多；外國更把麻和絲混合起來織成種種東西，他們人民都是很樂用的。這種用麻絲混合織成的各種用品，近來輸入中國很多，中國也是很歡迎，由此便奪了中國的製麻工業。中國各省產麻很多，由麻製出來的東西，只供夏天衣服之用，只可以用一季。我們要改良製麻工業，便要根本上從農業起，要怎麼樣種植、要怎麼樣施用肥料、要怎麼樣製造細麻線，都要過細去研究，麻業才可以進步，製得的出品才是很便宜。中國製麻工業，完全是靠手工，沒有用機器來製造；用手工製麻，不但是費許多工夫，製出的麻布不佳，就是成本也是很貴。我們要改良麻業造出好麻，一定要用一種大計畫；這種計畫，是先從農業起首來研究，自種植起以至於製造麻布，每步工夫，都要採用科學的新方法。要能夠這樣改良，我們才可以得到好麻，才可以製出很便宜的衣料。

四、衣料之三——棉

絲麻這兩種東西，用來做穿衣的材料，是中國首先發明的。但是現在穿衣的材料，不只是用麻絲，大多數是用棉，現在漸漸用毛；棉毛這兩種材料，現在都是人人穿衣所需要的。中國本來沒有棉，此種吉貝棉

(Ceiba Tree Cotton)是由印度傳進來的。中國得了印度棉花種子，各處種植起來，便曉得紡紗織布成了一種棉花工業。近來外國的洋布輸入中國，外國洋布比中國的土布好，價錢又便宜，中國人便愛穿洋布，不愛穿土布，中國的土布工業，便被洋布打消了。所以中國穿衣的需要材料，便不得不靠外國，就是有些土布小工業，也是要用洋紗來織布。由此可見中國的棉業，根本上是被外國奪去了。

中國自輸入印度棉種之後，各處都是種得很多，每年棉花的出產也是很多。世界產棉的國家，第一個是美國；其次是印度；中國產棉花是算世界上的第三等國。中國所產的棉，雖然是不少，天然品質也是很好；但是工業不進步，所以自己不能夠用這種棉花來製成好棉布棉紗，只可將棉花運到外國去賣。中國出口的棉花，大多數是運到日本，其餘運到歐美各國。日本和歐美各國來買中國棉花，是要拿來和本國的棉花混合，才能夠織成好布。所以日本大阪各紡紗織布廠所用的原料，只有一半是中國棉花所織成的，他們拿中國的棉花織成布之後，再把織成的布運到中國來賺錢。本來中國的工人是頂多的，工錢也是比各國要便宜的。中國自己有棉花又有賤價的工人，為什麼還要把棉花運到日本去織布呢？為什麼自己不來織布呢？日本的工人不多，工價又貴，為什麼能夠買中國棉花，織成洋布，運回中國來賺錢呢？推究這個原因，就是由於中國的工業不進步，不能夠製造便宜布；日本的工業很進步，能夠製造很便宜布。所以要解決穿衣問題，便要解決農業和工業的兩個問題。如果農業和工業兩個問題，不能夠解決，不能夠增加生產，便沒有便宜衣穿。中國自己既是不能織造便宜布，便要靠外國運布進來。外國運布來中國，他們不是來盡義務，也不是來進貢；他們運貨進來是要賺錢的，要用一塊錢的洋貨，來換兩塊中國錢。中國的錢被外國賺去了，就是受外國的經濟壓迫。追究所以受這種壓迫的原因，還是由於工業不發達。因為工業不發達，所以中國的棉花都要運去外國，外國的粗棉布還要買進來。中國人天天穿的衣服，都是靠外國運進來，便要出很高的代價；這種很高的代價，便是把很貴重的金銀糧食運到外國去抵償。這樣情形，便很像破落戶的敗家子孫，自己不知道生產，不能夠謀衣食，便要把祖宗留傳下的珍寶玩器那些好東西賣去換衣食一樣。這就是中國受外國經濟壓迫的現狀。

我從前在民族主義中，已經是講過了，中國受外國的經濟壓迫，每年要被外國奪去十二萬萬至十五萬萬元；這個十五萬萬元的損失之中，頂大的就是由於進口貨，同出口貨不相比對。照這兩、三年海關冊的報告，出口貨比進口貨要少三萬萬餘兩。這種兩數是海關秤，這種海關秤的三萬萬餘兩，要折合上海大洋便有五萬萬元，若果折合廣東毫銀有六萬萬元，這就是出口貨同進口貨不能相抵消的價值。進口貨究竟是些什麼東西呢？頂大的是洋紗洋布；這種洋紗洋布都是棉花織成的，所以中國每年進口的損失大多是由於棉貨，據海關冊的報告，這種進口貨的價值，每年要有二萬萬海關兩，折合上海大洋，便有三萬萬元；這就是中國用外國的棉布每年要值三萬萬元。拿中國近來人口的數目比較起來，就是每一個人要用一塊錢來穿洋布。由此可見現在中國民生的第二個需要，都是用外國材料。中國本來有棉花，工人很多，工錢又賤，但是不知道振興工業來挽回利權，所以就是穿衣便不能不用洋布，便不能不把許多錢都送給外國人。要送錢給外國人，就是受外國的經濟壓迫，沒有方法來解決；我們直接穿衣的民生問題更是不能解決。

大家要挽回利權，先解決穿衣問題，便要減少洋紗洋布的進口。要解決這個問題有什麼好方法呢？當歐戰的時候，歐美各國沒有洋布運進中國，到中國的洋布都是從日本運來的。日本在那個時候，供給歐洲協約國的種種軍用品，比較運洋布來中國還要賺錢得多，所以日本的大工廠，都是製造軍用品去供給協約國，只有少數工廠才製造洋紗洋布運到中國來賣。中國市面上的布便不夠人民穿，布價便是非常之貴，當時中國的商人要做投機事業，便發起設立許多紗廠布廠，自己把棉花來紡成洋紗，更用洋紗織成洋布。後來上海設立幾十家工廠，都是很賺錢，一塊錢的資本差不多要賺三、四塊錢，有幾倍的利息。一般資本家，見得這樣的大利，大家便想發大財，便更投許多資本去開紗廠布廠，所以當時在上海的紗廠布廠，真是極一時之盛。那些開紗廠布廠新發財的資本家，許多都是自稱為棉花大王。但是到現在，又是怎麼樣情形呢？從前有幾千萬的富翁，現在都是虧大本，變成了窮人，從前所開的紗廠布廠，現在因為虧了本，大多數都是停了工；如果再不停工，還更要虧本，甚至於要完全破產，這是什麼原因呢？一般人以為外國的洋布洋紗之所以能夠運到中國來的原故，是由於用機器紡紗織布。這種用機器來紡紗織布，比較用手工來紡紗織布，所得的品質是好得多，成本是輕得多；所以外國在中國買了棉花，運回本國織成洋布之後，再運來中國，這樣往返曲折，還能夠賺錢。推究他們能夠賺錢的原因，是由於用機器；由於他們都是用機器，所以中國一般資本家都是學他們，也是用機器來織布紡紗，開了許多新式的大紗廠大布廠，所投的資本大的有千萬，小的也有百幾十萬。那些紗廠和布廠在歐戰的時候本賺了許多錢；但是現在都是虧本，大多數都是停工，從前的棉花大王現在多變成了窮措大。

推到我們現在的紗廠和布廠，也是用機器，同是一樣的用機器，為什麼他們外國人用機器織布紡紗便賺錢，我們中國人用機器織布紡紗便要虧本呢？而且外國織布的棉花，還是從中國買進去，外國買到棉花運回本國去，要花一筆運費；織成洋布之後，再運來中國，又要花一筆運費，一往一返，要多花兩筆運費。再者外國工人的工錢，又比中國高得多；中國用本地的土產來製造貨物，所用的機器和外國相同，而且工錢又便宜，照道理是應該中國的紗廠布廠能夠賺錢，外國的紗廠布廠要虧本。為什麼所得結果恰恰是相反呢？這個原因，就是中國的棉業受了外國政治的壓迫。外國壓迫中國，不但是專用經濟力，經濟力是一種天然力量，就是中國所說的王道。到了經濟力有時而窮，不能達到目的的時候，便用政治力來壓迫。這種政治力，就是中國所說的霸道。當從前中國用手工和外國用機器競爭的時代，中國的工業歸於失敗，那還是純粹經濟問題。到了歐戰以後，中國所開紗廠布廠，也學外國用機器去和他們競爭。弄到結果是中國失敗，這便不是經濟問題，而是政治問題。外國用政治力來壓迫中國是些什麼方法呢？從前中國滿清政府和外國戰爭，中國失敗之後，外國便強迫中國，立了許多不平等的條約，外國至今都是用那些條約來束縛中國。中國因為受了那些條約的束縛，所以無論什麼事都是失敗，中國和外國如果在政治上是站在平等的地位，在經濟一方面可以自由去和外國競爭的，中國還可以支持，或不至於失敗。但是外國一用到政治力，要拿政治力量來做經濟力量的後盾，中國便沒有方法可以抵抗、可以競爭。

外國束縛中國的條約，對於棉業問題，是有什麼關係呢？現在外國運洋紗到中國，在進口的時候，海關都是要行值百抽五的關稅；進口之後，通過中國內地各處，再要行值百抽二點五的厘金；統計起來，外國的洋紗洋布，只要百分之七點五的厘稅，便可以流通中國各處，暢行無阻。至於中國紗廠布廠織成的洋布，又是怎麼樣呢？在滿清的時候，中國人都是做夢，糊糊塗塗，凡事都是聽外國人主持。凡是中國在上海等處各工廠所出的布疋，都要和外國的洋布一樣，要行值百抽五的關稅；經過內地各處的時候，又不能和外國洋布一樣，只納一次厘金，凡是經過一處地方便要更納一次厘金，經過幾處地方便要納幾次厘金。講到中國土布納海關稅，是和外國洋布一樣，納厘金又要比外國洋布多幾次，所以中國土布的價錢便變成非常之高；土布的價錢太高，便不能流通各省，所以就是由機器織成的布，還是不能夠和外國布來競爭。外國拿條約來束縛海關厘金，海關和厘金對於外國貨不能隨便加稅，對於中國土貨可以任意加稅；好像廣東的海關，不是中國人管理，是外國人管理，我們對於外國貨物，便不能自由加稅。中國貨物經過海關，都由外國人任意抽稅，通過各關卡，更要納許多次數厘金；外國貨物納過一次稅之後，便通行無阻；這就是中外貨物的稅率不平均。因為中外貨物的稅率不平均，所以中國的土布便歸於失敗。

至於歐美平等的獨立國家，彼此的關稅都是自由，都沒有條約的束縛，各國政府都是可以自由加稅。這種加稅的變更，是看本國和外國的經濟狀態來定稅率的高下。如果外國有很多貨物運進來，侵奪本國的貨物，馬上可以加極重的稅來壓制外國貨，壓制外國貨就是保護本國貨，這種稅法，就叫做「保護稅法」。譬如中國有貨運到日本，日本對於中國貨物，最少也要抽值百分之三十的稅，他們本國的貨物便不抽稅。所以日本貨物原來成本是一百元的，因為不納稅仍是一百元；日本貨物如果賣一百二十元，便有二十元的盈利。中國貨運到日本去，若賣了一百二十元，便要虧十元的血本。由此日本便可以抵制中國貨，可以保護本國貨。這種保護本國貨物的發達，抵制外國貨物的進口，是各國相同的經濟政策。

我們要解決民生問題，保護本國工業不為外國侵奪，便先要有政治力量，自己能夠來保護工業。中國現在受條約束縛，失了政治的主權，不但是不能保護本國工業，反要保護外國工業。這是由於外國資本發達，機器進步，經濟方面已經占了優勝；在經濟力量之外，背後還有政治力量來做後援。所以中國的紗廠布廠，當歐戰時候，沒有歐美的洋布洋紗來競爭，才可以賺錢；歐戰之後，他們的洋布洋紗，都是運進中國來競爭，我們便要虧本。講到穿衣問題裡頭，最大的是棉業問題；我們現在對於棉業問題，沒有方法來解決。中國棉業還是在幼稚時代，機器沒有外國的那樣精良，工廠的訓練和組織，又沒有外國的那麼完備，所以中國的棉業就是不抽厘金關稅，也是很難和外國競爭。如果要和外國競爭，便要學歐美各國的那種政策。歐美各國對於這種政策是怎麼樣呢？在幾十年以前，英國的工業是占世界上第一個地位，世界所需要的貨物，都靠英國來供給；當時美國還是在農業時代，所有的小工業完全被英國壓迫，不能夠發達。後來美國採用保護政策，實行保護稅法；凡是由英國運到美國的貨物，便要行值百抽五十或者值百抽一百的重稅；因此英國貨物的成本便要變成極大，便不能和美國貨物去競爭，所以許多貨物便不能運去美國。美國本國的工業便由此發達，現正是駕乎英國之上。德國在數十年之前也是農業國，人民所需要的貨物也是要靠英國運進去，要受英國的壓迫；後來行了保護政策，德國的工業也就逐漸發達，近來更駕乎各國之上。

由此可見我們要發達中國的工業，便應該仿效德國美國的保護政策，來抵制外國的洋貨，保護本國的土貨。現在歐美列強，都是把中國當做殖民地的市場，中國的主權和金融，都是在他們掌握之中。我們要解決民生問題，如果專從經濟範圍來著手，一定是解決不通的。要民生問題能夠解決得通，便要先從政治上來著手，打破一切不平等的條約，收回外人管理的海關，我們才可以自由加稅，實行保護政策。能夠實行保護政策，外國貨物不能侵入，本國的工業自然可以發達。

中國要提倡土貨抵制洋貨，從前不知道運動了好幾次，但是全國運動不能一致，沒有成功；就令全國的運動能夠一致，也不容易成功。這個原因，就是由於國家的政治力量太薄弱，自己不能管理海關，外國人管理海關，我們便不能夠自由增減稅率，不能夠自由增減稅率，沒有方法令洋布的價貴，土布的價賤，所以現在的洋布，便是便宜過土布。洋布便宜過土布，無論是國民怎麼樣提倡愛國，也不能夠永久不穿洋布來穿土布。如果一定要國民永久不穿洋布來穿土布，那便是和個人經濟的原則相反，那便行不通。比方一家每年要用三十元的洋布，如果抵制洋布改用土布，土布的價貴，每年便不止費三十元，要費五、六十元；這就是由於用土布每年便要多費二、三十元。這二、三十元的耗費，或者一時為愛國心所激動，寧可願意犧牲；但是這樣的感情衝動，是和經濟原則相反，決計不能夠持久。我們要合乎經濟原則，可以持久，便先要打破不平等的條約，自己能夠管理海關，可以自由增減稅率，令中國貨和外國貨之價錢平等。譬如一家每年穿洋布，要費三十元，穿土布也只要費三十元，那才是正當辦法，那才可以持久。我們如果能夠更進一步，能令洋布貴過土布，令穿外國洋布的人一年要費三十元，穿本國土布的人一年只費二十元，那便可以戰勝外國的洋布工業，本國的土布工業便可以大發達。由此可見我們講民生主義，要解決穿衣問題，要全國穿土布，不准外國洋布進口，便要國家有政治權力，穿衣問題才可以解決。

五、衣料之四——毛

講到民生主義的穿衣問題，現在最重要的材料，就是絲麻棉毛四種；這四種材料之中的毛，中國也是出產很多，品質也是比外國好。不過中國的這種工業不發達，自己不製造，便年年運到外國去賣；外國收中國的毛，製成絨呢，又再運回中國來賣，賺中國的錢。如果我們恢復主權，用國家的力量來經營毛業，也可以和棉業同時發達；製毛工業能夠發達，中國人在冬天所需要的絨呢，便可以不用外國貨，有盈餘的時候，更可以像絲一樣，推廣到外國去銷行。現在中國的製毛工業不發達，所以只有用帶皮的毛，脫皮的散毛在中國沒有用處，便被外國用賤價收買織成絨呢和各種氈料，運回中國來賺我們的錢。由此可見中國的棉業和毛業，同是受外國政治經濟的壓迫。所以我們要解決穿衣問題，便要用全國的大力量統籌計畫，先恢復政治主權，用國家的力量來經營絲麻棉毛的農業和工業；更要收回海關來保護這四種農業和工業，加重原料之出口稅及加重洋貨之入口稅；我國之紡織工業必可立時發達，而穿衣材料的問題方能完全解決。

六、衣服的作用和供給

衣服的材料問題可以解決，我們便可來講穿衣之本題。穿衣之起源前已講過，起初是用來禦寒；所以穿衣之作用，第一是用來保護身體，但是後來文明漸進，就拿來彰身；所以穿衣之第二作用，是要用來好看，叫做壯觀瞻。在野蠻時代的人，無衣來彰身，就有繪圖身體的，就是用顏色塗畫其身，就是古人所謂「文身」。至今文明雖然是進步，而穿衣作用，還是以彰身為重，至於禦寒保體作用反多忽略了。近代窮奢鬥侈，不獨在材料方面，時時要花樣翻新；就是衣裳的款式，也是年年有寬狹不同，在社交上習俗的好尚，又多有視人之衣飾，以為優劣之別；所以有衣冠文物，就是文化進步之別稱。

迨後君權發達，又有以衣服為等級之區別；所以有衣服的第三個作用，成了階級的符號。至今民權發達，階級削平，就是在共和國家的陸海軍，也不能除去以服裝為等級的習尚。照以上所說的這三個衣服作用，一護體、二彰身、三等差之外，我們今天以穿衣為人民之需要，在此階級平等勞工神聖之潮流的時代，為民眾打算穿衣之需要，又要加多一個作用；這個作用，就是要方便。故講到今日民眾所需要的衣服之完全作用，必要能護體、能美觀又能方便，不礙於做工，那才是完美的衣服。

國家為實行三民主義，當本此三個穿衣的作用，在各地來開設大規模的裁縫廠，就民數之多少，寒暑之氣候，來製造需要之衣服，以供給全國人民的使用。務使人人都可以得到需要的衣服，不致一人有所缺乏；這才是三民主義之國家的政府對於人民穿衣需要的義務。

至於人民對於國家，自然是要盡足國民之義務；否則就是失去國民之資格。凡是失去了國民資格的人，就是失去了主人的資格；這就是游惰流氓。這種游惰流氓，就是國家人群的蠹賊，政府須當執行法律以強迫之，必使此等流氓漸變為神聖之勞工，得以同享國民之權利。如果這種流氓真是絕跡了，人人皆為生產之份子，社會上才可以豐衣足食，才是家給人足，我們的民生問題也才可以解決。

蔣總統手著

民生主義育樂兩篇補述

第一章 序言

一、育樂兩篇的補述

民國十三年，總理在廣州講演三民主義。民族主義六講，民權主義六講，都已講完。民生主義只講了四講，第一講是講民生主義的原理，第二講是講平均地權和節制資本兩個辦法，第三講以下，總理預定要講民生四大需要，食衣住行。但是他只講了食與衣兩節，就沒有再講下去了。住與行兩大問題和解決的辦法，從《實業計畫》裡可以看出一個輪廓，做我們研究的基礎。但是我們從總理在民國十三年以前關於民生主義的演講和論著裡，可看出民生問題，除食衣住行之外，還有育和樂。總理說過：民生主義要做到「少年的人有教育，壯年的人有職業，老年的人有養活，全國男女，無論老小，都可以享安樂」。所以對於「育幼、養老、濟災、醫病與夫種種公共之需」，乃至「聾啞殘廢院以濟大造之窮，公共花園以供暇時之戲」，都要籌劃辦理，「把中國變成一個安樂國家」，才是民生主義的完成。所以我們如不把育樂這兩個問題，和食衣住行這四個問題一併提出研究，就不能概括總理的民生主義的全部精神與目的之所在。

民國二十四年，我在峨嵋軍訓團講述《總理遺教》，其第二講「政治建設的要義」裡面，提到育樂這兩個問題。當時因為時間不夠，沒有詳細發揮，只是說明問題的所在，指出解決問題應該努力的方向。由峨嵋軍訓到現在是十八年了。我們中國經過了對日長期抗戰，又遭逢奸匪全面破壞，不僅沒有建設為富強康樂的國家，反淪沒於俄帝奴隸牛馬的境域。我今天來講述民生主義育樂兩篇，真是萬分慚惶。但我們在這反共抗俄戰爭中，要恢復中國國家為獨立自由的民主國家，必須有計畫、有步驟，重建中國社會為自由安全的社會，來做這獨立民主的國家的基礎。所以民生主義的社會政策之研究和確立，刻不容緩。而育樂兩篇的補充，也就成為重要的工作了，我現在要將總理平生對於育樂問題有關的私人談話所提到的政策，以及其平生對於育樂問題所設想的措施，和我個人所領會與擬議的方針和方案，加以闡述，或可少補總理民生主義全部講稿中未完部分的缺憾。

二、自由安全社會的建設

(一)農業社會向工業社會的轉移

民生主義的主旨，在發展實業。總理在民國元年國慶紀念日為上海《大陸報》撰〈中國之鐵路計畫與民生主義〉一文，其中說道：「實業主義為中國所必需，文明進步必賴乎此，非人力所能阻遏，故實業主義之行於我國也必矣。」民國十年手訂《實業計畫》，又說：「中國之存亡在於實業發展之一事。」民國十三年講述民生主義，更明白指出，中國「統一之後，要解決民生問題，一定要發達資本，振興實業。振興實業的方法很多，第一是交通事業，第二是礦產，第三是工業」。照《實業計畫》第五計畫和民生主義演講來推論，這裡所說的工業，主要的是糧食工業、衣服工業、居室工業和印刷工業幾種。我們中國人的食衣住行日用的需要品都能由工業來供給，那就是中國社會從農業社會進到工業社會第一步驟。這是社會大轉變的起點。這一轉變卻是實行民生主義必需而先決的條件。

在農業社會轉變為工業社會的時候，有一種自然的趨勢，就是人口集中於城市。總理於民國八年手著《三民主義》論文，其中說道：「機器之生產事業利於集中，故城市首先發達，以易致工人也。其次則煤鐵之場，製造事業亦以繁興，蓋便於取材也。其三則交通之地，工廠亦隨而林立，以便於運輸也。有此三要素之地，工業必從而發達，人口則為增加。」又說：「如中國交通運輸之事業發達，則凡於鐵路集中之地，水陸交會之區，大市鎮必從而生焉。以中國之大，此種新市鎮當必得百數十處也。」這就是說，交通工礦生產事業如果發達，有三種地方一定要發達成大城市，為人口集中的處所。哪三種地方呢？第一是原有的城市。這些城市原有多數人口，機器工廠設在這裡，便容易得到工人。第二是煤鐵礦場所在地。這些地方，不但礦業的本身能夠招致大批人口，變成城市，並且需用煤鐵的工廠也在這裡設立，好利用礦場開出的材料。第三是水陸交通的樞紐。這些地方運輸便利，工廠開設起來，材料容易取得，產品也容易推銷。以中國之大，機器生產事業發達的時候，必將有百數十個大城市發達起來。這是總理預先見到的。三十年來，我國工業革命雖未能順利進行，但人口集中城市卻已成顯明的趨勢。

(二)社會組織不能適應

工業革命要把農業社會變做工業社會。在這一過程中，舊社會組織不能適應這一大轉變，便發生社會問題，引起社會革命。總理在《三民主義》論文裡說得非常透徹：「社會革命之因，何從而來也，曰：從機器發明而來也。歐美自機器發明而後，萬般工業皆用機器代之。夫用機器以羈勒自然之力，如汽力、電力，以代人工，本可減省人之勞力，應為造福人間，而何以反生出社會之痛苦？所以然者，則機器之發明而施用於工業也，乃突如其來，而社會之組織一時不能為之變更，亦不知為之變更，故無從應付也。」舊社會組織既不能適應工業革命，就要流於瓦解。我們中國近三十年的趨勢，最主要的就是農業已趨凋敝，工業未能順利發達。舊社會組織瓦解，新社會組織還沒有形成。抗戰八年之後，繼之以全面匪亂，我們社會的瓦解，便格外的迅速。這一嚴重的社會病態為俄帝侵略工具中共匪徒所乘，便造成了大陸淪亡慘禍的主要原因之一。

(三)自然趨勢與人為的災禍

農業凋敝而工業不能發達的社會痛苦，雖是我們中國從農業社會到工業社會的轉變過程中自然的結果，但是這中間如沒有製造變亂的外在原因，我們中國仍不至遭受危亡的災禍。詳細些說，我們要解決民生主義，一定要完成工業革命。我們的社會一定要從農業社會進入工業社會。但是抗戰以前，中國受了不平等條約的束縛，我們的工業沒有力量和外國工業競爭，我們的社會成了外國工業品的銷場。我們的農業是衰落了，要想借助於外國資本和技術來發達我們的工業，以容納農村剩餘人口，讓他們都能得到職業，而沒有外國肯以互助合作的精神來協助我們建設。到了抗戰勝利以後，不平等條約是撤廢了，我們中國得到了獨立自由的地位，本可以發展交通和工礦生產事業，使國民安居樂業，致國家於富強。但是蘇俄帝國主義役使他的第五縱隊中共奸匪，來破壞我們的鐵路和礦業，阻止我們的復員和建設，才演成農村破產城市恐慌的景象，招致社會瓦解國家危亡的災禍。

㈣社會的演變與社會改革

現在我們研討反攻光復以後的經濟社會建設問題，首先要抱定一個信念，就是反共抗俄戰爭勝利之後，我們中華民國是以獨立自由統一的國家，來完成經濟社會的建設。我們的問題是：我們中國既已解除了不平等條約，又復推翻了俄帝的奴役和奸匪的控制；我們的工業必將順利發達，農業也漸能走向機械化的道路。但是這裡就發生一個問題，我們還是放任社會的自然發展，還是要計畫社會的改革呢？我們今日要解答這一問題，仍須遵守總理的遺教。總理在民國元年演講「社會主義之派別及批評」，其中說道：

「循進化之理，由天演而至人為，社會主義實為之關鍵。動物之強弱，植物之榮衰，皆歸之於物競天擇，優勝劣敗。進化學者遂舉此例，以例人類國家，凡國家強弱之戰爭，人民貧富之懸殊，皆視為天演淘汰之公例。故達爾文之主張，謂世界僅有強權而無公理，後起學者隨聲附和，絕對以強權為世界唯一之真理。我人訴諸良知，自覺未敢贊同。誠以強權雖合於天演之進化，而公理實難泯於天賦之良知。故天演淘汰為野蠻物質之進化，公理良知實道德文明之進化也。社會組織之不善，雖限於天演，而改良社會之組織，或者人為之力尚可及乎？社會主義所以盡人所能，以挽救天演之缺憾也。」

《孫文學說》也這樣的說：「何謂革命之建設？革命之建設者，非常之建設，亦速成之建設也。夫建設固有尋常者，即隨社會趨勢之自然，因勢利導而為之，此異乎革命之建設者也。」

我們從這兩段話，就可看出總理對於社會組織的演變，不取放任主義，而主張盡人類的能力來挽救自然演變的缺憾。這就是說，我們要有計畫的改革社會為自由安全的社會，我們不能放任社會的自然發展。

(五)建設實業於合作基礎之上使勞工得到娛樂幸福與自由

我們要改革社會，必須有社會理想。民生主義對於工業社會的理想是什麼呢？總理在〈中國之鐵路計畫與民生主義〉一文中說得最是明白：

「將來中國之實業，建設於合作的基礎之上。政治與實業皆民主化，每一階級皆依賴其他階級，而共同生活於互信互愛的情形之下。……對於待開發之實業，人人皆得按其應得之比例以分沾其利益，享受其勞力結果之全部，獲得較優良之工作狀態，並有餘暇之機會，可以思及其他工作以外之事件。如此，勞工必能知識日進，獲得充分之娛樂與幸福，此種娛樂與幸福本為一切人類所應享，但在他國，勞工與窮苦之人嘗無享受之權利耳。故在一個民族之中，須給人民全體以生活之機會，並與以完全之自由。此即余之希望。」這段話指示我們說，民生主義的社會不是以競爭為基礎，而是以合作為基礎。各階級互相依賴，在互信互愛的情形之下共同生活，人人以其所付出之勞力為比例來分沾其利益，如此，人民全體都有生活的機會，有完全的自由，並有充分的娛樂和幸福。

㈥為自由安全社會而計畫

我們要建設中國社會為合作的基礎之上的自由幸福的社會，是要有計畫有步驟的。總理手訂的《建國大綱》，就是達到「政治民主」的步驟。《實業計畫》就是建設「經濟民主」的藍圖。我們要尋求《建國大綱》的主旨，必須研讀《孫文學說》，才能理解國民革命從非常破壞到非常建設的方略。我們要探討《實業計畫》的內容，必須就民生主義演講已經提出的食衣住行四個問題和總理沒有講完的育樂兩個問題，加以研討，才能體會民生主義為自由安全的社會而計畫的意義。

第二章　育的問題

「育」包括生育、養育和教育。這三大項目又都包括著各種問題。現在分別提出綱要如下：

一、生育問題

民族生命的延續與新陳代謝，人口數量的多少，都繫於國民生育問題。這個問題是一個生物學的問題，同時是一個社會問題，也就是民生問題。

㈠國民生育率與人口數量

1. 馬爾薩斯人口論

研究人口問題的人，總要提到馬爾薩斯的人口論，馬爾薩斯把國民的生育問題當做純粹生物學問題來看待，又把人口問題當做簡單經濟問題來看待。他推論的結果，認為人口的增加是幾何比率的，糧食的增加是算術比率的。糧食不能供給人口的需要，便發生貧困、饑荒和戰爭，要把人口減少，使其與糧食保持平衡。我們中國研究人口問題的人，也有受馬爾薩斯的影響的。他們總以為中國人的生育率太高，人口增加得太快。他們以為中國的貧窮就是這個道理。

其實，馬爾薩斯的學說是與歷史的事實不符的。據人口問題專家的估計，三百年來全世界人口只增了四倍，可見人口的增加並不是幾何的比率。並且近代農業技術的進步，使糧食的產量能夠很快的增加。例如美國，一七八七年鄉村裡十九個農民的剩餘糧食，只能供給城市裡一個市民；到了現在，每一個農民便能供給十五個人了。可見糧食的增加也不是算術的比率。所以把人口問題當做純粹生物學的問題和簡單的經濟問題來研究，得不到正確的結論。

2. 中國人口問題之所在

馬爾薩斯學說既被歷史事實所推翻，我們便不能根據他的人口原理，斷定中國人口是太多了。我們總理在民國十三年演講民族主義，焦慮中國人口減少的危機。他說：「中國是全世界氣候最溫和的地方，物產頂豐富的地方，各國所以一時不能來併吞的原因，是由於他們的人口和中國人口比較，還是太少。到一百年以後，如果我們的人口不增加，他們的人口增加到很多，他們便用多數來征服少數，一定要併吞中國，到了那個時候，中國不但是失去主權，要亡國，中國人並且要被他們民族所消化，還要滅種。」總理這段說話到現在不過是二十九年，而侵略者以人口政策來滅亡中國的慘劇是在大陸上表演了。蘇俄帝國主義控制了我們中國大陸，便要朱毛匪共肆行屠殺，製造飢餓，參加侵略戰爭，並輸送人口到西伯利亞和東歐去做奴工，要把中國人口減少到半數兩億以下。大家至此應該可以了解總理耳提面命的對我們要受侵略者人口壓迫的警告，而且今天已得到事實的證明了。

我們光復大陸之後，重新建設中華民國為獨立自由的現代國家，人口的問題不但要量的增加，並且要質的提高。從前我們中國人總是自誇人口繁多，勞力低廉，只要有資本，便能發達工業，自致富強。將來我們在暴俄共匪摧殘蹂躪的荒涼廢墟上，要爭取休養生息的機會，首先要從營養、衛生和教育中提高人口的品質，因為我們知道健全的人口，才是偉大的力量。

3. 人口增減的因素

控制人口的兩個因素就是生育率和死亡率。生育率高，死亡率低，人口就會增加；生育率低，死亡率高，人口就會減少；生育率與死亡率平衡，人口便沒有什麼增減。這是淺顯的道理。例如臺灣省光復以來，人口的生育率從三十六年的千分之三十七，增加到民國四十年的千分之四十九；死亡率從三十六年的千分之十八，減低到民國四十年的千分之十一。所以臺灣省人口有增加的趨勢，其增加率是從三十六年的千分之十九，到四十年的千分之三十八。

死亡率減低的原因是醫藥衛生的進步，這是容易了解的。但國民生育率的增加或減低，卻不是純粹的生物學的問題或簡單的經濟問題。例如臺灣省光復以來，自三十六年至四十年，米的產量增加了百分之一百三十二。這只是說明臺灣省人口雖然增加，並沒有饑荒的危險。但並不能說明臺灣省人口的增加是由於食米增加的關係。因之更可知道國民生育率增減的原因並不是如馬爾薩斯所說那樣簡單的。

㈡革命建國中之國民生育率

1.人口城市化與國民生育率

我們的民生主義是要在工業革命中解決民生問題。國民生育問題既是一個民生問題，那我們便要估計工業化發展的過程裡的人口增減的趨勢，而提出解決的方案。前面說過，從農業社會進入工業社會時期，人口是向城市集中的。工業越益發達，人口也越益集中城市。我們試就現代工業國家的人口統計來研究，在人口城市化的趨勢裡，顯明的趨勢是大家族分化為小家庭，早婚改變為晚婚，離婚率增高，而生育率減低。再詳細一點說，在工業國家裡，鄉村人口的生育率高，城市人口的生育率低，並且教育程度越高的人，其生育率便越低。由此可見國民生育率並不隨工業化的進步來增加，反而有減低的趨勢。例如美國兩世紀來，因為農業的工業化，糧食產量有高度的增加，但是他的國民生育率卻由十八世紀後半期每年百分之三，減低到二十世紀中葉之今日，每年的百分之〇點七。美國人口雖因死亡率減低，其客觀數量還是增加的，但是他國民生育率卻有減低的趨勢。這是我們在民生主義建設事業中，必須慎重研究的實例。

2.小家庭的生育率

我們中國農村大家族制度，男女早婚和多育，這是有各種原因的。一個大家族是一個生產組織、一個教育單位，也是一個文化的基點。為了勞力的增殖，為了事業的延續，為了祖宗的祭祀，為了家門的撐持，生男育女是大家族最重要的事情。但工業發達的結果，人口集中到工商城市裡，大家族就分解為小家庭。一個小家庭是一個單純的消費單位，多生一個兒女就是多加一個負擔。在多受一點教育的社會層裡，遲婚節育更見流行，生育率也就為之減低了。所以在工業化發展的過程中，國民生育率減低乃是一個社會問題，也是一個教育問題。在革命建國的事業上，我們對於這個問題是必須注意研究的。

3. **生育率能否控制**

有些國家，為了防制國民生育率的減低，採取獎勵國民生育的辦法。例如國家對於結婚的青年，給予貸款；對於獨身者課以賦稅；又如工廠對於生育子女的女工給以較長的假期，對於家庭子女較多的工人增加工資；這些辦法對於獎勵國民生育都有一些幫助。但是國民生育問題不僅是經濟問題，還要從社會與教育兩方面來對家庭問題尋求根本解決的方法。

(三)人口問題的對策

1. **人口均衡分布與市鄉建設計畫**

我們光復大陸，重整河山，一定要依據總理手訂《實業計畫》的精神，確立國家建設計畫。在這個計畫裡，應採取下列的人口政策：

(1)依《實業計畫》之精神，使全國經濟平均發展，全國人口均衡分布。

(2)工業礦業及漁牧事業，依各地資源分布的實況，使其發展。各地人口之分布應使其適於資源的開發與利用。

(3)城市與鄉村均衡發展，要做到城市鄉村化，鄉村城市化。每一家庭都得到充分的空間和健康的環境。

2. 關於人口問題的教育與社會政策

在前述市鄉建設計畫之下，更進而採取如下的教育與社會政策。

在教育政策上，要使青年男女覺悟其對於婚姻和家庭及子女教養應負的責任，要使其覺悟家庭組織不單以個人的感情為基礎；還要負起他們對社會對國家的責任。我們中國人本富於家族感情，大陸各省同胞在奸匪離析骨肉拆散婚姻的殘忍蹂躪之下，更感悟天倫之樂和夫婦之愛可貴。我們光復大陸之後，只要順應這一心理和情緒，讓大家父子重見，夫妻團聚，並使其各安生業，保障家庭生活的安全，深信國民生育率必能顯著的提高。

在社會政策上，前面說過的結婚貸款，女工生育期的給假，子女較多的工人增加工資，都是可行的辦法。但是最有效的根本政策，還是一般國民能夠就業，使其職業收入能夠安定，而無失業恐慌之患。尤其是每一家庭都有機會得到自己的住宅，使其有恆產，有恆心。有了安定的家庭，才能養育健全的子女。如果我們做到這一層，國民生育率就不至於隨工業化的進步而轉趨低落了。

二、養育問題

在一個社會裡面，每一個人都能自立自主，人與人之間又都能互助合作，這個社會才是自由安全的社會。但是一個人為自己生活來工作，為社會國家來服務的時間是有限的。兒童和老年要受人保養，疾病殘廢要受人扶持。如果沒有人保養和扶持，他們便要流離失所。所以我們要建設中國社會為民生主義社會，對於這些問題，就不能不考察其癥結所在，提出其解決方法。

(一)兒童問題

1. 兒童問題的嚴重性

我們中國是在從農業社會進入工業社會的過程中，大家族制趨於瓦解，小家庭漸見流行。在抗戰和匪亂期間，人口兩度大量流徙，更使大家族制加速解體。三年來大陸匪區，無論是鄉村或城市，到處都是家破人亡，妻離子散。在這一社會解紐的過程中，兒童首先受到悲慘的境遇。自由區的兒童問題還不過是失教的問題，匪區的兒童還要編入兒童團，斷喪幼稚的身心，去供匪徒們無情的役使。我們面對著這一悽慘的情景，懸想到將來大陸重光的時候，兒童問題一定是十分嚴重。

2. 家族組織轉變中的兒童

在農業社會大家族制度之下，養育兒童是家族共同的責任。即令父母不存，只要他家中有尊長，就會教養他成人，縱令大家族對於兒童，看做一分勞力來役使，不顧他身心的保育，但是大家族重視兒童為家族的命脈，卻是現代城市裡小家庭所未有的。在小家庭裡，子女的養育是父母無可推諉的責任。父母為了盡他們這一分責任，要辛勞，要忍耐，要為了下一代的生長而犧牲自己的自由和幸福。但是小家庭的結合，純以夫婦個人間的感情為基礎，他們對於下一代的責任感和犧牲心是不是足夠使自己踐履其做父母的義務，實在是一個疑問。並且，在工商城市裡，每一個人要有職業才有收入，要有收入才有生活。一個小家庭的夫婦，不僅感覺兒童是一分負擔，並且感覺兒童是職業的障礙。特別是對於一個母親，養育兒童就不能出去就職業，兒童與職業是不相容的。一個母親養了兒女，就只好放棄職業了。所以兒童問題在工業社會中就成為一個民生問題。

3. 破碎家庭的兒童悲劇

我們承認兒童在大家族之下缺少自由，但是也要承認農業社會裡的家族是兒童安全的保障。我們承認兒童在小家庭裡有充分的自由，但是也要承認小家庭不能給與兒童以安全。在我們這從農業社會轉變為工業社會過程中，破碎家庭的兒童悲劇是不斷的演出的。夫婦離婚、一方遺棄他方，和一方死亡，固然使一個家庭為之破碎，就是一個母親為了生計而不能不離家就業，也足夠造成一個破碎的家庭，使兒童失去正常的教養。家庭破碎是父母的痛苦，更是兒童的悲哀。這是小家庭特有的現象，也是現代社會正在進展中的民生問題。

4. 匪化兒童再教育的難關

大陸光復後，受過奸匪毒化的兒童，必須再教育。我們要知道對於一個毒化兒童的再教育，最有效的方法是讓他重享家庭的溫暖，受到父母的愛撫。今日匪區正在「貫徹」其「新婚姻法」，要逼使青年男女拆散婚姻，聽憑匪幹替他們重新擇配，這種徹底破壞家族組織的殘忍手段，在大陸同胞的災難中，是最悲慘的一面。將來我們重建大陸社會的時候，要使匪化兒童重歸家庭，他們哪裡有什麼溫暖的家庭可歸？這一問題的嚴重，真使我們不勝焦慮，而必須事前周詳研討，充分準備才行。

5. 從三方面研求解決方法

兒童問題要從三方面來研求其解決方法：

第一、從民族文化來考察，我們中國古來以家為國本。我們今日雖從農業社會進入工業社會，大家族雖分散為小家庭，但是一般國民的家族感情仍然濃厚，家庭中心觀念仍然是強有力的。只要我們領悟有了安定的家庭，才有穩固的社會，有了安定的家庭，才有健全的兒童，只要我們理解暴俄匪共處心積慮摧毀我們中國的家族，其目的實在於滅亡我們中國的文化，我們就應該重視家庭問題，要在教育中重新樹立「國之本在家」的倫理觀念。

第二、從親子關係來考察，農業社會大家族制度之下，父權是絕對的，其流弊就是兒童身心受壓制，個性被汨沒。但在工商城市的小家庭中，父母對於兒童的權力，更漫無標準，或者輕蔑和虐待，或者放任和怠忽，都不能培養兒童使其成長為健全的公民。究竟現代的家庭裡，親權的本質和範圍如何，這是一個重大的問題，必須有正確的解答。要知道教養子女是父母對子女的義務，也是他們對國家社會的責任。做父母的為了踐履這義務和責任，對於兒童要有正當的管教，亦須加倍的愛護。要知道家庭教育是為了啟發兒童的心智，校正兒童的習慣，並不是為了父母的發洩情感和濫用威權，任意打罵。所以父母的權力應該以其教養子女的義務和責任做尺度，超過這個尺度，便是濫用威權，要受法律和社會制裁。一般國民了解親子關係的本質，就會知道要建立良好的家庭，必須注重家庭生活教育，這在後面教育節中還要加以研討。

第三、從家庭生活來考察，工業社會的生活與農業社會的生活的差別，是在農業社會裡，人民的生活靠財產；在工業社會裡，人民的生活靠收入。一個小家庭的夫婦，都要就職業，找收入，他們對於子女的養育便很難周到。所以民生主義要使一般國民的家庭，有安定的生活，必須使其職業安定，收入穩固，更須使其不因生育子女而妨礙職業，增加負擔。要做到這一點，城市自治政府與鄉村自治團體必須籌劃下列兒童福利事業：

(1)公立的婦產醫院以低廉的費用或免費接生，並有專科醫生在院診治，以減低產婦與胎兒死亡率。

(2)兒童教養院在反攻光復之初，每一市區和每一鄉鎮，要設立兒童教養院，免費收容無家可歸無人管教的兒童。兒童教養既要與市區和鄉鎮中心小學密切聯絡，或竟設在中心小學之內，使其所收容的兒童得到適當的教育，也要與兒童保健院密切合作，防治兒童的疾病，保持兒童的健康。

(3)托兒所以低廉費用及熱心服務，為職業婦女代管兒童，保育其身心的健康。

(4)兒童保健院指導一般做父母的人們養育兒童，防治兒童身心的疾病，並幫助家庭婦女及小學教師矯正兒童不健全的習慣。

在這裡要特別指出的一點，就是兒童的生命和健康，並不是單純靠食物，同時還要靠母愛。兒童失去母愛，體力和智力的發育是受到損害的。所以托兒所只是小家庭育養兒童的一個幫助，兒童的養育的主要責任還是要由其父母來擔任的。在大陸光復時期，流離失所的兒童既多，公立的設備不夠，我們要用社會全體的力量，使每一個孤苦無告的兒童，都能得到扶養，地方自治機關亦可廣為徵求「義父母」，使熱心服務的國民，收養孤兒，教導成人。

(二)疾病殘廢問題

一個國家的盛衰成敗，繫於他全國人口的健康。身心不健全的人口，是不能建設一個富強的國家的。所以疾病殘廢的問題便成為國家的重大問題，這一問題要分兩方面來研究。一方面是不論經濟和社會組織如何，都會發生的疾病殘廢問題；另一方面是與經濟社會環境密切相關的疾病殘廢問題。前一問題只有從醫藥上來解決；後一問題就要從疾病殘廢的社會根源來研求解決的方法。這就是說，疾病殘廢的本身，要治療，要扶養，但疾病殘廢卻又有社會關係的因素，非當做民生問題來看待，就無法解決了。

1. 從社會變遷看疾病殘廢問題

我們從中國社會的變遷來考察疾病殘廢問題，特別感覺到這個問題的社會意義之重大。在農業社會中，家族是個人安全的第一道防線，鄉里是個人安全的第二道防線。一個疾病殘廢的人，有他的家族來看護和保養。他如果沒有家族，也還有宗族和鄉里來照顧。在這種情形之下，問題只是在醫術和藥劑的缺乏，公私衛生的不良，使疾病殘廢得不到適當的治療。到了工業社會，這問題就完全不同了。

現代醫藥和衛生的進步，減少了人口的死亡率，前面曾舉臺灣省的人口死亡率從三十六年千分之十八減低到四十年的千分之十一，就是一例。但是我們的社會向工業化的路程前進，人口集中城市的趨勢必更是加強。在這一趨勢中間，疾病和殘廢問題就成為民生問題而不能不研求解決的方法。今分說如下：

2. 生理的疾病

生理的疾病，種類是很多的。每一種類的疾病，發生的原因又是很多的。如果把疾病當做生物學的問題來看，要根絕一種疾病，必須考察這種疾病所以發生的原因，一一根絕。這在醫學上，有些疾病是做得到的，有些疾病是做不到的。但是我們如果把疾病當做民生問題來看待，那就不是這樣繁複的。今日醫學還沒有進步到所有的疾病都能治癒的程度，但是我們可以說，第一、無論什麼疾病，能夠及早療治，治癒的比率是會提高的。第二、對於傳染病，能夠及早預防，就可以遏制其發展，不至等到他發展以後，使醫藥都感困難。為什麼疾病不能及早診治？為什麼瘟疫不能預防和撲滅呢？這都是民生問題，其根源都在於社會。最顯著的就是：

(1)國民的營養不良，和衛生知識不夠。

(2)醫藥所需的費用與一般人的收入不能相稱，對於因疾病而失去職業或失去收入的人沒有保障和補償的方法。

(3)療治設備的分布不能普遍和平均。

(4)對於傳染病沒有注意預防。

所以要減少一般疾病和預防傳染病，必須採取下列各種措施：

(1)提高國民生活水準。

(2)普及國民衛生教育。

(3)普遍設置療治機構，並加強檢疫及預防傳染。

(4)實行疾病保險。

(5)提高醫藥學術研究。

就臺灣省來說，光復以來，最顯著的進步，第一是衛生機構的普遍設置。民國三十六年全省只有七十二處，到了四十一年就有三百五十處。第二是檢疫和預防注射的加緊進行。傳染病患者，從民國三十六年的五千九百九十人，減低到民國四十年的八百七十九人。因傳染病而死亡者從三十六年的一千八百三十人減低到四十年的一百三十一人。第三是環境衛生工作的進步，如檢驗牲畜，檢驗飲食品，飲水消毒，墓地管理，這一類的工作都普遍加緊進行著。由此可見光復以來死亡率的減低，不是偶然的。但是我們決不以此自滿。我們要承認臺灣省公立醫院病床太少。民國四十年省立醫院病床總數不過二千三百五十六架，醫師不過三百二十人。一般病人在公立醫院得不到病床，便不能不到私立醫院和自行開業的醫生去就診。其所需醫藥費用便不免太高，仍然得不到適當的療治。將來大陸光復之後，我們在這一方面還要比今日臺灣省再加努力，至少先要做到每縣每市而後普及於每鄉每鎮，都有公立醫院，有適當的設備，和合格的醫生，為社會服務。

3. **生理的殘廢**

生理的殘廢，如盲、聾、啞、跛及其肢體殘廢之類，從醫學上看來，是健康問題；從經濟和教育上看來，又是民生問題。

盲和聾，由於疾病的成分多，由於先天的成分少，由於外傷的成分更少。肢體殘廢卻以由於外傷的成分為多，由於疾病的較少。所以要預防殘廢，第一要減少疾病的發生和傳染，第二要防制交通上的車禍，和工業上的傷害。盲聾和肢體殘廢，常構成失業，但是如能施以特殊訓練，仍可使其適於就業。有許多職業，聾瞽殘廢的人工作並不比健全的人差次。但是怎樣對殘廢者施以職業訓練，怎樣使特定的職業能夠僱用那受過訓練的殘廢者，這一問題必須有確定的計畫，才能解決。我們要努力做到每一省市有設備齊全的盲啞學校，教養盲啞的國民。這個學校要與有關的產業和職業團體密切合作，使他們得到適當的工作。

4. 心理的疾病和殘廢

(1) 心理的疾病

一個人的言語行為，與其所處的情況不能適應，就是他有心理的疾病的徵象。心理的疾病，範圍極廣，現在只就腦筋和神經系統本是正常，因身心上某種變動而陷入不正常狀態的人來作研討。因為這種疾病不僅是醫學上的問題，而是社會和教育的問題，也就是民生問題。

從心理疾病的起因來說，梅毒、痲瘋、肺結核、癲癇等疾病，以及頭腦震動等事故，都能夠引起心理的疾病。就其徵象來說，視聽的錯覺，心理上的幻想，過度的自卑感，記憶力的衰弱，思想遲鈍，喜怒失常等等，是不勝枚舉的。為什麼這種疾病是民生問題呢？

①在犯罪人裡面，有心理疾病的人常占很高的比率。

②在職業上，有心理疾病的人，工作能力較低，易於失業。

③在一般人口中，有心理疾病的人，死亡率比較的高，特別是自殺事件，意外事件，其中多為心神不正

常的人。

所以司法行政機關應努力改良監獄，地方政府和地方自治團體更要努力創設精神病院和心理衛生所，使患有心理疾病的人能得到適當的治療和保護。而精神病院更要與有關的工廠和機關密切合作，使他們得到職業，不至流離失所。

(2)心理的殘廢

一個人的腦筋與神經系受了損傷，而思想與行為失了正常，就是心理的殘廢。這種人所以構成民生問題，就是工商城市裡，一般國民的小家庭生活，不能負擔其扶養與保育他神經病患者的責任。國家與地方政府必須自行建設，或獎勵私人建設神經病院，使心理殘廢的人們得到療治與保養的場所。

(3)精神生活的重要性

一般人說到提高國民生活水準，總是注重物質生活的一方面，殊不知要建設自由安全的社會，健全的精神生活更比豐富的物質生活為重要。要知道物質生活的進步並不就是精神生活的進步，也許物質生活越為進步，精神生活反越見墮落。這在人口集中城市的趨勢中是極為顯明的事實。因此我們對於國民的心理健康，要特別重視。為了保持國民的心理健康，一般營養的提高，酒精與麻醉性飲料的管制，尤其是要特別注意的事項。

(三)鰥寡孤獨問題

1.社會變遷中的鰥寡孤獨問題

在農業社會大家族制之下，一個人失去了家族，成為孤獨的人，還有宗族和鄉里來扶助；離開了宗族和鄉里，他只有客死異鄉了。不過大家族制是以父系為骨幹的，無論家族零落到什麼程度，只要存留一個男子而尚有生育的希望，或立嗣的可能，他仍想傳宗接代，重建家門。所以鰥寡孤獨是要和破產流徙、殘廢、衰老等情況連結著，才成為嚴重的問題。今日中國社會正在向工業化的道路前進，鰥寡孤獨問題就以不同的形態而出現於社會了。在工商城市中，一個人離鄉別井，來尋生計，往往不作回鄉的打算，而故鄉也不再有他生活的根據，他只有守住一個職業，或轉徙於職業與職業之間，甚至流離於城市與城市之間，這已經是通常的事情。並且工業越是發達，人口流動率越是增高。個人的流浪和家庭的破碎，與失業、疾病、衰老等問題連結在一起，就越是演成嚴重的民生問題。我們要建設中國社會為民生主義社會，對於這一民生問題就不能不注意研討設計與事前切實準備。

2. 家庭破碎問題

在農業社會裡，只有血統斷絕和家產蕩盡，才是一個家族的淪亡。在工業社會裡，一對夫婦組成一個家庭，夫婦之間發生了離婚、遺棄和死亡，就是家庭的破碎。青年男女在這動盪的社會中間，對於結婚與成家立業，還沒有充分的判斷力和責任心，單憑一時的感情，結成終身伴侶，殊不知從結婚時起，雙方個性的調和，家庭經濟的負擔，與親屬的周旋，對社會的責任，在複雜錯綜的情勢之下，要使他們的婚姻成為美滿與安定的共同生活，他們的家庭成為和睦穩固的社會組織，本是不容易的事。如果這青年夫婦都是遠離故鄉，卜居城市，既沒有固定的生活根據，又離開他尊長的督導，親友的勸誡，再加以傳宗接代的觀念漸趨淡薄，他們這家庭唯一的維繫，只在於彼此的感情。本來兒女是父母之間感情的紐帶，但是前面討論兒童問題的時候，曾經說過，兒童對於小家庭是一個負擔，尤其對於他母親的職業是一重障礙，也不一定是家庭的安定力。所以在工商城市中，家庭也就易於瓦解，而構成重大的民生問題。

尤其是離婚問題在工業化社會比之於農業社會裡更是有其發展的趨勢。但是我們中國的離婚率還不很高。就臺灣省來說，最近五年來，平均每千人之中，離婚率為〇點四至五。這比美國的千分之三是低得多，但比瑞典挪威的千分之〇點二，加拿大的千分之〇點一，也不算低。我們為了安定社會秩序，保持國民道德，對於如何安定家庭，減低離婚率的問題，仍然不可忽視。

3. 游蕩問題

在農業社會裡，孤獨並不是嚴重的問題。只有幼年喪失了父母，或是少年破產喪家，或是老年孤苦無依，才要受宗族鄉里的救濟。到了工業社會，城市生活是發展了，人口流動率是增高了，在家族瓦解的過程中，替社會留下了許多孤獨的個人，求業未得，無家可歸，甚至浮浪成習，游閒為事，無論是少年或老年，或受過教育或未受教育，或有職業能力或沒有特殊技術的人，這種游蕩份子漸見增多。這不僅是貧窮和失業問題，並且是教育和社會問題。

游蕩份子可大分為三類：(1)失業者，(2)初入社會未就職業的青年，(3)職業流氓，而其中婦女甚至淪為娼妓。這三種人所以陷入孤獨流離的生活，無家可歸的境遇，最大的客觀原因是失業和失學，最大的主觀的原因是家庭的變故，技能上的缺失和游蕩的習慣。從這些原因上加以考察，就可看出游蕩份子的問題是與失業問題，和家庭問題，相結而不可分的。

要對孤苦的人加以救助，對游蕩的人加以糾正，地方政府和地方自治團體應該與工廠礦場和農場密切合作，設立游民習藝所與乞丐妓女收容所，教導其生產技術，養成其墾荒殖邊的生活技能，使其為社會服務，為國家效力。

㈣老年問題

農業社會的大家族，由尊長治理家產，主持家務。老年人在家族裡有權力，在社會上也各依其家族的地位而受人尊敬。只有家破人亡，孤苦無依的老年人才倚賴宗族鄉里的扶助。但是一個人的學問事功，最大的成就總在晚年，無論是學術家、實業家，乃至老農老圃，對於民族文化和社會經驗，具有權威，為下一代子弟的先導和指針。這種老年人即令他家裡沒有財產甚至沒有才智過人的子弟，也會受到宗族鄉里的優待。我們中國古來「厚生」的設施與「養老」的禮典，就是教育一般國民，尊老敬長，必使其老者能衣帛食肉，不飢不寒，造成社會醇厚敦樸的風氣。

到了工業社會，老年人的處境就大不相同了。工業技術是日新月異的，工業勞動是要年富力強的。在人口從農村向城市集中的趨勢之下，職業的競爭越益激烈，職工受僱的年齡必越益降低，老年職工也就越易失業。例如臺灣電力公司二千八百四十八個職工當中，年齡在二十一歲至三十五歲的有一千七百一十人。又如臺灣中國石油公司六百六十三個職員，平均年齡是三十四歲。可知我們中國工業上受僱年齡，是不高的。無論在職員或是工人當中，五十五歲以上的就很少了。再單就自由職業者來說，一個人學術上的成就固在晚年，但是學術的進步越大，一個人二十或三十年前所學的東西，到了二十或三十年後的社會就有許多是不適用的。工程師技術師或一般自由職業者，也不免有「後生可畏」之感。當然政治文化界尊重長者的領導，社會經濟上也不少具有資力和智慧的老者，但是一個社會從農業進入工業的過程中，大家族的瓦解，小家庭的破碎，使一般老年走入困窮的境遇，而老年問題便構成民生問題。這是我們必須特別注重研究和準備解決的。

1. 年老退休問題

我們如對這一問題再作深刻的研究，就可以看出老年問題並不就是年齡問題，而是能力問題。現代醫藥的進步，減低了人口的死亡率，也延長了人口的平均壽命。如果我們國家一方面期待國民壽命延長，一方面又用年齡做標準來淘汰老年人，這豈不是自相矛盾？但是，就個人來說，有特殊的才智的人雖足以突破年齡的差別，而就一般人來說，體力的衰退與年齡的增長畢竟是正比例。所以年老退休的制度，無論在經濟上或是行政上都還是必要的。

2. 養老制度

我們應該知道老年問題還是要歸結到家庭問題。我們中國人的家庭感情是濃厚的，大家族雖有瓦解的趨勢，而孝養父母的美德與良風還是保存的。在社會轉變過程中，青年與老年的學術和見解不同，修養和作風不同，因之家族裡面常有矛盾的存在，給予共匪以煽動鬥爭的機會。但是一個家族被匪誘逼到了子殺其父，妻淩其夫的時候，骨肉手足與夫妻之愛便從天性中爆發出來，因此匪區同胞對共匪朱毛的憤恨之火普遍燃燒起來，成為我中華民族反共抗俄救國復國力量的泉源。我們反攻光復之後，一定要使我大陸同胞家庭團聚，重享天倫之樂，幼有所養，老有所歸，這才是解決老年問題的根本辦法。

其次就是養老金的制度，應該就要從政府和工礦交通事業做起。凡是在政府和公私事業裡盡了一番勞力，有了成績的人，到了年老退休以後，仍應給予贍養，使其不至增加他子女的負擔，而能過最低的生活。務使老年人在他閒靜的日子裡，仍能對家庭、對社會，貢獻他的經驗，提供他的智慧。

3. **養老院**

養老院的設立是必要的。每縣每市至少要有一所完備的養老院，使無家可歸的老者有所存養。但是我們必須知道，老年人失去了家庭愛，到了養老院裡，縱使他能衣食溫飽，也必會痛感其缺乏愛情，感覺寂寞。所以養老院決不止於一種生活上的安置，總要使老人的精神上有所寄託，才能彌補他們精神上的空虛和苦悶。所以養老院要成為宗教與友情結合的組織，這更是我們應該加以注意的。

(五)喪葬問題

1. **喪葬問題的本質**

喪葬問題在過去農業社會裡看得過分的重大，所以過去一個大家族為了父母的喪葬，傾家蕩產，這固然是不良的習俗，但今日一般社會風氣，日漸澆薄，對於養生送死的問題，視為無足重輕，又未免矯枉過正。所以我對於喪葬問題認為不可過於輕忽，而且這養生送死問題，總理生平無論在公私談話中間，亦是他最注重的一個問題，大家要知道，喪葬不僅為了安置死者，而其大半是為了慰勉生者。《論語》所說：「慎終追遠，民德歸厚矣。」即在今日，仍然是喪禮與葬禮最正確的解釋。人必有死，一個人看見他人之死，尤其是面對著父母之死，或自覺或不自覺的感到死的悲哀和恐懼了。如果喪禮與葬禮使生者感覺死者得到他的歸宿，那生者自己所感的恐懼，便為之解除，而增加其人生的希望與事業的勇氣。所以喪禮與葬禮，是宗教上的問題，也是教育與社會上的問題。

2.喪葬與公墓

我們中國舊來的喪葬禮節有一種弊病，就是祭堂與墳場的一切布置都增加生者的恐怖，而迫使死者的家屬不得不藉「超度」來解除其恐怖。這一煩費就足以使一個家族破產了。今日流行的喪葬，又缺乏教育與社會的意義。姑勿論古代藉喪葬來會合族人，用服制來表彰其親疏遠近，達成「慎終追遠」的目的，不可再見於今日，就是祭堂與墳場上，一點對死者表示紀念，對生者表示慰問的禮節與儀容，也絲毫沒有講求。這是我們民國以來在社會上最大的一個缺點。

我以為在民生主義社會建設上，下列各點必須注重：

(1)殯殮的場所：今日大城市的殯儀館，最大的弊病是純粹商業化。一般貧苦市民不能利用以殯殮其死者，就是有資力利用的人們，在這裡也無從安死者之靈，慰生者之心。我們要建設民生主義的社會，必須設置公眾的殯殮場所，要訂定「哀而不傷」的喪禮，卻又能節約死者家屬的煩費。古人說喪禮是「與其奢也寧儉，與其易也寧戚」，所以喪禮必須簡易與靜肅，只要不失「葬之以禮」的道理，就足使死者家屬安心了。

(2)公墓：公墓的設立，應該是每市每鄉建設計畫中一個重要的項目。公墓有三重意義，第一是適於保持公共衛生，第二是適於節約土地的使用，第三是適於對死者的永久紀念，並便利其家屬的祭掃。在這一意義上，要提倡一種莊重和簡明的墓碑，使死者在他的親朋戚友心目中存留著親切的印象。

三、教育問題

(一)教育改革的必要

1. 變動的社會中的教育

我們中國在這從農業社會進入工業社會的過程中，舊社會組織趨於瓦解，新社會組織還沒有定型。一個人怎樣適應這變動的社會，得以生存和發展呢？農業社會的大家族，是生產的組織，也是生活的單位，而個人的生育養育和教育，都是家族的事務。個人的行為在祖宗遺傳的準則之下，受家族的陶冶，養成個人的人格。個人人格有了定型，恰與社會的定型相適應。如今我們的社會是向工業化的道路前進了，人口是向城市集中了，鄉村是被工商業化的影響滲透了。舊社會的規型是破壞了，大家族的組織是在分解的途中了。今日社會組織是複雜的，社會秩序是流動的。一個青少年對於祖父一代的行為規範沒有留存影響，甚至不能了解；對於父母一代的生活規律也不能完全接受，甚至不能完全體會。他沒有成熟的判斷力，也沒有充分的責任感，但是他要為自己到這變動的社會去摸索做人做事的方法，還要負起判斷是非決定去就的重大責任。他自己對於這一重大責任的相加，是不是警悟了呢？還是一個疑問。即令他警悟了這個責任，他是不是負得起呢？更是一個疑問。即令他負起了這個責任，他的判斷和決定是引導自己走哪裡去呢？那尤其是一個疑問了。國家對於這一代青少年，能夠幫助他的是什麼？毫無疑義的就是教育。在我們這變動的社會裡，教育是指導國民從舊社會瓦解中建設新社會的唯一方法，尤其是指導青少年適應新社會生活的唯一道路。

2. 過去學校教育的缺點

教育不只是學校教育。但是我們從農業社會進入工業社會最顯明的徵象是生產從家族轉入工廠，教育也從家族轉入學校。學校成為主要的教育方式，也就是青少年從家庭走到社會的主要階梯。我不想在這裡廣泛研討教育問題，只是從建設民生主義社會的革命事業，來檢討過去學校教育的缺點。我以為過去學校教育的根本缺點有三個：

第一是升學主義，這是小學和中學教育的根本缺點。小學的課程是為了升入中學作準備；中學課程是為了升入大學作準備。中小學課程沒有幫助中小學生教他們在家庭中怎樣做子弟，更沒有教那些不能升入中學和大學的中小學生到社會去怎樣求生活。只因大學入學考試，重視某幾樣課目，所以從小學到中學都是把這幾樣課目做目標來努力教導和學習。臺灣省的學校教育比從前大陸各省都要發達，每一村鎮都有小學，每一縣市都有幾個中學，而全省又有一個國立大學，三個省立學院和幾個專科學校。從小學到中學再到大學的升學比率也是很高。就四十一年來說，小學畢業生的升學比率是百分之三三點七六。初中畢業生的升學比率是百分之六二點三三。高中畢業生的升學比率是百分之七一點一七。但是，我們對於今日臺灣省的青少年，就要打算一下，那不能升學的百分之六六點二四的小學生；百分之三七點六七的初中學生和百分之二八點八三的高中學生，他們的學養是不是適應今日臺灣的社會生活，更能不能適於建設臺灣省為民生主義的臺灣省？我們將來反攻光復以後，重建大陸各省的學校，是不是仍然一味的替學生做升學的準備？這就值得我們加緊考慮，切實解決的問題。

第二是形式主義。中小學的缺點是升學主義，升不了學的學生們怎樣，姑且不說，升了大學以後又怎樣呢？大學也有缺點，就是形式主義。在印刷術沒有發明之前，做學問要找「師承」，是為了傳抄書本，也是為了傳授「家學」。到了印刷術發明而成本甚高的時期，普通的圖書固可在市場上流行，但是一個學者要成博學，還是要進都市，尤其是希望進京城，入翰林院，去讀「祕籍」。今日印刷術既普遍，又低廉，無論什麼圖書，只要多數人要讀，便可以大量印行。一切有助於國民進修的學問，沒有不能印成圖書，流傳社會的。一個勤學的青年，並不一定要進了大學，才能讀書，自修的青年人比之大學生，並沒有什麼差次。所以今日的大學，不應該只是講讀一些圖書，賦予畢業生一種資格，具備一種形式，作為一種裝飾，就算了事。大學一定要指導和幫助學生適應這變動的社會，不僅有求生的能力，並且成為建設新社會的骨幹，才有其崇高的價值，適應國家和社會的需要。

第三是孤立主義。就科學教育來說，一個人對於自然科學和應用科學，要自修是很難有多大的成就的。這並不是說科學不能自修，這是由於我們沒有充分的設備，如科學館之類，可供未入學校的人自修之用，所以要學科學，就非進學校不可。但是我們還要指出今日學校裡的科學教育仍有其缺點。這就是大學教室裡的科學課本和講述，是脫離實際社會生活而孤立的。大學的科學教育既與社會生活沒有什麼密切關係，中小學的科學教育又不過是準備升入大學，那就更與社會生活沒有什麼密切關係了。一個人從小學到中學再升大學，花了十六年的光陰，究竟對於他在家做子弟，到工廠做職工，對國家做公民，在社會上適於生存，或更進一步從舊社會的瓦解中建設新社會的事業，有什麼實際的幫助？我們的教育家也許說，這些問題是和科學沒有關係的。但是教育家卻要知道，我們中國人學科學，是要把中國從農業社會進為工業社會，在這一過程中，中國社會組織和社會生活發生了強烈的變動，也就引起了許多嚴重的民生問題，要我們來解決。科學教育怎樣能自處於象牙塔裡，孤芳自賞？即令我們不管那些學生能否從科學教育上得到什麼幫助，讓他們在家庭、處社會，都能比沒有學過科學的人做得好，我們也得要求科學教育對於學生進工廠，下農場，能夠增加他工作能力，叫他們勝過那些沒有住過學校的工人和農人吧！所以我們不能否認科學教育從社會生活孤立起來，是今日學校教育的一個缺點了。

上面三個缺點是從學校教育的一般制度與根本精神上指出來的，並不是說今日各級學校的課目及其內容都是與社會生活不相適應，也不是說今日各級學校教育，對於學生的生活能力一點也沒有好處。不過我們一方面考察社會變動是這樣的強烈，民生問題是這樣的繁複和嚴重，我們學校教育對於怎樣使學生在這變動的社會中適於生存和立業，怎樣使學生在這變動的社會中構成建設自由安全社會的幹才的問題，如不能有意識的從根本上研究，有計畫的從根本上改革，那就是說，社會改革的最大動力之教育，沒有負起他的使命，盡到他的責任，而我們革命建國的事業也就落空了。

㈡民生主義教育的方針

1. 教育的內容為四育與六藝

我們要研討民生主義教育的方針，首先要指出的一點，就是教育的內容是包括著智育、德育、體育和群育。一個人要做獨立自由的現代國家的國民，一定要完全受到這四育，這四育合起來才是健全的教育。我們中國過去的學校教育為什麼有前面所說的三個缺點呢？就是因為過去的學校教育偏重智育，有時也提倡體育，但對於德育和群育卻是忽略了。要知道沒有德育和群育，那智育不過是講習一些科學的皮毛，對於個人、家庭、社會和國家沒有什麼裨益，更談不上對世界人類有什麼貢獻。沒有德育和群育，那體育不過是養成幾個選手替他的學校爭面子，做廣告，對於國民身心的健康毫無關係。這種偏枯的教育怎能替社會國家造就革命建設的人才呢？

我們中國古代的教育是以禮、樂、射、御、書、數六藝為內容的。六藝教育的功用就是訓練一個身心平衡、手腦並用、智德兼修、文武合一的健全國民。國家有了這樣的國民，才能夠立國於亞洲大陸，文治武功，見重於世界。我們可以說，漢唐盛世就是六藝教育的成果。可惜宋明以後，完全以科舉為教育，一般知識份子走到故紙堆裡去做工夫，用腦而不用手，談心性而遠離現實，講文治而輕視武功，其結果個人成了病夫，而國勢也就衰敗了。

總理看見了國家受到列強的壓迫，民族陷入危亡的境域，乃手創三民主義，領導國民革命，求中國的自由平等。總理深知要達成國民革命的目的，必須喚起民眾，而教育更是喚起民眾共同努力於革命建國事業的唯一方法，所以，總理三民主義各講，都是我們中國教育宗旨與教育政策的根據；也可以說一部三民主義就是中國教育的教範。其中民族主義各講就是中國文化與倫理教育的教範；民權主義各講就是中國政治與法律教育的教範；民生主義各講就是中國經濟與社會教育的教範。但是三民主義的最高原理是民生哲學，而總理一生奮鬥，尤注重民生問題。我今天所以要特別提倡民生主義教育，就是體會總理關於教育的遺教，根據六藝教育的精神，要把智育、德育、體育和群育四者綜合起來，重新衡量我們中國的教育方針。我認為只要民生主義教育能夠實行，那民族民權主義教育亦就自然包括在內，而能同時並進，達到三民主義的理想。現在分項說明於下。

2. 教育的使命在促進社會進步與民族復興

我們光復大陸重整河山，要依據民生主義來重新計畫教育的制度和學校課程。簡單的說，我們要實行民生主義教育。總理說：「民生就是人民的生活——社會的生存，國民的生計，群眾的生命便是。」民生主義的教育就是要教導一般青少年使其適應人民生活的要求。換句話說，民生主義教育就是有計畫的教導一般青少年，從民主的生活中，培養自己的人格，發展自己的才能，以家庭的子弟，和國家的公民的地位，從事生產事業，努力於社會的進步和民族的復興。

3. 教育的任務在充實學生生活的內容

為了說明民生主義教育的特點，首先就要說明生活的內容。人類與一般動物的分別，只是一點，就是人類有了生活，還要充實生活的內容。我們中國人要做現代的公民，復興民族，建設獨立自由的國家，我們的生活就要包含下列的各方面：

(1)生理與心理的健康。
(2)倫理與道德的生活——以合作互助為根本的個人修養，在家庭與社會中和諧共處。
(3)家庭生活——家庭職務，灑掃應對進退的禮節。
(4)職業生活——生產技能與服務精神。
(5)公民生活——地方的、國家的與國際的政治常識與民主習慣。
(6)表達意思與進修學術之能力——語言文字之使用。
(7)利用閒暇的方法——保健、審美，使生活成為快樂的生活。

4. 學校教育的目的與功效

學校教育的目的就是要在課程上和課外活動中，教導一般青少年，使其得到上列各項知識和能力。而學校教育的功效，在陶冶學生的性格，並改正學生的行為，使其適於達成上項目標。教育的功效更要從學生出校之後在家庭和社會生活上的表現和成績來考核，並以考核的結果來作為改進課程及其內容與施教方法的參考材料。

5. 各種計畫與設施的配合

我們中國社會是在變動過程的中間，沒有一個現成的社會定型可以作學校教育計畫的基準。各級學校不僅要教導學生使他們適應當前的社會，並且要鑄造學生的性格，指導學生的行為，使其適應未來的社會。這未來的社會不是各級學校或各個教師自己臆造的模型，而是我們革命建國事業努力追求的目標。我們國家的政治和經濟計畫、文化和社會政策，都要共赴這個目標。學校教育也必須配合著這各方面的計畫和政策，來鍛鍊學生使其成為革命建國的器材。尤其重要的一點，就是全國大城市要設立圖書館、科學館、古物陳列館、歷史地理陳列館，和博物館、動物園、植物園，開放給一般國民來參觀，來研習。各縣市應按照其財政力量的大小，對於這些設備，努力籌劃，略具規模。此外全國各省市和縣市應當定期舉行當地物產和工農業出品展覽會，使一般生產民眾互相觀摩，互為競賽。中央及地方政府對於這些設備應當與開辦學校看得同樣重要。我們要知道革命建國的器材應當具備的知識、技能和道德的條件，也只有從教育中培養出來。這種器材，有多種性能，多種程度。必須中央與地方政府訂定教育計畫，使用各種設備和方法，來指導和訓練。今以臺灣省中國石油公司為例，在其四千五百個工人當中，熟練技工只占百分之四五點四。臺灣電力公司一千七百六十四個職員當中，大專畢業生只占百分之二四點五，高中畢業生占百分之三二點四，初中及小學畢業生卻占百分之四三點一。可見工業建設所需要的人才，其教育程度不必都要相等，而一般國民要就職業，亦並不全須從小學上升到大學。因之學校教育並不是只把小學生升到中學，中學生升到大學就算了事。而必須教導那些不能升學的小學生和中學生，人盡其才，才盡其用。這才算是學校教育盡了他應盡的責任，發揮他應有的效能。

6. **各種文化宣傳工具的配合**

剛才說過，今日社會是變動的社會，沒有現成的社會規型，因此不但學校教育沒有明確的標準來鑄造學生的人才，指導學生的行為，並且戲劇、電影、文學、藝術，和新聞廣播事業，也沒有什麼標準，來發揮其教育國民的功能。所以文化宣傳事業各行其是，形成一團混亂。我還要特別指出的一點，就是從前的社會裡，學者著書立說，藝術家畫圖雕像，為的是興趣的發抒，理想的表現。今日的文學藝術，卻是為了市場的銷路，不能不受銷路的支配。特別是娛樂方面，更要靠營業性的設備與出品來供應。一切弊病都從此發生，因為最大的銷場就是水準最低的群眾，因而文學藝術的品質只有日趨下流。一個民族要讓這日趨下流的東西來教育他的人民，除了日趨墮落以外，沒有別的道路。所以我們要建設新的社會，一定要以學校教育為中心，把現代的文化宣傳工具，配合起來，成為整個教育計畫，達成教導一般國民特別是一般青少年，使其適於民生主義的社會生活，成為革命建國器材的目的。

(三)民生主義教育的幾個部門

民生主義教育為一般國民特別是一般青少年打算，要幫助能夠升學的學生升學，更要幫助不能升學的學生到社會去就業，並且無論其升學或不升學，都要教導他們在家庭、地方、國家和國際社會上，踐履自己的責任，實現自己的志趣，發揮自己的才能。現在試就幾個部門來提示民生主義教育的內容，希望我們中國教育家舉一反三，作精詳的研討。

1. **兒童強迫教育與成人識字運動**

中國過去把學校教育看做特權階級的設備。所以學校辦了幾十年，而一般國民受到教育的機會卻是很少，甚至不識字的人還是在全體人民中占很大的成分。民生主義教育的目的是要教導一般國民使其適於民生主義的社會生活，並成為革命建國的器材，首先的一步就要使一般國民都能識字，都能具備公民的常識。而一般兒童的強迫教育，就是民生主義教育的起點。

其次對於不識字的成年國民，無分於男女，要推行掃除文盲運動，使他們能夠讀書看報，通訊記事。我們的憲政是以地方自治為基礎，而民權主義是要一般國民在地方自治團體中行使四權。這四權的行使，一定要國民先能識字，所以掃除文盲運動乃是地方自治團體和市區鄉鎮中心學校的基本工作。

2. 家庭生活教育

通常所謂「家庭教育」是指父母對於子女的教育。通常所謂「家事教育」也不過學校裡對於女生的課程加一兩課目如縫紉和烹飪之類。這裡所謂家庭生活教育，不是那樣簡單。民生主義的家庭生活教育就是學校必須與學生家庭合作，教導學生，使其性格和技能適應他的家庭生活，且更進一步建立適合民生主義新社會的家庭。換句話說，學校要了解學生的家庭狀況與之合作，要教導青少年怎樣做子弟，並使青少年知道怎樣建立他適合於民生主義的新家庭。所以一個青少年，無分於男女，都要在學校裡接受下列幾項知識和指導：

(1)家庭在社會國家中的地位和職責，「家為國本」的倫理觀念。

(2)家庭的組織及其與一般親屬的關係，必須使其認識孝友睦姻任恤六行的重要。

(3)家庭中灑掃進退等日常工作及食衣住行等實際生活。

(4)子女的看護和指導以及家務的管理與職責——家庭衛生及醫藥常識，家庭經濟的節約，以及禮義廉恥四維的訓勉。

現在的學校教育對於公民和社會的課程雖已注重，課外也有這方面的實習。但就中小學的課程全部來檢討，還是不能有系統有計畫的教導學生適應社會和公民生活，更沒有啟發他們走向建設民生主義社會這一條道路。我以為一個成年人的社會和政治生活要從他家庭生活做起。一個青年人要研究社會，要學習著做一個獨立自由國家的公民，也要從他的家庭生活做起。學校要教導學生到社會上去求生活，替國家做公民，第一要教他了解家庭是社會組織的基本，第二要教他從家庭中的親屬關係去了解社會上人與人的關係，第三要教他從家庭生活上了解社會經濟上的各種現象和問題。所以家庭生活教育便是社會和公民生活教育的起點。

3. 公民教育

公民教育的範圍是很廣的。他一方面包括著開會的方法，選舉的制度和方法，政府的組織和職能，法律的常識和守法精神；一方面也包括著做一個好公民所應有的技能、態度和作風。公民教育不止是灌輸知識，更要使其了解中國倫理習性，父慈、子孝、兄友、弟愛、夫義、婦順的六項正德，乃是做中國國民的人，必不可少的基本條件；同時亦要改變學生的性格與行為，使其適應獨立自由國家的生活。公民教育必須依下列各點來計畫課程和課外活動：

(1)了解三民主義的本質，和民主政治的觀念以及民主生活的方式。
(2)了解中華民國政治制度的原理和四權的運用方法。
(3)認識國家在國際環境中的地位和前途。
(4)了解中國文化在人類文化中的地位和責任。
(5)明瞭科學對於社會國家的貢獻。
(6)從實際生活上發生研究社會問題的興趣，從實際調查上學習研究社會問題的方法。

(7)從童子軍教育、國民軍事訓練及勞動服務中培養愛國思想與民族精神。

公民教育不僅是「公民」這一課程的講讀，也不僅是課外活動如開班會，選級長等等。我們學校教育要特別注重中國歷史和中國地理。只有這兩個課程，才真正能夠激發學生的愛國心和民族感情，使其認識中華民族忠孝仁愛信義和平八德，與禮義廉恥四維的重要，真正能夠教導學生怎樣做一個愛國的公民。就是社會學和經濟學的知識，也必須從歷史和地理兩個課程上打定基礎，才不至徒然拿外國的教材來講習，反使學生的社會生活，得不到什麼幫助。

4. 職業生活教育

學校是家庭與社會之間的橋梁。一個青少年出家庭進社會，為什麼要住學校呢？其唯一理由應該是學校能夠幫助他、指導他，在社會中生存和發展。他要在社會中能夠生存和發展，才能做國家的好公民。在農業社會裡，土地是家庭生活的根據。到了工業社會，職業收入才是家庭生活的來源。一個青少年要在社會中生存和發展，一定要就職業。職業生活教育便成為民生主義教育的主要部門了。

這裡所謂職業生活教育，比現在職業學校或中學職業班的教育，是廣泛得多。一般中小學課程都要包括著這一部門，讓那些升學的學生適於就業，也讓那些不能升學的學生也適於就業。更確切一點說，今日的小學沒有替那百分之七十六不升初中的學生打算，初中沒有替那百分之三十七不升高中的學生打算，高中也沒有替那百分之二十八不升大學的學生打算。我們民生主義教育卻要替所有的青少年打算，使一級一級不升學的學生也能夠適於就業，這才是健全的教育制度和實用的學校課程。

職業生活教育，要依下列各點來計畫課程和課外活動：

(1)從家庭生活上了解社會經濟狀況，並學習處理經濟事務的技能（家庭生活教育對於職業生活教育的幫助在此）。

(2)從公民教育上了解中國的資源、國際經濟關係及社會問題（公民教育對於職業生活教育的幫助在此）。

(3)創造積極、自動、負責與服務的人生哲學，與手腦並用、協力互助、分工合作的工作方法。

(4)在工作中保持生理與心理的健康及減少傷害，增進安全的知識和技能。

(5)增進工作能力的基本工具——例如(甲)數學、科學常識、寫作能力；(乙)生產事業及市場情況的實地考察，及採取情報的方法；(丙)社會經濟各種統計的搜集與整理的方法。

(6)對於工具機器的管理、愛護、修理、保養的責任心，業務費用的設計考核，節約增產以及廢物利用等常識的培養。

我們要知道，工業化越是進步，職業的分工越是細密，不但是學校教育沒有方法訓練學生使他們得到工作技能，並且有許多工作技能無須學校預先來訓練，必須學生於就業之後，從工作中練習，或用不著多少訓練，就可以勝任。一個工廠、商店或是一個行政部門，要進用青少年職員，除了工程師技術師一定要專才來擔任之外，最要緊的是考察他的健康、態度、習慣和行為，至於他的技能儘可訓練，或不必多加訓練。所以學校教育只須教導學生，使他們得到職業生活上一般的知識、技能和修養。特別是修養這一點，一定要做到陶冶性情，改變氣質，校正行為，才能收教育的實效。至於上列第六點，學校儘可與工廠礦業農場和政府機關合作，創立各種職業先修班，隨學生的性格志趣和能力，指導他們選修。但這在工廠礦業農場和機關看來，或許是替他們訓練人才，而在學校看來，其主旨仍然是教導學生從工作上訓練他們自己手腦並用與智德雙修，使其將來到社會裡，能夠發揮自己的才能，成就遠大的事業。

5.大學教育

照一般教育家的看法，大學是超越日常職業生活之上，求高深知識和遠大成就的教育。大學教育既是超越日常職業生活的，所以準備升入大學的中學課程應該用大學課程做目標，也就脫離日常職業生活之外。職業教育便成為中學和大學這一「正途」之外的「別途」，正統之外的偏統了。我們民生主義教育不採取這個看法。

第一、我們認為教育是社會改革和民族復興的根本。從兒童教育、青少年教育到成人教育，應該是連續的、一貫的，使一般國民在這變動的社會中，適於構成新社會的份子，踐履自己的責任，實現自己的志趣，有助於社會改革和國家復興。因此小學和中學不是專門為了升學的學生打算，而是普遍為了升學和不升學的兒童少年和青年打算。大學也不能孤立於這一教育系統之外。

第二、大學是由青年進入成年的教育。在現代社會裡，從一方面看，一般沒有住過大學的成年人，從他們的工作和生活經驗裡對於社會實際問題的理解，不一定在大學生之下。他們對於這些實際問題的解答也許更比大學生為明確和切實。從他方面看，印刷術發達到今天這種程度，已能供應一般成年人要讀的圖書。就讀書來說，大學生也不一定比校外的成年人為優越。這在前面已經說過了。

所以我們對於大學教育要採取一個新的看法。民生主義社會並不把讀書看成一個特權階級的專業，也不需要一種自封於書齋以內的特權者。民生主義教育是要在社會各階層裡培養領導服務及管理的通才。所以大學要與政治軍事經濟社會各種機構及各種職業來通力合作，使各階層具有適於上進的才能，得到大學的幫助，充實自己，發展自己。所以大學教育應以下列三個原則做基礎來改革：

(1)大學要訓練各階層各職業裡服務的人才，不做某些特權階級的裝飾品。

(2)大學要講授，更要研究，要與各企業和機關的研究室取得聯繫，而構成各種研究的中心。

(3)大學要為社會政治和文化的領導，而培養服務管理和負責盡職的通才。

為什麼大學要提高專門學術的研究，又要培養通才呢？我們知道工業化越是進步，職業上的分工必越是精密，科學越是進步，研究上的分工也必越是精密。職業上分工到最後每一技工只做一種動作。研究上分工到最後每一科學家只做一種專題。中小學教育對於技工的簡單動作，不能有什麼幫助，也不必作什麼幫助；一個青年就業之後，受簡單的訓練就能夠做了。大學對於科學的專題研究，也不能一一有什麼幫助，也不必一一去幫助。大學只是指導學生做科學研究的方法，讓學生就業之後到工廠，到農場，到實驗室或是到社會上去研究那些專題。所以大學教育雖然要幫助各職業各機關的研究，提高科學和技術水準，但是大學教育的主要目的，究竟還是智育與德育並重，專題與常識兼顧，訓練通才，就是能夠擔當為社會政治和文化服務的中堅領導人才。

6. 成人教育

今日的學校教育，讓一個學生從小學升中學，從中學升大學，大學畢業之後，彷彿不必再受什麼教育了。其實一個大學畢業生進了社會，最初一階段，他的學養並沒有成熟到一切問題都能判斷，一切工作都能擔當的程度。到了第二階段，他對於其所擔任的工作是熟練了，但是像今日科學進步的迅速，社會變動的強烈，他十年前，五年前，甚至兩三年前學習的東西，到了十年五年甚至兩三年後，便不夠用了。他要適應新的環境、新的事務和新的技術，必須再受教育。這還是就大學畢業生來說。那些沒有升學的中學生和小學生呢？從兒童到少年，從青年到成年，就更有再受教育的必要了。

今日國家對於成人教育，或劃入社會教育的範圍，或當做補習教育來辦，還沒有把他看做教育的主流，使不能升學的學生，以及大學畢業以後的學生隨社會的變動與科學技術的進步，重新受到社會生活和職業生活的教育。我們要建設民生主義社會，必須把成人教育當做教育的主流來辦理，不過這種教育不能採取大學的形式，讓一般成年進入校舍來聽取教授們的講讀。這種教育是要大學的講堂、科學館、醫院及疾病防治中心、工廠、礦場和農場的研究室，和電影廣播等，有計畫的合作，使一般成年得到他們在生活上需求的指導和幫助。對個人，要教他自覺其「做到老，學到老」。對社會，要使其成為一個大學校，讓每一份子都能充實自己，發展自己。這才是民生主義社會建設的成功。

7. 國民軍訓

前面公民教育一段裡，提到國民軍訓、童子軍和勞動服務三者，現在分別說明於下。

許多人把國民軍訓當做國家的一種徵發和一種強制，卻忽略了他的公民教育的意義。我們要知道，任何集體活動都有其規則，犯規的人便受紀律的制裁。一個網球隊的訓練，和一個國民兵團的訓練，兩者的紀律有輕重之分，但從公民教育上看來，兩者的精神是一樣的。一個網球隊的隊員受了嚴格訓練，做了幾場球賽，便感覺自己是屬於他的隊伍，把隊伍的榮譽當做他自己的榮譽。這種感情是珍貴的，國民軍訓也是一樣。一個國民在軍訓中，自覺其屬於國家，國家的興亡便是自己的榮辱，這才是國民軍訓的宗旨之所在。只有在這個宗旨之下，國民軍訓對於國民身心的健康才有裨益。負軍訓責任的人必須抱定這個宗旨，才能在軍訓活動中領導受訓者，養成其合作的精神，鍛鍊其為國服務的信念，習慣於有秩序有紀律的生活，成為健全的公民。

8. 童子軍

成年國民應受軍訓，未成年的國民應受童子軍的訓練。童子軍與國民軍訓，在公民教育上是一條道路上的兩個階段。

童子軍的訓練，包括了智育、德育、體育和群育的四大項目。我們的民生主義社會建設，最要緊的是一般國民能夠協和合作。童子軍訓練在這一點上是特別著有成效的。

舊社會的智識份子，只用頭腦，不勞手足，這樣「四體不勤，五穀不分」的人，對於民生主義社會是毫無用處。童子軍訓練是手腦並用、文武合一的訓練，足以糾正過去士大夫的積習，引導一般青年走上科學教育與國防建設的道路。從前一般人把國民軍訓當做軍事部門的工作，把童子軍當做教育部門工作。因此國民軍訓與童子軍不相關聯，並且互相輕蔑。我們今後要從公民教育的觀點上把兩者連貫起來，更希望軍事部門與教育部門密切合作，推進這兩階段的教育，以保持和增進國民身心的康樂才好。

9. 勞動服務

如果把國民軍訓當做國家的強制，國民勞動服務便是國家所加於國民的一種負擔。這兩種觀念都是錯誤的，國民勞動服務應該作為體育，尤其是作為公民教育來舉辦。我們必須知道，要一個人為鄉里服務，才會愛他的鄉里；為他的國家服務，才會愛他的國家。一個人少年時代在家鄉種的樹，到了老年還是愛護的。就是他兩、三年前在庭園裡手種的花，到了兩、三年後還是紀念著的。今日臺灣省有許多山嶺要補植樹木，有許多荒地要開闢墾植，也有許多園林缺乏修整。將來我們回到大陸之後，更是鄉村裡到處荒涼，城市裡到處殘破。假如我們拘守工資勞動的觀念，那就一舉手，一投足，都要用錢。假如我們從國民的職業生活教育和公民生活教育來看，一個學生青年，或是一個職業青年，每年之中，有一個短時間，集中起來，參加建設工作，鍛鍊自己，服務國家，增進身體的健康，同時也收到體育和群育兩重功效，這種勞作，是最有價值和最有意義的工作。

第三章 樂的問題

一、康樂的意義

㈠身心的平衡

有健全的國民，才是健全的民族；有健全的民族，才能建設富強的國家。怎樣才是健全的國民呢？第一就是一般國民的身心能夠保持平衡。第二就是一般國民的情感與理智能夠保持和諧。先說第一點。

為什麼要身心保持平衡呢？如果一般國民的體力是健康的，而其德性是低劣的，這個民族就是粗野的民族。如果一般國民的德性是良善的，而其體力是薄弱的，這個國家就是衰弱的國家。一定要一般國民的體力健康，德性良善，兩方面保持平衡，這個國家才能富強，立足於現代國際社會之林。

㈡情感與理智的和諧

再說第二點。我們中國古來的賢哲，特別重視國民情感與理智的平衡與調和。從前中國號稱禮樂之邦，到了現在，一般人不探討禮樂的本義，只是把禮樂當做陳舊的東西，一筆勾銷。殊不知禮的本義是節制情感，樂的本義是調和情感。所以《禮記》說，禮的作用是「節」，樂的作用是「和」，在這節與和兩重作用之下，達到情感與理智和諧的境界。這才是禮樂的本義。

一個人要身心保持平衡，才是真實的健康；要情感與理智得到和諧，才是正當的娛樂。現在再把健康與娛樂兩個問題，分別說明如下。

(三)城市與健康

怎樣才算是健康？一個人能夠充分工作，抵抗疲勞，就算是健康。健康不僅是生理的狀態，也是心理的狀態。一個人要在生理和心理上都能適應他的事業，才算是健康的人。一個人有了健康，才有快樂。所以我們民生主義要解決樂的問題，首先就要保持和增進國民的健康。

工業社會的健康問題是與農業社會的健康問題不同的。在農業社會裡，人在田野中生活。自然環境是安靜的，社會活動是樸實的，農耕工作是在陽光空氣之中，田園山林之間的活動，日出而作，日入而息，身心疲勞是易於恢復的。在這種情況之下，健康的大敵是病菌。由於家庭衛生與公共衛生的不良，醫藥的落後，使病菌得以傳布，瘧疾、痢疾和肺炎和瘟疫，便威脅了農業人口的健康。但是隨工業化的進步，人口向城市集中。城市生活第一個特點是緊張。每一個人為了職業，為了工作，都在忙碌中過生活，不僅是夜以繼日，並且是將夜作晝。第二個特點是擁擠。在市區裡，工商業越是繁榮，每一個人所享受的陽光空氣也就越少。第三個特點是流動。交易的繁複，財富的流通，職業的得失，以及人口的流動，使城市生活成為流動的生活。工業越是發達，流動越為迅速。城市生活有了這幾個特點，所以一個人在城市裡每天遭遇的一些問題，對於他自己的生活，往往是過度的刺激，或沉重的壓迫。雖然現代醫藥的進步，足以克服病菌，防制其傳染，治療其痼疾，但是城市人口的健康，除病菌之外，還有一個敵人，就是疲勞。許多城市中流行的疾病，都是跟隨著疲勞而發生的。我們中國社會是正在這工業化的過程中間，鄉村人口缺乏醫藥，城市人口缺乏休養，都是民族健康上重大的問題。這一問題不僅是生理衛生的問題，也是心理衛生的問題，不僅是體育的問題，也是智育和德育的問題。

㈣閒暇與娛樂

從自由放任主義者來看，一個國民一天工作之餘，有了閒暇，這本是他個人的私生活的範圍，國家不應過問，社會也不必關心。但是我們要從下列三點來研討，就可知現代社會中閒暇利用問題的嚴重性：

1. 在農業手工業時代，一個人的工藝不僅表現他的個性，並且陶冶他的人格。到了機器工業時代，分工越細，個人工作的程序越是簡單，每一工作者的技能在成品中是無從表現的。每一工作者的個性在工作過程中是完全埋沒的。因此，在工業社會裡，一般勞動民眾的人格如何陶冶和個性如何修養，都成了工作閒暇時間的問題。

2. 在農業手工業社會裡，個人的起居作息，有其自然的節奏。所謂日出而作，日入而息，閒暇並不成為什麼特殊問題。到了機器工業時代，特別是城市生活裡，起居作息成了社會的問題，怎樣利用閒暇，也就成了社會的問題。國家對於這個問題便不能不關切和過問了。

3. 在農業社會裡，一個人去工作，享受田園之美，回家休息，享受天倫之樂。過年過節的時候，家人團聚，共度良辰，一般娛樂可以說是以家族為中心的。到了工業社會，娛樂漸從家庭生活脫離，而有商業化的趨勢。特別是在城市裡，群眾的閒暇大部分用到商業化的娛樂上。那些組織娛樂來營利的人，為了爭取多數主顧，便一意迎合群眾的口味，更使他們作為商品來出賣的娛樂，漸趨於低級。無論是戲劇、音樂、電影、廣播或是舞蹈，甚至報紙雜誌的文藝，在今日，都不免走向低級趣味的道路。所以國家如對國民的閒暇和娛樂問題，沒有計畫來解決，其結果就是讓那些組織娛樂來營利的市儈來代替國家解決，這是何等嚴重的事情。

人並不是生來就傾向低級趣味的。人有聲色的嗜好，也有向上的追求。在國家對於群眾的閒暇時間，放任不問的時候，國際共黨匪徒們便從這裡下手。他的方法是用煽惑的文藝來迎合群眾的趣味，用偽造的歷史來滿足群眾的求知欲，再用陰謀的組織來吸收群眾的信仰。共匪所以能夠在群眾中發展，就是這個道理。我們看清了這一點，更不能不特別注重群眾閒暇和娛樂問題了。

二、康樂的環境

(一)城市鄉村建設的原則

要增進國民的康樂，首先要為國民造就康樂的環境。鄉村人口的工作環境是適於健康的，居住環境卻往往缺乏公共衛生和公用事業等設備。城市人口享有公用事業的各種供應，也比較容易享有公共衛生的設備和服務，但是一般市民的工作環境和家庭生活卻往往都不適於健康，更談不上快樂。臺灣省城市和鄉村沒有很大的懸殊。城市有田園風味，鄉村也有公共交通和電燈等設備，這是大陸各省所不及的，也正是我們重建大陸各省所應當仿效的。我們光復大陸之後，在市鄉建設計畫中，對於城市要使每一家庭享有充分的空間，不只是住宅能夠稍為寬舒，並且公共的體育場和遊息場所也要以人口為比例來開闢和建設。對於鄉村亦要使其能享受公共衛生和公用事業的便利。我們要做到鄉村城市化，城市鄉村化，才能使一般國民得到康樂的環境。

(二)山林川原的設計

大自然界中最有益於人類的身心的，莫過於空氣、日光和水，而山林川原之間，即是空氣、日光與水最充分的地方。所以在國家建設計畫中，山林川原的整理與設計，不僅對於國計民生為不可再緩的重大問題，而且其風景的遊賞，對於國民的身心康樂，亦直接發生重大的影響。在農業社會裡，人人都在不知不覺之中，享受著田園山水生活之樂。無論個人的興趣如何，他必須常在田間耕作，水邊漁撈，山上狩獵，和在草原放牧。到了工業社會，人口向城市集中，一般市民只有在休息時間中郊遊，才能與自然相接觸，才感覺山林川原的樂趣。山林川原對於國民的健康和娛樂的重要性，便引起了一個新問題。我們在鄉村和城市建設計畫中對於這一問題就不能不特別注意，並切實準備其整理設計的工作。

1. 森　林

森林對於防制川洪，保持土壤，調節氣候，有其重大的功能。森林是國家的基本資源，同時也保持風景，蓄養鳥獸，供國民遊樂狩獵之用。我們中國各民族，以狩獵畜牧和農耕為生活，而農耕人口為最多。斬伐森林來開闢耕地，並採取木材來建築房屋，製造傢俱，或充燃料，只會斬伐，不知培植。幾千年來，許多森林地帶都變成童山和荒原。從水土保持上說是一種災害，從國家資源上說是一種損失，從國民的健康和娛樂上說也是一種缺陷。今日臺灣省山地的森林，其斬伐或保存，都是有計畫的。光復以來，我們的植樹在長期的打算上是不是足夠抵補伐木的數量，這是我們要特別注重的一個問題。單就我們視線所及，可以發現許多山嶺上森林的殘破，許多道路上樹木的零落。這種現象是應當力求補救的。但是三年以來，我們在造林上並不比日據時代差次。日據最後二十年，造林的面積只占砍伐面積百分之八一，三年以來，造林面積占砍伐面積百分之二一二。這是我們引為欣慰的。我們光復大陸之後，更要有計畫的保林和造林。其大規模的國防林或是保護河源的森林，是國家的事業。一般保林和造林應該是地方的工作，特別是地方自治的重要事業。這森林計畫，必須從水土的保持，以及國家資源與國民健康和遊行娛樂等幾方面來著眼，才算是完美的計畫。

2. 川　流

我們中國古來以農立國，歷代政府都注重保護森林，亦非常注重水利。河川湖沼對於農業社會有五種功用，就是灌溉、交通、動力、漁撈和風景的欣賞與泛舟的娛樂。這五種功用的調節，便是水部或工部主管的重要業務。例如運河，要用作交通要道，便禁止洩水灌溉。又如灌口的工程，為了灌溉成都平原的耕地，閘口的開閉便有嚴格的規定。一個湖沼，在農隙時期，為保持風景便閉閘蓄水，在農忙時期便開閘放水，又或為養魚而蓄水，為灌溉而放水，為水碾水磨的推動而放水，這些規定，或以法令來指示，或依習慣而確保。這是我們應該隨處考察實況，隨時搜集材料，切實研究的。但從農業進到工業的今日，關於水流又有新問題發生了，特別是飲水問題、水力問題和風景問題，對於工商城市有其重大的影響。水力可供動力工業之用。飲水和風景對於城市人口的健康與娛樂都能夠增進國民身心的健康。這些娛樂在城市社會裡，比之農村社會，是遠為難得，也就更感必要了。

我在這裡特別指出的一點，就是城市的洩水問題。為了保持城市公共衛生和市民家庭清潔，城市用水的供應必須充足。城市人口用過的水，要從溝渠裡排洩出來，因而洩水與供水是同等重要。但是我們過去大陸各省，和今日臺灣各市，對於洩水問題卻是與垃圾問題同樣的疏忽。這是今後必須糾正的。假如城市用水能夠使用科學的方法來澄清他，使其恢復清潔，城市裡溝渠匯為溪流，對於城市的健康和風景是有極高的價值的。這一問題在我們城市建設計畫裡，應該列為重要的項目。

3. 城市中的園林

我們的市鄉建設計畫應該以城市鄉村化、鄉村城市化為根本原則。要鄉村城市化，最重要的一件事就是鄉村享受公共事業的便利。要城市鄉村化，最重要的一件事就是城市能享受園林景色。在城市中，公園的開闢，和樹木的培植，要有計畫，而計畫的重要原則，應該是園林所占的空間要以人口為比例來計算。我們光復大陸之後，對於城市土地，一定要實行平均地權的政策。除了公共建築之外，私人住宅所占的土地應該有合理的限制。公園、兒童公園，以及運動場，都應該以人口為比例來建設，使這些場所所占的空間，平均為城市人口的健康和娛樂來使用。

三、心理的康樂

(一)文藝與武藝

人生最高尚的娛樂就是藝術。前面說過，中國古代的教育，以六藝為本。六藝就是禮、樂、射、御、書、數。文藝與武藝都包括在內。民生主義的教育，科目很多，但是我們必須體會這文武合一、身心和諧、手腦並用、智德俱進的精神，來確定課程與教育的方法。

本節不再就教育來說明，只是從文藝對於國民心理康樂的影響上，來探求民生主義社會文藝政策。

(二)社會變動中的文藝

從中國歷史上來探討，政治與社會發源於禮，文學與音樂發源於詩。這發源於詩的文學，乃是傳達思想與情感的一種藝術。因為文學是思想與情感的傳達者，所以他必有其充實的內容；因為文字是一種藝術，所以他又必有其優美的形式。我們試從這一簡明的概念來指出今日文學上的問題之所在。

我們中國是一個博大的國家，又有悠久的歷史，各地域、各宗教、各階層，對於文學都有他的貢獻。我中華民族愛和平，尚忠信，所以無論是故事和傳說，或是詩歌和戲劇，都有其樸實的內容與真摯的情調。但在舊來的農業社會裡，一班特權階級之士大夫往往獨占文壇，玩弄其煩瑣的格局，保守其僵化的形式，民間文學反而埋沒。這是舊社會的文學問題。今日工商城市的文學問題又與此不同，今日的文學問題是什麼呢？就是文學的商業化。工商城市的生活是靠收入的，文學作家的收入從哪裡來呢？他們的收入多半是來自書賈的。書賈為了把握文學作品的銷場，只有迎合一般群眾的胃口，便阻礙了文學走上真摯和優美的道路。

但是群眾並不是甘心墮落的。匪共乘了這一空隙，對文藝運動下了很大的工夫，把階級的鬥爭的思想和感情，藉文學戲劇，灌輸到國民的心裡。於是一般國民不是受黃色的害，便是中赤色的毒。我們國民革命為建國而奮鬥已六十年，竟聽任這兩種毒素來殘害我國民的心理健康，實在感覺到萬分的慚愧。

今日臺灣省在這方面有顯明的進步。民族主義的文學作品漸見抬頭，反共抗俄的臺語戲劇使一般民眾受很大的感動，反共抗俄的電影又有優良的作品陸續製成和上演。但是我們決不自覺滿意。因為：

1. 純真和優美的文藝作品還是太少，一般國民的閒暇時間大部分仍是商業化的文藝作品的領域。
2. 表揚民族文化的作品還在萌芽和生長之中，還不夠充實。在暴俄匪共有系統有計畫的摧毀我中國文化的今日，我們感覺表揚民族文化使其深植人心的新文藝作品，還是太少。我們不僅在光復大陸以後，要向這一方向去努力，並且在今日反攻的前夕，便應該在這方面作必要的準備。

㈢音樂與歌曲

古代的音樂是與詩歌配合協調的，到了後來，音樂與詩歌便分途了。這是什麼道理呢？人有情感，乃流露為音樂與歌曲。古代人是這樣，現代人也是這樣。但是過去的士大夫，往往撇開音樂，單講詞藻，因此音樂與詩歌便分為兩起。做詩詞的是文人，唱曲子的是戲子。文人的詩詞是一般群眾不懂的東西，戲子的戲曲便墮落到市儈的手上，而音樂也就衰微下去了。

今日的音樂更是讓那些組織娛樂以營利的市儈們來主辦，戲劇和電影裡的音樂歌曲支配著社會流行的音樂和歌曲。我們也知道，國家制定的音樂與歌曲，以國歌為首，受到國民的愛戴。各學校的校歌和軍隊裡的軍歌，都有重大影響。但是我們仍不能不承認一般國民的娛樂中，商業化的戲劇電影之類還有極大的影響，這是國民身心健康上一個危機。我們要知道音樂足以表現民族盛衰與國家興亡。古人說：「亡國之音哀以思」。陳將亡就有「玉樹後庭花」，齊將亡就有「伴侶曲」，都是亡國之音，可使我們引為鑑戒的。所以我們在這反共抗俄戰爭與革命建國事業中，一定要培養民族的正氣，鼓舞戰鬥的精神，以發揚蹈厲的氣概，篤實光明的風度，貫注到音樂與歌曲，來糾正頹廢的音樂，和淫靡的歌曲，更不能讓商業化的戲劇電影來降低音樂和歌曲的水準。

音樂對於個人的影響是極大的，在一方面，音樂表現個人的情感，古人所說「怒心感者其聲粗以厲，愛心感者其聲柔以和」，就是說個人的情感表現於音樂。在另一方面，音樂能夠影響人的情緒，減少人的疲勞，解除人的痛苦，甚至影響人的血壓、脈搏和筋肉的緊張或鬆弛。音樂對於個人的修養是這樣重要。國家為了民族文化和國民教育，千萬不能稍為忽視。

音樂更是群育的工具。個人獨奏的音樂一方面是自己修養的方法，他方面也影響聽眾的情感。集體演奏的音樂和集體合唱的歌曲，更能使參加者培養合作的精神。我們要建設中華民國為民有民治民享的國家，需要一般適於合群生活，守法奉公的國民。像音樂那樣有節奏和規律的集體生活，當然是國民教育一種最重要的方法。

由上所述，我們知道，音樂不是文化的裝飾品，也不是文化界少數人的樂事。音樂是國民心理健康的特效劑。這一特效劑決不可委之於商業化娛樂組織者之手，而必須在國民教育上占重要的地位。所以中央和地方政府要特別籌劃，除了中小學的音樂課程、大學的音樂系以外，每一縣市，總要有一座音樂院，為國民演奏音樂和欣賞音樂的場所。而大城市更要有設備完善的歌劇院，保持我們中國固有戲劇，加以改良，使其有助於國民倫理教育與美育。

㈣美術——書畫雕刻

審美的心情，出自人類的天性。音樂和美術，都是這一心情的表現。前段已就音樂問題略有提示，現在說到美術問題。

今日中國美術與音樂同陷入嚴重的危機，宏偉的建築受到戰火的威脅和破壞，這還是有形的損失。陶磁、織造、雕塑、鎔鑄，這一類的工藝，隨手工業的沒落，乃有不可挽救的頹勢，這更是我們痛心的事情。在工商城市中，也有美術，但和文學與音樂一樣，不過是市場上的貨物。一般美術品為了爭取顧客，力求吸引群眾的視線，刺激群眾的情感，光怪陸離，把中國固有的超逸幽深而崇高博大的特性是喪失殆盡了。

美術是不能單從形式上考究的。即如建築和鑄造，必須質地堅實，而後文彩才能持久。又如寫字與做畫，必須筆力貫注，而後精神才會活潑。我們中華民族立國於東亞大陸，屢經喪亂，終必復興，這樣「質勝於文」的精神，自有其不可磨滅的貢獻。今日我們社會要向工業化的道路前進，機器工業還沒有順利發展，商場市儈的風習已經侵蝕文化的領域，而教育文化界對於音樂與美術的衰落，並不感覺其危機的嚴重，那我們就不能不浩然興歎了。

我們中國過去的學術文化界，講究個人品德的修養，與性情的陶冶，把琴棋書畫看得很重要。書畫兩者是相通的，能畫的人必能書。並且能書能畫的人又往往長於雕刻。古人說：「志於道，據於德，依於仁，游於藝。」美術的最高境界便是智德合一、身心和諧的境界。到了今日，我們更不能以個人修養為止境，必須把美育普及於一般國民，才算是盡了教育的天職。我以為教育文化界應該把美術當做學校教育和社會教育上重要的科目來講求。在學校列為重要課程，在社會上更要使每一縣市都有公立的美術館，並鼓勵一般國民舉行美術展覽會。本黨更要把美術當做社會建設和文化建設上重大的問題來研討。我們在光復大陸重建國家的時候，要為國民創造康樂的環境，要使國民培養康樂的心情，處處都要考慮到美術，計畫著美術。

俄寇共匪要滅亡我們中國，首先的一著就是把我同胞夷為奴隸牛馬，拿殘忍兇暴的事物來教育我兒童和青年，使其不知世上有人類愛，使其不知人間有羞恥事，更不知有什麼藝術的欣賞與寶愛。而俄寇共匪用來辯解他這殘忍醜惡的作風的，就是唯物主義。今日我們在反共抗俄戰爭中，為了保衛民族文化，為了策劃文化的復興，必須維護民族仁愛的德性，培養民族審美的心情，更必使將來社會建設與文化建設計畫裡面，每一項建設，要注重實質，也要力求美觀。尤其要肅清匪寇留下的恐怖殘暴的痕跡，發揚忠信樸實的美德，特別要體會只有內在的真，才能發為外在的美。

㈤電影和廣播

文學、音樂與美術結合在一起，而以現代的技術，向一般群眾傳達的新事業，就是電影和廣播。電影和廣播久為本黨和政府重視。政府遷臺以來，財政縱然十分困難，對於電化教育還是盡力支持。將來大陸光復之後，這種事業更有光明的前途，這是沒有疑義的。

就電影來說，本來要有優美的文學和戲劇，才有完備的電影，但在我們中國，事情卻不是這樣的。自電影從外國輸入以後，中國文學和戲劇反而受了電影的影響。外國電影是商業化的娛樂品，我們的文學與戲劇便在這商業化的影響之下，走向墮落的道路。

再就廣播來說，在人口向城市集中而城市生活又是日趨於群眾化了的今日，廣播有齊一群眾心志的影響。

如果收音機能夠普及市鎮和村落，可使一般國民節省讀小說和看戲劇的時間。工作之餘，只要有一段閒暇，便可藉以恢復疲勞。但是廣播如果商業化，其所傳布的商業新聞和廣告，削弱一般消費者對於商品的選擇能力，並助長獨占資本的氣勢。廣播如果市儈化，更將迎合一般群眾的低級趣味，傳布頹廢墮落的音樂和歌曲，那損害國民的心理健康的影響更大了。

所以我們在革命建國過程中，電化教育事業必須先要由國家經營，更要特別重視電影的內容與廣播的節目，充實其內容，提高其品質，以達成保持與增進國民心理康樂的目的。

(六)精神的安定力——宗教

上述幾個項目，都是就個人修養和社會教育上講求增進心理康樂的方法。但是我們還要知道，在社會變動之中，風俗習慣都有變易，個人行為的準則，人生的觀念，也都在動搖轉變。人之所以異於禽獸者，在其有精神生活。精神得不到安定，人格便陷入破碎的境域。個人不能保持其人格的完整，社會也就不能保持其安定的秩序和良好的風氣。

現代的心理學家也嘗試以科學方法來治療人類的精神病。如果是神經系統有了病，在醫學上並不是沒有治療的方法，但是要使一個人收拾其破碎的心理，養成其完整的人格，科學還是無能為力的，惟有宗教信仰和人生哲學的基本思想，才是人格的內在安定力。

共匪要瓦解我們的社會，滅亡我們的國家，首先就要摧殘宗教，箝制我們的信仰自由。一般教育家和科學家或許以為宗教是反科學的迷信，對共匪迫害宗教的暴行，不加重視。殊不知一個人沒有信仰，就失去了人生的歸宿。一個社會沒有宗教，就失去了精神的安定力。我們要看清了共匪為什麼要摧毀宗教，才能達成他征服世界奴役人類的目的，我們就能夠了解宗教對於個人和社會的重要性了。

四、身體的康樂

㈠國民生理的康樂

我們建設民生主義社會，要注重文藝，也要注重武藝。我們中國人要在這強權政治的世界，做一個獨立自由的現代國家的國民，必須身心平衡，手腦並用，文武合一，智德並進，才能適應社會的變動，並進而擔當建設民生主義社會的重任。前節已對文藝問題，有了提示，本節再以武藝為中心說明國民生理健康的保持和增進的道理。

㈡健康的習慣

國民要有康樂的環境，更要有健康的習慣，在健康習慣中最重要的是：

1. 清潔——居室、衣服、傢俱、器皿和飲食都能保持清潔。
2. 秩序——起居作息都要規定時間，保持秩序。
3. 節制——飲食要講求營養，更要有節制。

在農村裡，田野間一天工作，使身體疲勞，到了日入而息，一夜睡眠，立即可以恢復。但在城市裡，工作有定時，固然不是沒有休息和睡眠的時間，但是心理上的緊張和情緒上的煩惱，往往使一個人雖有休息和睡眠的時間，卻因為心緒不安而不能恢復疲勞。一個人白天一天的工作，夜裡一夜的煩惱，對於他健康是無形的損害。如果他沒有工作，那就是失業，失業的苦惱，更是逼人難堪了。所以在城市生活裡要使一般市民飲食有節，作息有序，起居有時，第一要他有固定的職業，第二要他有安定的家庭，第三要他的閒暇時間有適當的運動和娛樂。第一、第二兩點在前面都已討論，現在討論第三點，首先從體育說起。

㈢國民體育

一般國民享有健康環境，養成健康習慣，這還不夠。一個人要有休息才能從疲勞中恢復，也要有運動才能調節體力和心力，保持身心的平衡。所以無論兒童或老年，都要有運動。無論男女，也都要有運動。劇烈的運動是應當節制的，但溫和的運動卻要經常有恆的踐履。

要推行國民體育，最重要的是體育館和運動場的普遍設立，國民運動會的經常舉行，團體旅行、野外露營的計畫和組織，也要普遍推行。但在國民教育的意義上，我們必須指出：每一種體育，無論是網球、足球、賽跑或是團體操，都有其規則。這些規則的宗旨應該是對於參加運動的人，鍛鍊其個人的品格，養成其合作與服務的精神，使其成為健全的公民。體育規則是從經驗產生的。政府的教育部應該每年召集體育界領導人士，本於這個宗旨，來改進這些規則，尤其要指導各級學校的體育教師和軍訓教官，在各項運動中，依據這個宗旨來領導學生，讓他們從各項運動中接受公民道德的教訓。

㈣現代國民必須具備的幾種藝術和技能

今日國民體育，只是運動場上的球類與體育等各種競賽，這是不夠的。我們更要提倡山林川原上的各種運動和技術，最重要的是下列幾種：

1. 射　擊

射擊是國民軍事訓練上重要的技術，也是國民身心修養上重要的活動。無論是古代的弓箭或是現代的鎗彈，要命中目標，必先求自己保持正確的姿態，和堅定的心境。古人說：「射者必正其身」，這種修養到今日仍然是有其重大的意義的。

2. 駕 駛

駕駛在國民軍訓上是重要的項目，而在國民體育和社會秩序上亦有重要的意義。所以古代對於駕駛術是與射藝並重的。我們要做現代國家的國民，對於現代交通技術便不能沒有正確的知識和能力。特別是航空知識，應該普及於國民，才能使我們國家立足於今日這航空時代的世界。

3. 操舟、游泳、滑冰與滑雪

中國是大陸國家，西北部國民對於海洋的知識是很少的。東南部的國民對於高原和沙漠的生活也沒有認識。我們反攻大陸，光復河山之後，要特別倡導旅行和探險，要使西北各省的國民志在海洋，也要使東南各省的國民志在邊疆。操舟游泳和滑冰滑雪等技術便顯然成為國民體育上重要的項目了。

4. 國 術

中國的拳擊不僅是角鬥的方法，更有其體育的意義。拳擊的最高境界是心平氣和，意到力到。這種修養是外國拳技所不能企及的。我們叫他做「國術」，就是著重其對於國民身心健康的貢獻。所以今後的教育計畫要把國術當做國民體育上一個重要部門來善為提倡，切實推行。

5. 舞　蹈

我們中國古代的禮樂，有儀式，有音樂，有詩歌，還有舞蹈。吉凶軍賓嘉五禮，各有其儀式和音樂，也都有其詩歌和舞蹈。舞蹈在個人是發抒其內心的情感，表現其合群的天性。在群眾是鍛鍊其集體的意志，養成其合作的精神。後來詩歌與音樂分離，舞蹈也就與詩歌和音樂脫節，乃至於一般國民不習舞蹈，只有戲劇裡面有其歌舞，成為優伶的專業了。古人說：「禮失求之於野」，我們中國邊疆以及各地，許多宗族都有優美的舞蹈。我們應該研究，應該發展，應該作為國民教育中一個主要的科目來普及一般社會。只要我們的教育家和藝術家看清共匪要拿他醜惡卑劣的「扭秧歌」來破壞國民的美感和倫理觀，達成他毀滅中國民族文化的目的，必能認識舞蹈的重大意義，努力改進，普遍推行了。

一個國家的文化，從國民的娛樂上考察，才看得親切，看得顯明。我們中國國民的娛樂以什麼為最普遍呢?漢代的人喜歡射獵，唐代的人喜歡蹴踘，這都是山林原野上的娛樂，使國民養成其尚武的精神。現在一般國民的娛樂，大抵走向賭博一類斷喪身心的道路。這是我們革命建國事業上必須痛加改革的。教育家都知道教導國民以正當娛樂，但是上列各種技術，還不見有人提倡，所以我在這裡特為標舉出來，作今後有關康樂的計畫的參考。

第四章　結　論

一、民生主義建設的物質與精神條件

㈠民生主義建設的物質條件

育樂兩大問題及其解決方法，已如上述。我們再把衣食住行與育樂的設施，綜合研究。我們首先要指出的一點，就是國家為了解決這六大問題，一定要有全盤建設計畫，如交通和工礦事業的創辦發展、城市與鄉村的均衡分布、城市外的林泉、城市中的公園，和住宅的建築等項，又如科學教育、文化宣傳、康樂設備、衛生和醫藥等項，都要國家和地方有充裕的財政經濟力量，才能實行。這財政和經濟的力量又從哪裡來呢？

總理說民生主義是社會生理學。社會生理學的意義是總理在民國元年講「社會主義的派別」所說的要使「人類同立於平等之地位，富則同富，樂則同樂」。也就是總理在民國十三年講「女子要明白三民主義」所說的「做全國大生利的事，所得富足的利益，不歸少數人，要歸多數人，大家都可以平均受益」。換句話說，民生主義並不是把富人打窮，而是把窮人同歸富足，這就是民生主義的社會生理學的意義。我們明白了社會生理的意義，才能策劃民生主義建設的財政經濟力量是從哪裡來的。

總理在民國元年手著〈中國之鐵路計畫與民生主義〉一文及民十三「民生主義演講」中指示我們說：照平均地權和節制資本兩大政策做法，國家財政收入的來源是下列幾種：

第一為地價稅。總理說：「此最易施行於中國。簡略言之，即使地方之土地，呈報價格，惟聲明國家得按價收買之，且即照價課稅。」

第二為鐵路收入。總理說：「此種鐵路將由政府直接管轄，故其全額收入，將供政府之使用。」

第三為礦業與礦稅收入。

第四為其他尚待開發之稅源。總理所指的就是「各種公共興辦之事業，如自來水、電廠、瓦斯、森林是也」。

第五為直接稅。總理主張國家對於一般民營企業，「直接徵稅，就是所得稅」。

總理更在「社會主義的派別」演講中，綜括的說道：「社會主義之國家，一真自由平等博愛之境域也。國家有鐵路、礦業、森林、航路之收入，及人民地租地稅之完納，府庫之充，有取之不竭、用之不盡之勢，供國家經費之餘，以謀社會之福利。」總理就社會福利雖只舉出學校、養老、病院幾種，但是我們已可看出所謂「社會福利」當然包括著育樂的各種設施在內的。

我們在這裡還要了解的一點，就是國家把人民租稅收入投入民生主義的建設，交通和工礦生產事業固然是有贏利的，就是育樂的各種設施，也並不是單純的消耗。這種投資可以增加國民的職業，安定國民的收入，並提高社會的購買力。由於社會購買力的提高，公私企業得到營養的環境，更能繁盛起來。所以民生主義國家對於國民育樂的各種設施，不僅有充裕的財政經濟力量來經營，並且這種投資又能增加國民的財富，培養工業的基礎，增殖國家的稅源。總理又說「文明越進，國家越富」，就是這個道理。

(二)民生主義建設的精神條件

民生主義要從社會裡面剔除獨占資本，不使其操縱人民生活；要使國民財富均衡，沒有貧富懸殊的病態；要做到人民越富，國家也就越富，更要把國家的富力用到育樂的設施上，使社會成為安樂的社會。民生主義要達到這「自由平等博愛的境域」，一方面固須具備物質的條件，另一方面更要具備精神的條件。一般國民如缺乏這精神條件，民生主義的實現仍感困難，育樂兩大問題尤其不易解決。民生主義建設的精神條件是什麼呢？

第一是社會道德。總理在民國元年對北京學界歡迎會演講，說道：「從前學界中人所知者，生存競爭，優勝劣敗而已。然此種學說在歐洲三十年前頗為盛行，今日則不宜主張此說，應主張社會道德，以有餘補不足。」民國二年對東京留學生全體演講，也說道：「從前學說準物質進化之原則，闡發物競生存之學理。今世界日進文明，此種學理都成野蠻時代之陳談，不能適用於今日，今日進於社會主義，注重人道，故不重相爭而重相助，有道德始有國家，有道德始成世界。」這兩段話最足以表現總理重視互助合作的社會道德，認為國民非養成這種道德，便不能實行民生主義。

第二是國民知識與學問。總理於民元在北京對教育界歡迎會演講，說道「學問為立國根本」。又說「世界之進化，隨學問為轉移」。又說「才智者既研究各種學問，有政治之能力，則當以其學問為平民謀幸福，為國家圖富強」。民國二年對東京留學生演講所說「建設事業必須學問。為中華民國求幸福，不為一人求幸福」。民國十年對廣西陽朔人民所說「將民國造成一極樂之世界，非國民有充分之知識不為功」。更是明白指出民生主義的實現，必須國民有知識、有學問。

民國二年東京的演講更把學問和道德兩者綜合起來說道：「建設事業不僅要與破壞時代持同一犧牲主義，並且需要一絕大學問。欲求此種建設學問，必須假以時期，或十年或六、七年之苦心研究，方能應用，不比破壞事業，只要不顧身命，冒險做去，即可以辦得到的。」又說：「學問志願兩種並行，有學問而無志願，不徒無益而反有害。究竟大家享幸福，大家有利益，則我一人之幸福之利益，自然包括其中。此之謂人道主義、社會主義。」這兩段話對於實行民生主義所需的精神條件——學問和道德——是說得再明白也沒有的。

二、民生主義建設的最高理想

(一)〈禮運篇〉中的「三世」

我們要研究民生主義建設的最高理想，便要研究《禮記》的〈禮運篇〉。〈禮運篇〉所謂「大同」，就是總理一生革命的最高理想。

〈禮運篇〉的大同社會，並不是我們一步可以到達的。《春秋公羊傳》有「三世」之說，〈禮運篇〉亦有「三世」之說。這三世就是我們到達大同社會的三大階段。《公羊傳》的三世：一是據亂世，二是昇平世，三是太平世。〈禮運篇〉所說「幽國」、「疵國」、「亂國」，就是我們建設大同社會首先要削平的各種變亂，而削平變亂的階段，就是《公羊傳》所謂「據亂世」。我們削平了變亂之後，國家社會漸告安定，就是建設開始的階段，〈禮運篇〉把這一階段叫做「小康」，也就是《公羊傳》所謂「昇平世」。如果社會建設到達了最高理想，那就是〈禮運篇〉所謂「大同」，也就是《公羊傳》所謂「太平世」了。

(二)大同社會

〈禮運篇〉的大同社會是什麼社會呢？我在這裡先說明一下。大同的經濟制度是「貨不必藏於己，力不必為己」。社會制度是「人不獨親其親，不獨子其子」。政治制度是「選賢與能，講信修睦」。分別說明如下：

1.「貨惡其棄於地也，不必藏於己；力惡其不出於身也，不必為己。」——這是說大同社會的生產是努力開發資源，而以養民為目的；大同社會的勞力是社會服務而不是工資勞動。所以大同社會的經濟制度是以合作為基礎，以服務為目的，這就是民生主義的經濟制度了。

2.「不獨親其親，不獨子其子，使老有所終，壯有所用，幼有所長，矜寡孤獨廢疾者皆有所養，男有分，女有歸。」——這就是說，在大同社會裡，兒童不會失去教養，壯年都能得到職業，男女都有配偶，老年都有歸宿，家庭的生活安定，如有鰥寡孤獨，疾病殘廢，也都受到國家的保護和社會的扶助。民生主義「育」的問題是全部解決了。

3.「選賢與能，講信修睦。」——這就是民主國家主權平等的世界。在這世界裡，「謀閉而不興，盜竊亂賊而不作。」這是「天下為公」的永久和平世界。

㈢小康社會

在社會建設到達大同理想之前，就是小康的階段。小康社會是什麼社會呢？小康的經濟制度是「貨力為己」，社會制度是「各親其親，各子其子」。政治制度是「大人世及以為禮，城郭溝池以為固」。現在分別說明如下：

1.「貨力為己」——這是說，貨物為自己的利潤來生產，勞力為自己的工資來做工。企業家追求利潤，勞動者追求工資，這是一個「自由社會」。但是社會經濟如從自由競爭發展為獨占資本制度，造成不平等的競爭，使少數人獨占社會的財富，多數人陷入困窮的境遇，社會的變亂必由此而起。

2.「各親其親，各子其子。」——這是說家族制度的。家族為社會的基本組織，有安定的家族，就有安全的社會，同時有安全的社會才有安定的家族。社會流於不平等，則家族也會歸於瓦解。

3.「大人世及以為禮，城郭溝池以為固。」——這就是總理所說的國與國爭的君權時代。在這一時代，「謀用是作，而兵由此起」。所以小康社會如不向大同世界再進一步，就是小康也是保不住的。

㈣民生主義社會建設及其使命

我們從大同與小康兩階段社會來比較研究，即可知民生主義的建設乃是從小康進入大同的階梯。我們革命建國的事業要踏著這一階梯向前進步，就可以到達自由安全社會即大同世界。在這自由安全的社會裡，「法定男子五、六歲入小學堂，以後自由國家教之養之，至二十歲為止，視為中國國民之一種權利。學校之中備各種學問，務令學成以後，可獨立為一國民，可有參政自由平等諸權。二十歲以後，當自食其力。五十歲以後，年老無依者，則由國家給與養老金。如生子多而無力養之者，亦可由國家資養。此時家給人樂，則中國之文明康樂，不僅與歐美並駕齊驅而已。」總理這一段話，就是我補述民生主義育樂兩篇的藍圖。我們今日必須依照這一個藍圖，來設計、來實施、來完成總理所遺留給我們的民生主義社會建設的使命。

國父遺教叢書

建國方略建國大綱(九版)　孫文／著

《建國方略》是孫文於1917年至1920年期間完成的3本著作的合訂本。它們分別是：

一、心理建設《孫文學說》於1919年完稿。

二、物質建設《實業計畫》原以英文發表，於1920年完稿，1921年出中文本並加序，英文本名為*The International Development of China*。

三、社會建設《民權初步》於1917年完稿，原名《會議通則》。

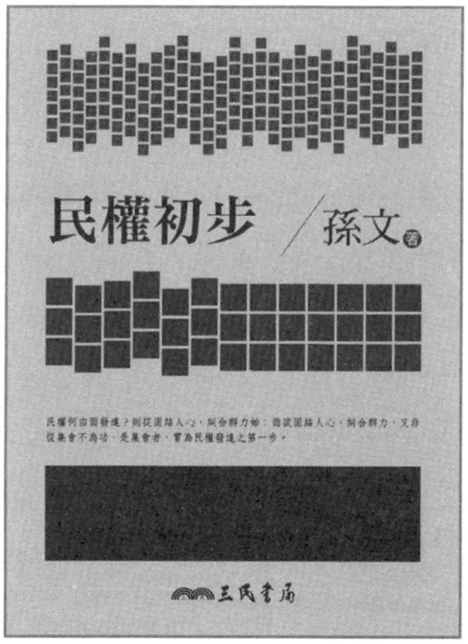

民權初步(七版)　孫文／著

《民權初步》是孫中山先生思想中建國方略之社會建設，這本書於1917年2月發表於上海，是孫中山先生參考美國學者沙德女士之會議規則而來。

孫中山先生在其自序中說道，這本書是教吾國人民行使民權的第一部方法，所以名為《民權初步》。

他認為，我國舊社會凌亂散漫、毫無組織，常被恥笑為一盤散沙；復興民族，必自改造社會做起，使我們的社會成為有秩序、有紀律，合乎現代化的新社會。

孫中山先生鑑於中國人一向缺乏組織習慣和團體生活訓練，常連最基本的議事規則也不懂，乃著成此書，希望全民按照《民權初步》的訓練，使之成為我們生活習慣的一部分，然後可以塑造出一個有組織的國家和民族。

政治學概論：全球化下的政治發展

藍玉春／著

臺灣是一個非常好的民主政治實驗室及觀察場域，本書扣緊臺灣時事與全球脈動，兼具議題廣度與論述深度，拋棄傳統政治學冷僻生澀的理論，直接爬梳當代全球化趨勢下的主要政治現象與實務，並對照臺灣相關的政治發展。前半部分析權力運用及民主的特色與缺失、第三波民主化浪潮與茉莉花革命、公民投票、總統直選、憲政體制、媒體與政治親密的危險關係；後半部則在全球化的大架構下，分析人權演進與斬獲、國際政治與經貿的高度依存關係、區域整合與治理、環保生態與經濟發展的兩難困境、女性領導人崛起等重要議題。

讀者用心閱讀完後，也能變成政治學專家，成為紛亂時局中政治議題核心意義的掌握者，或至少，在當今公共事務皆泛政治化的趨勢中，不再是追隨者、承受者，而像顆大岩石般，是一個頂得住浪潮的堅定清醒者。

國家圖書館出版品預行編目資料

三民主義／孫文著.－－二版一刷.－－臺北市：三民，2020
面；　公分

ISBN 978-957-14-6965-2（平裝）
1. 三民主義

005.12　　109014969

三民主義

作　　者｜孫　文
發 行 人｜劉振強
出 版 者｜三民書局股份有限公司
地　　址｜臺北市復興北路 386 號 (復北門市)
　　　　　臺北市重慶南路一段 61 號 (重南門市)
電　　話｜(02)25006600
網　　址｜三民網路書店 https://www.sanmin.com.tw

出版日期｜初版一刷 1965 年 1 月
　　　　　初版二十七刷 2016 年 9 月
　　　　　二版一刷 2020 年 11 月
書籍編號｜S000010
I S B N｜978-957-14-6965-2

三民書局